La Descente aux enfers de la finance

Georges Ugeux

La Descente aux enfers de la finance

Préface de Jean-Claude Trichet

Odile Jacob

15, rue Soufflot, 75005 Paris

www.odilejacob.fr

ISBN : 978-2-7381-4767-7

Préface

par Jean-Claude Trichet,
ancien président de la Banque centrale européenne

Le livre de Georges Ugeux est inclassable. C'est un ouvrage foisonnant dans lequel on trouve un *verbatim* de la crise financière née en 2007 et 2008, multipliant les commentaires instantanés sur les événements au moment même où ils se déroulent. On y trouve une succession de méditations sur l'ensemble des questions financières se posant avec acuité tout au long de la crise mondiale. On y trouve aussi imprécations et indignations.

Il ne faut pas que le lecteur s'attende à être toujours d'accord avec les multiples dimensions critiques et chacune des recommandations de l'auteur. C'est mon cas ! À titre d'exemple, ce qui est dit des politiques non conventionnelles des banques centrales ne me paraît pas conforme avec ce que moi-même, mes collègues européens et étrangers et mon successeur avons vu, vécu, expérimenté et décidé, au service de nos concitoyens pour éviter des catastrophes qui eussent été dramatiques pour eux. De même, nombre de ses réflexions sur les banques et le secteur financier, plusieurs de ses analyses et réflexions immédiates sur de nombreux événements mondiaux et européens associés au développement de la crise ne rencontrent pas un assentiment immédiat. C'est que les décideurs ont un point de vue différent de l'observateur le plus éclairé. Ceux-là doivent comparer en permanence les diverses décisions possibles, leurs conséquences probables et se convaincre que le chemin finalement choisi conduit à une solution meilleure que toutes les autres possibles. Celui-ci peut se concentrer sur la décision prise qui comprend toujours avantages et inconvénients et il peut en souligner les inconvénients sans être contraint de comparer en permanence ce qui est arrivé avec « ce qui aurait pu être », le fameux « contrefactuel ».

Sur tous ces sujets, le grand intérêt du livre est d'être un témoignage considérable et sincère, développant plusieurs dimensions critiques, parfois discutables mais stimulantes et reflétant toujours un esprit du temps.

Je partage le sentiment de l'auteur sur plusieurs points importants, en particulier sur les mauvaises gestions macroéconomiques des pays avancés dans les années précédant la crise, sur la détérioration de la culture du risque dans le secteur financier privé et sur la persistance malheureuse de la croissance excessive de l'endettement public et privé dans la plupart des pays, avancés ou émergents.

Georges Ugeux est un témoin exceptionnel, un banquier atypique, un financier non conventionnel, un communicant profondément original, un universitaire transversal. Peu d'auteurs peuvent prendre sur l'évolution d'un processus économique et financier historique, unique depuis la Seconde Guerre mondiale, simultanément, le point de vue du banquier et celui du financier privé – qu'il a été à la Société générale de Belgique, chez Morgan Stanley ou chez Kidder Peabody and Co – et le point de vue du responsable d'un très grand marché d'actions – lorsqu'il était vice-président du New York Stock Exchange. C'est déjà beaucoup, mais l'auteur a plusieurs autres angles de vision : celui d'une institution financière publique, en tant que président du Fonds européen d'investissement, filiale de la Banque européenne d'investissement (BEI), celui de l'enseignant à la Columbia Law School et enfin le regard acéré du journaliste blogueur.

S'agissant des banques centrales des pays avancés, elles se sont engagées dans des politiques monétaires non conventionnelles pour éviter le développement de crises économiques et financières gravissimes. Ce sont les analyses contrefactuelles effectuées par les banques centrales des pays avancés qui expliquent que toutes, y compris celles appartenant aux pays culturellement les plus « sages », comme la Banque centrale de Suisse, se soient montrées aussi imaginatives et aussi audacieuses. Ayant à faire face à une crise de très grande ampleur dont les causes étaient multiples et comportaient des défaillances de toutes natures, privées et publiques, macroéconomiques, microéconomiques et financières, aussi bien que des éléments d'instabilité systémique nouveaux associés aux ruptures technologiques et à la mondialisation, les banques centrales se sont efforcées d'éloigner le plus possible la menace d'une grande dépression qui eût été pire que celle des années 1929-1930.

Je crois donc qu'il est juste de souligner l'extrême gravité de la situation de l'ensemble des pays avancés. Mais en dénonçant les achats de valeurs négociables par les banques centrales, en particulier les valeurs des Trésors, sur les marchés secondaires de dette, on met en cause l'effet (et non la cause) de la situation économique et financière très menaçante des pays avancés que les banques centrales ont dû contrecarrer.

Cela ne veut pas dire que l'imagination et l'intrépidité des banques centrales, dans tous les pays développés, n'aient pas elles-mêmes des effets secondaires auxquels il faut faire très attention. Mais ce sont les situations structurelle, économique et financière des États-Unis, du Japon, de l'Europe et des autres pays avancés qu'il faut redresser vigoureusement et sans tarder.

Les banques centrales n'ont pas perdu leur indépendance parce qu'elles ont acheté massivement des valeurs des Trésors des pays avancés. Je puis témoigner, en tout cas, qu'aucune des décisions prises en Europe dans ce domaine n'a été prise par le conseil des gouverneurs de la Banque centrale européenne (BCE) sous l'influence de la sphère politique. J'aurais même tendance à retourner complètement l'argument. C'est, grâce à l'indépendance des Banques centrales, particulièrement au début de la crise financière, que des décisions nouvelles, rapides et très audacieuses ont pu être prises alors que les différentes sphères politiques auraient sans doute été incapables de les prendre aussi rapidement. C'était le cas dans la zone euro, le 9 août 2007, lorsque nous avons décidé de donner sans limite la liquidité que le marché monétaire recherchait désespérément : quelle institution politique pouvait décider, en trois heures, de fournir 95 milliards d'euros de liquidité à l'économie européenne ? C'était aussi le cas des États-Unis immédiatement après le dépôt de bilan de Lehman Brothers : la FED a pris immédiatement des mesures très importantes sur le plan domestique aussi bien qu'en liaison avec les autres banques centrales. Ces mesures étaient absolument indispensables. Nous savons que le Congrès n'aurait jamais pu les prendre si elles avaient été de son ressort, non seulement parce que des reproches véhéments ont été faits à la Banque centrale américaine par plusieurs sensibilités politiques influentes aux États-Unis, mais aussi parce que le Congrès lui-même a refusé, dans un premier temps, le programme de sauvetage TARP présenté par l'exécutif américain à un moment dramatique où le système financier et la Bourse s'effondraient.

S'agissant du secteur bancaire et financier, il est vrai qu'avant la grande crise financière des années 2007 et 2008, des déviations anormales de comportements et de culture étaient apparues. L'auteur le souligne. Le Groupe des 30 dont j'étais le président a mis en évidence ce phénomène en publiant plusieurs rapports comportant plusieurs recommandations pour redresser la situation. Ces déviations ne tenaient pas seulement aux imperfections des règles prudentielles mais aussi à des cultures d'entreprise qui étaient anormales comme cela ressortait, en particulier, des échanges d'e-mails au sein des entreprises concernées. Les mesures préconisées insistaient sur la nécessité d'un changement fondamental des cultures d'entreprise pour renforcer les valeurs éthiques et la déontologie, et pour placer au centre des décisions la culture du risque, auparavant négligée au profit de considérations essentiellement commerciales, ceci à tous les niveaux des entreprises concernées – conseils d'administration, direction exécutive et responsables de toute nature. Les promotions et rémunérations devaient elles-mêmes être beaucoup plus complètement en ligne avec l'éthique et la culture renouvelée des institutions financières concernées.

D'importants progrès dans la bonne direction ont été réalisés au cours des trois dernières années. Mais beaucoup reste à faire, comme le suggère Georges Ugeux. Il faut continuer à travailler à ces changements aussi profonds que nécessaires. L'importance de ces transformations culturelles ne saurait être sous-estimée. Nos économies ont un besoin crucial de banques et d'institutions financières capables de financer leur développement, d'aider à la sélection des meilleurs projets, de permettre aux nouvelles idées, à l'innovation et à la créativité technologiques de se développer. C'est pour cela que la confiance dans les institutions financières est essentielle ; confiance dans leur rectitude, confiance dans leur déontologie, confiance dans leurs valeurs éthiques.

En revanche, je ne pense pas qu'il soit légitime de critiquer le renforcement, en effet considérable, des règles de prudence faisant suite à la crise. C'est vrai qu'elles imposent un travail beaucoup plus important qu'auparavant pour que les individus et les institutions s'assurent d'une parfaite conformité aux règles. Mais, à mes yeux, il s'agit d'un ensemble de règles prudentielles non seulement nécessaires par elles-mêmes mais aussi complémentaires des changements de culture indispensables et contribuant à les accélérer.

Nous vivons une période extraordinaire de l'économie mondiale. La croissance des pays émergents est fulgurante. En ce sens, les inégalités entre pays au niveau mondial diminuent rapidement : songeons que le G7, qui représentait encore environ 70 % du PIB mondial en 1990 n'en représentait plus que 45 % en 2005, 31,5 % en 2017 (et en représentera sans doute 27,5 % en 2022), tandis que les pays non G7 du G20 représentent 46 % du PIB mondial cette même année. Le niveau de pauvreté en Chine, en Inde, dans les pays émergents a diminué et continue de diminuer très rapidement.

C'est un moment historique de très grands accomplissements, de succès remarquables dans les pays émergents. Il n'est guère étonnant que lui soient associés de très grands bouleversements dans les pays avancés : en particulier la pire crise économique et financière depuis la Seconde Guerre mondiale qui aurait pu, au demeurant, être la pire depuis un siècle, en dépassant la gravité de la crise de 1929 au XXe siècle.

C'est dans ce contexte que l'auteur nous lance un cri d'alarme que je crois fondé. Si rien n'est fait pour infléchir le cours des décisions privées et publiques, nous affronterons inéluctablement une nouvelle crise financière mondiale. Le paradoxe est que l'endettement public et privé dénoncé par Georges Ugeux a continué d'augmenter après la crise au même rythme qu'avant la crise, alors que celle-ci était largement due à un formidable excès d'endettement. Il est urgent, comme le souligne l'auteur, de redresser la situation.

INTRODUCTION

Histoire d'un blog au Monde.fr, « Démystifier la finance : éthique et marchés[1] »

Le 9 octobre 2008, quelques jours après la faillite de Lehman Brothers, je me suis retrouvé à France Inter où Nicolas Demorand, qui allait devenir un contact régulier au cours de ces dix années, animait (déjà) le programme de 7-10 heures du matin. Il souhaitait une explication compréhensible de cette crise. Ses collègues de la *Rue des entrepreneurs*, Didier Adès et Dominique Dambert, l'avaient contacté pour me signaler à lui[2].

Didier, Dominique et moi nous étions vus à Davos en janvier 2008 et j'avais partagé une conviction vivace : les chefs d'entreprise étaient sobrement prudents tandis que les financiers étaient d'un optimisme délirant.

Un des échos de cette intervention fut une invitation du Monde.fr à devenir blogueur invité. Nous sommes rapidement tombés d'accord sur le thème du blog, « Démystifier la finance », avec comme sous-titre « éthique et marchés ».

Cette aventure de dix années de blog s'est soldée par 680 articles, 55 000 commentaires et 10 millions de pages lues. Le magazine

1. http://finance.blog.lemonde.fr/.
2. France Inter, octobre 2008.

Challenges lui a octroyé en 2009 le prix du meilleur blog économique et financier[3], ce qui a intéressé le *Huffington Post* où j'ai publié des blogs qui visaient à expliquer aux lecteurs américains la réalité financière internationale[4].

La crise bancaire américaine et ses suites constituent une page d'histoire dont ce livre tentera de retracer les grandes étapes à travers, notamment, le blog que j'ai tenu sur le Monde.fr. Il représentera mon opinion personnelle et (im)pertinente sur des événements dont les faits seront présentés sans ambiguïté ni faux-semblant, mais aussi avec un souci de pédagogie qui permettra au lecteur de se faire un avis.

Il a fallu effectuer une sélection parmi les blogs publiés[5] et les réduire approximativement de trois quarts. Je n'ai pas pu aborder tous les événements financiers qui ont marqué ces dix dernières années. Le ton des blogs est plus incisif que celui de livres écrits sur ces sujets. Outre la passion pour les sujets évoqués, il m'est arrivé d'exprimer dans ces blogs une colère ou une frustration en face du déni et des mensonges des dirigeants, qu'ils soient financiers ou politiques.

3. *Challenges*, juin 2009, www.challenges.fr/magazine/les-laureats-des-blogs-challenges-2009_340893.
4. www.huffingtonpost.com/author/georges-ugeux.
5. Je signale que j'utilise indistinctement le mot « blog », sans utiliser la terminologie anglaise *post* qu'on trouve pour les blogs individuels.

De l'ouragan des banques au tsunami des dettes gouvernementales *via* les banques centrales

> « La finance est aussi vulnérable qu'en 2007-2008... Il est maintenant admis que le surendettement massif des économies avancées a été un facteur essentiel dans le déclenchement de la crise financière mondiale. »
>
> Jean-Claude TRICHET, ancien président de la BCE, septembre 2018[1].

Les banques se complaisent dans des financements incertains

Ce sont les banques qui ont mis le feu aux poudres il y a dix ans : un système qui favorisait le profit immédiat a mis en joue l'ensemble de l'économie mondiale et forcé les gouvernements à intervenir pour éviter un risque systémique.

1. Jean-Claude Trichet juge la situation financière mondiale aussi dangereuse qu'en 2007-2008, septembre 2008, www.challenges.fr/economie/trichet-juge-la-situation-financiere-mondiale-aussi-dangereuse-qu-en-2007-2008_610494.

Pour ma part, je suis convaincu que le gouvernement américain a eu raison de permettre une faillite contrôlée de Lehman Brothers. Il n'y avait aucune raison d'empêcher la chute d'une banque d'affaires qui avait joué son bilan et ses clients à la roulette. L'histoire du comportement de sa direction générale n'a peut-être pas été entièrement écrite, mais ce que nous en savons ne laisse aucun doute : Dick Fuld et son équipe ont agi en connaissance de cause, persuadés qu'ils seraient sauvés par le contribuable américain comme venait de l'être Bear Stearns, sauvé par JPMorgan Chase avec l'aide de la Federal Reserve.

La faillite d'American Insurance Group (AIG) aurait eu des conséquences infiniment plus graves que celle de Lehman Brothers si l'État ne l'avait pas recapitalisée jusqu'à 182 milliards de dollars pour éviter un drame qui eût affecté des millions d'assurés américains. L'opération a finalement rapporté au Trésor 23 milliards de dollars. Merrill Lynch devait être sauvé par la Bank of America qui commit l'erreur de racheter Countrywide.

Au-delà de ces cas, peu d'attention a été octroyée à la faillite du système de financement hypothécaire de deux agences gouvernementales, Freddie Mac et Fannie Mae, qui, dix ans après, sont toujours en *conservatorship* sans solution à leur survie alors que le gouvernement américain continue à pomper le capital et les profits de ces agences gouvernementales[2].

La crise américaine s'est étendue en Europe. Les gouvernements et les banques centrales ont dû intervenir de manière massive. La faillite de la Royal Bank of Scotland et Fortis Bank a été prise dans l'étau de l'acquisition d'ABN AMRO tandis qu'elle accumulait des actifs douteux dans son bilan. Les gouvernements belge, néerlandais, britannique et français allaient venir au secours

2. Sylvain Cypel, « Fannie Mae et Freddie Mac mis sous tutelle publique. Les deux géants du marché hypothécaire américain ont été de fait nationalisés, dimanche, par l'État fédéral », *Le Monde*, septembre 2008, www.lemonde.fr/economie/article/2008/09/08/cinq-questions-pour-comprendre-la-mise-sous-tutelle-publique-de-fannie-mae-et-freddie-mac_1092543_3234.html.

de ces banques défaillantes. La banque fut finalement rachetée par BNP Paribas[3].

Lorsque la crise grecque a commencé à poindre à l'horizon, les autorités européennes ont créé un amalgame en prétendant qu'elle était une conséquence de la crise américaine. En dehors de la Grèce, ce sont les banques espagnoles, irlandaises et portugaises qui ont provoqué la chute de leurs gouvernements. En 2016, l'Italie a préféré utiliser les deniers publics pour sauver les banques italiennes en dépit du droit européen et malgré un surendettement qui atteint 130 % du produit intérieur brut.

Les banques centrales font exploser leurs bilans

Venant au secours d'un système bancaire au bord du gouffre, la Federal Reserve (la banque centrale américaine, couramment appelée la « Fed ») a accumulé plus d'un billion[4] de dettes hypothécaires en rachetant les crédits que les banques avaient vendus à leurs clients par des pratiques douteuses à la fois dans leur marketing et dans leur négligence des risques. La Fed, officiellement mandatée pour soutenir l'emploi et la croissance, s'est lancée dans une opération de *quantitative easing* (QE) qui consiste en l'achat massif de titres publics afin de faire baisser les taux d'intérêt et d'augmenter les réserves monétaires pour encourager les banques à prêter et augmenter la liquidité. La Banque centrale européenne et la Banque du Japon devaient suivre des politiques similaires. Ces trois banques centrales sont passées de 4 à 15 billions de dollars.

3. Georges Ugeux, « BNP Paribas/Fortis : quand la gouvernance d'entreprises menace un gouvernement », *Le Monde* blog, décembre 2008, http://finance.blog.lemonde.fr/2008/12/19/bnp-paribasfortis-quand-la-gouvernance-dentreprises-menace-un-gouvernement/.

4. Pour éviter toute confusion, 1 billion correspond à 1 000 milliards. En anglais, 1 000 milliards se traduisent par *1 trillion*.

• À l'heure actuelle, la combinaison des trois opérations de QE de la Federal Reserve a fait passer son bilan de 870 milliards à 4 billions de dollars en dix ans.
• La Banque centrale européenne a, à la suite de l'arrivée de Mario Draghi, entamé la même politique en mars 2015 pour d'autres raisons, gonflant son bilan de 1 500 à 4 500 milliards d'euros.
• La Banque du Japon a augmenté ses actifs en Japanese Government Bonds (JGB) de 49 à 439 billions de yens, soit plus de 4 000 milliards de dollars.

Ces chiffres donnent la mesure de la dérive des banques centrales occidentales : ce sont 10 billions de dollars qui sont allés rejoindre les bilans des banques centrales au nom d'une politique monétaire dont le principal impact a été de réduire la rémunération des actifs jusqu'à des taux d'intérêt négatifs en Europe et au Japon.

Malgré des dénégations de toutes parts, les banques centrales seront en immense difficulté pour faire face à la crise de l'endettement souverain qui s'annonce de manière presque inéluctable. En colloques singuliers, les autorités économiques et financières reconnaissent la gravité de la situation sans pour autant confirmer ou infirmer qu'elles se préparent à faire face à une crise qui sera un multiple de celle de 2008.

Qui plus est, elles sont prises dans un étau qui les empêche de réduire leurs bilans sans provoquer une hausse des taux et une crise mondiale. En aucun cas, la vente, même étalée sur dix ans, de ces 10 billions ne serait possible sans créer une explosion des taux d'intérêt.

Le surendettement public sera-t-il le prochain tsunami financier ?

Une crise de l'endettement souverain, qui atteint mondialement 63 billions de dollars, se profile à l'horizon proche. Les principaux bénéficiaires du laxisme des banques centrales ont été les gouvernements qui ont pu augmenter leur dette publique dans des proportions astronomiques sans avoir à payer les intérêts correspondant aux risques qu'ils représentaient. L'Europe et les États-Unis ont une dette publique qui représente 100 % de leur PIB tandis que le Japon caracole en tête avec 250 % de son PIB. Si la dette publique chinoise n'est que de 60 % du PIB, ce pourcentage atteint 200 % si l'on y ajoute celle des entreprises détenues par l'État. Il n'y a aucune région du monde qui pourra échapper à ce tsunami.

Tout cela ne serait pas significatif s'il ne fallait pas payer des intérêts sur ces emprunts. Les banques centrales – qu'elles en aient eu l'intention ou non m'indiffère – ont facilité un laxisme budgétaire dans lequel les gouvernements se sont engouffrés, trop heureux de ne pas devoir affronter les réformes nécessaires. Mais la hausse des taux a commencé et il va falloir affronter la réalité d'une explosion budgétaire des pays industrialisés.

L'Europe est dans une position particulièrement difficile en raison du niveau artificiellement bas de ses taux d'intérêt qui vont inexorablement augmenter avec la fin du laxisme monétaire de la BCE en décembre 2018 et le risque italien qui la menace.

• Les États-Unis ont maintenant atteint un accroissement de taux qui leur permet de faire face. Toutefois, à ce niveau, dans les trois prochaines années, le déficit budgétaire et la hausse des taux feront passer la charge d'intérêt de 200 à 600 milliards de dollars, faisant exploser le déficit budgétaire américain à 1 billion dès 2018. Il était de 410 milliards en 2008.

• Le Japon caracole en tête avec une dette de 10 billions de dollars qui représentent 250 % de son PIB et dont la moitié est détenue par la Banque du Japon qui est devenue un gigantesque fonds d'investissement en obligations d'État japonaises.

Ce que les gouvernements ont fait est une forme d'arnaque aux finances publiques, tant ils étaient incapables de gérer un budget en évitant de vivre au-delà de leurs moyens. L'exemple de l'Allemagne qui, constitutionnellement, ne peut avoir un déficit budgétaire semble inatteignable par la plupart des pays industrialisés.

À la relecture (multiple) de ces blogs, il m'est apparu que le thème de la démystification de la finance et de l'éthique des marchés restait d'actualité, même si ce ne sont plus les banques qui sont au pilori, mais les banques centrales et les gouvernements. Ces dix années n'ont pas créé la stabilité financière que nous appelions tous de nos vœux, mais ont accru les risques systémiques qui nourriront la prochaine crise.

Il y a un risque dans une telle publication : celui de la complaisance ou de la manipulation. Je remercie ceux et celles qui ont relu ce manuscrit pour éviter l'une et l'autre en étant à la fois rigoureux et intègres[5]. Nous avons vécu des années turbulentes, et l'avenir n'est pas rose. J'ose espérer que ce voyage permettra d'éclairer le lecteur ou la lectrice de manière objective sur les enjeux auxquels nous sommes tous confrontés dans un monde qu'il est parfois difficile de comprendre.

Ce livre est aussi un avertissement face aux risques de crise financière

La gravité de la situation a ajouté une motivation supplémentaire : celle d'une mise en garde à un moment où il est encore temps de prendre des mesures qui, si elles n'empêcheront pas la crise, pourront en atténuer les conséquences. La méthode consiste à suivre le fil d'Ariane des événements des dix dernières années et à voir comment la crise bancaire s'est muée en crise de la dette publique, massivement détenue par les banques et les banques centrales, car les banques sont au centre d'un dispositif qui les incite à détenir la dette publique.

---

5. Un remerciement tout particulier est adressé à Julia Leary, étudiante de l'Edhec, qui, au cours de son stage à New York, a été la cheville ouvrière et intelligente de ce travail. Ma collègue Isabel Verkes, qui prépare une thèse de doctorat en droit européen à l'Université d'Amsterdam, a guidé de manière remarquable la structuration de ce livre. Les commentaires précieux des professeurs Karima Bouaiss de l'Université de Lille et Pauline Bégasse de Dhaem de l'Université Saint Louis m'ont permis d'améliorer considérablement cet ouvrage.

En refusant d'accepter que les risques associés aux titres souverains (crédit et duration) soient pénalisés en fonds propres en fonction de la qualité du débiteur, les régulateurs favorisent les investissements dans les pays dont les rendements sont plus élevés, et donc le risque le plus lourd.

Ce livre permet de suivre les errances des autorités financières des pays industrialisés. L'interconnexion entre les États, les banques centrales et les banques crée un triangle des Bermudes qui fait que la prochaine crise ne pourra plus être gérée par les banques centrales qui subiront, avec les banques, la déferlante du surendettement public.

Le triangle des Bermudes de la finance : la situation européenne

C'est un triangle des Bermudes qui entraînera un tourbillon qui pourrait devenir un tsunami dont nous ne connaissons ni la date ni l'ampleur mais que nous savons inéluctable. En voici les principaux paramètres dans le cas de la zone euro. Gorgées d'emprunts d'État, les banques centrales ne sont plus en mesure de faire face à une telle crise.

Une image vaut mieux qu'un long discours : j'ai conçu ce triangle comme une illustration de l'enchevêtrement des capitaux, des pouvoirs et des relations intimes qui lient des gouvernements, des banques centrales et des banques. Il permet de visualiser ce nœud gordien, mais aussi une situation qui crée une collusion de fait qui ne permet à aucune des parties de se passer de l'autre. Ces dernières années ont vu une convergence qui rend chaque partie entièrement dépendante des autres. Ce lien incestueux aura pour conséquence que la prochaine crise, d'où qu'elle vienne, affectera aussi bien les institutions financières, les banques centrales que les gouvernements.

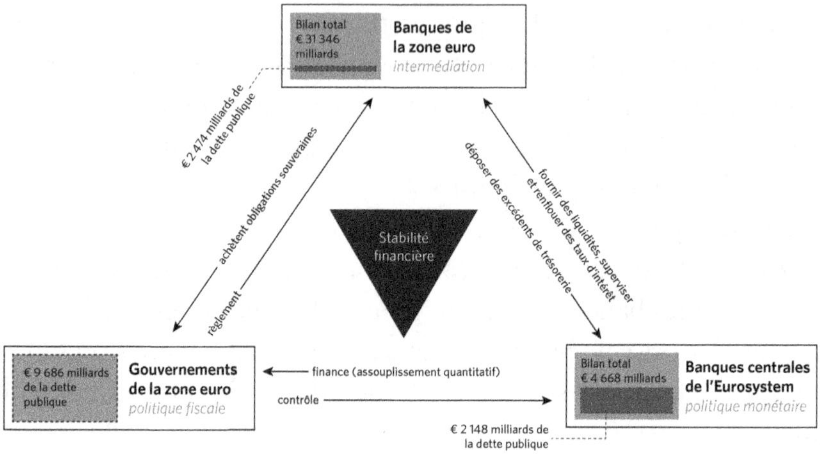

Figure 1[6].

En mars 2017, dans la *Revue Banque*[7], je concluais que, naviguant entre les risques sociaux, politiques, économiques et financiers, la zone euro continue d'apparaître comme fragile et menacée d'une crise en provenance des grands pays qui n'ont pas respecté leurs obligations budgétaires.

Le statu quo *n'est plus possible*

Dans une première partie, nous reviendrons sur la responsabilité des institutions financières dans la crise de 2008. Mais nous ne nous y arrêterons pas : analysant une série de fraudes, nous serons contraints de constater que le redressement moral et culturel de ces institutions n'a pas été réalisé à travers une réglementation financière qui visait plus à protéger le contribuable qu'à créer une stabilité financière maintenant compromise.

6. Source : Georges Ugeux, sur la base de chiffres publiés par la Banque centrale européenne, janvier 2019.
7. Georges Ugeux, « La sphère financière est-elle entre les mains des États ? », http://m.revue-banque.fr/risques-reglementations/article/sphere-financiere-est-elle-entre-les-mains-des-eta.

Dans la deuxième partie, nous nous focaliserons sur le rôle des banques centrales qui, à travers une politique monétaire non orthodoxe, ont lancé des opérations qui ont gonflé leurs bilans, favorisé les emprunteurs souverains et pénalisé les épargnants en les expropriant de la rémunération légitime du risque qu'ils prenaient.

Dans la troisième partie, à travers les crises de la dette souveraine en Europe et l'évolution de l'endettement souverain japonais et américain, nous constaterons que les montants ont atteint un niveau qui, au fur et à mesure que les taux d'intérêt augmentent, crée un déficit budgétaire qui menace déjà leur notation et leur capacité de se refinancer sans exploser.

La quatrième partie tentera de dessiner des avenues à parcourir si nous voulons éviter, quand il est encore temps, le tsunami de l'endettement qui menace nos économies dans des proportions qui sont un multiple de ce que la crise de 2008 a représenté sans que les banques centrales soient capables de venir au secours de la finance, tant elles sont devenues juge et partie.

Nous terminerons par des considérations sur les problèmes sociétaux et la responsabilité personnelle et éthique des acteurs de la finance face à cette situation alarmante qui ne pouvait pas être ignorée, malgré leurs intentions[8].

8. Les lecteurs et lectrices comprendront qu'il ne m'a pas toujours été possible de trouver des graphiques et des publications exclusivement en français. J'ai minimisé le recours aux sources anglo-saxonnes, mais ce livre aurait été incomplet sans des emprunts de documents en anglais.

PREMIÈRE PARTIE

Les institutions financières

Ce sont les États-Unis qui ont déclenché la crise des dix dernières années. Jusqu'à la dernière minute, Dick Fuld, le P-DG de Lehman Brothers, a cru que le gouvernement américain viendrait à son secours. Mais, en face de lui, il avait un fin connaisseur des pratiques des banques d'affaires, Hank Paulson, ancien président de Goldman Sachs, devenu secrétaire au Trésor. Plusieurs mois avant la crise, il avait suivi les tentatives désespérées de Lehman de trouver un acheteur en Corée du Sud, contre toute vraisemblance. Mieux que quiconque, il savait pertinemment bien quelle était la culture de Lehman Brothers et de ses dirigeants : les appels au secours de Dick Fuld sonnaient faux, il avait changé trois fois de directeur financier, aveuglé par son orgueil.

Le fait qu'elle ait été suivie d'une crise européenne qui fut un mélange de crises bancaire et souveraine n'avait rien à voir avec la crise de la finance américaine malgré les déclarations des autorités européennes qui ont blâmé les États-Unis. Ce fut notamment le cas du président de la Commission européenne, Jose Manuel Barroso, qui devait ultérieurement rejoindre, contre l'avis de la France et d'autres pays, Goldman Sachs dont nous verrons plus loin les pratiques parfois douteuses[1]. Si le choix est peu judicieux, il n'a néanmoins pas violé les règles « d'intégrité et de réserve » de l'UE, estime le comité d'éthique, dont l'avis est non contraignant[2].

---

1. Georges Ugeux, « Monsieur Barroso, ne blâmez pas les États-Unis pour la crise européenne », septembre 2012, http://finance.blog.lemonde.fr/2012/09/03/monsieur-barroso-ne-blamez-pas-les-etats-unis-pour-la-crise-europeenne/.
2. *Le Monde* avec AFP, « Barroso chez Goldman Sachs : le comité d'éthique européen estime qu'il n'y a pas d'infraction », 31 octobre 2016, www.lemonde.fr/europe/article/2016/10/31/barroso-chez-goldman-sachs-le-comite-d-ethique-europeen-estime-qu-il-n-y-a-pas-d-infraction_5023231_3214.html.

CHAPITRE 1

Les États-Unis entraînent la finance transatlantique dans une crise

La caractéristique (et la nouveauté) de la crise financière de 2008 est qu'elle n'a pas été provoquée par des évolutions macroéconomiques : il ne s'agit pas de pays en développement surendettés ou de problèmes de balance des paiements. Cette crise est le fait d'institutions financières qui ont abandonné toute prudence fiduciaire et ont construit un système qui, au lieu de garder les crédits qu'elles octroyaient, n'avait de cesse de les transformer en titres émis sur le marché des capitaux. La complicité des agences de notation a complété ce dispositif que les autorités de contrôle ont elles-mêmes encouragé en permettant aux banques de ne pas enregistrer une partie de ces risques dans leurs bilans au travers de mécanismes comme la titrisation des prêts à la clientèle.

C'est cette négligence collective coupable, génératrice de profits immédiats pour les banques et de plantureux bonus pour les banquiers, qui est l'origine véritable de la crise financière. Toute tentative des institutions financières de s'absoudre de cette responsabilité est illusoire. Dont acte.

Les banques américaines victimes de leur propre négligence

La crise des crédits *subprimes*, essentiellement des crédits hypothécaires dont les taux attrayants devaient se muer en bombe à retardement, a commencé en 2007. Je reste médusé que les dix-huit mois qui ont précédé la crise de Lehman n'aient pas été mis à contribution pour corriger une situation dont la dérive était certaine. C'est cette même crainte qui me taraude au vu de la situation de 2018. La crise des *subprimes* a continué à empoisonner le milieu financier, confronté à ses propres pratiques manipulatrices de vente, la titrisation du risque et des amendes vertigineuses.

Le 15 septembre 2008, le monde découvrait avec horreur que l'administration de George W. Bush avait décidé de ne pas voler au secours de Lehman Brothers. La Bank of America avait préféré acheter Merrill Lynch plutôt que Lehman Brothers, et Barclays Bank, qui voulait acheter Lehman, s'était vu interdire par le gouvernement de Sa Majesté britannique de porter secours aux contribuables américains aux frais de ceux du Royaume-Uni[1]. La faillite de Lehman Brothers, ce dimanche après-midi du 14 septembre 2008, était devenue inévitable.

Les photos des employés de Lehman emportant leurs effets personnels dans des boîtes en carton firent le tour de la planète. La plus importante crise financière venait d'éclater. Cet événement devait conduire à une série de développements qui ont été marqués par une crise de confiance profonde dans le fleuron de l'économie américaine : Wall Street.

---

1. Le dimanche après-midi de la négociation, le chancelier de l'Échiquier de Sa Majesté britannique, George Osborne, a fait savoir au secrétaire américain au Trésor que Barclays n'avait jamais sollicité l'approbation du gouvernement du Royaume-Uni et qu'il s'opposait à laisser la banque prendre en charge des risques qui incombent aux États-Unis. C'est après faillite que Barclays a acquis une grande partie des actifs de Lehman Brothers, et principalement ses activités américaines.

Mais, ce même week-end, une décision infiniment plus importante allait être prise : sauver AIG, une des plus grandes compagnies d'assurances américaines, de la faillite pour éviter un bain de sang chez les particuliers assurés. C'est là que se situe la principale différence entre les deux crises. La clientèle de Lehman Brothers était essentiellement institutionnelle et professionnelle, et les contreparties pouvaient faire face à ce risque moyennant des mesures d'accompagnement. La clientèle d'AIG était constituée d'individus et de familles et ne pouvait pas être abandonnée sans un bain de sang social et politique.

Une fois Lehman Brothers mis en faillite, le risque de contagion a été au centre de toutes les préoccupations. Ce sont les grandes banques, qui étaient considérées comme trop importantes pour pouvoir faillir (*too big to fail*), qui se retrouvaient maintenant menacées. La Citibank, un véritable supermarché de la finance, était au centre du cyclone.

Au-delà des risques intrinsèques de ces opérations, des pratiques comptables douteuses ont émaillé l'histoire de ces dix dernières années. L'une d'entre elles a été découverte dans les comptes de Lehman Brothers après sa faillite, et le patron d'AIG, Hank Greenberg, avait été démissionné pour pratiques irrégulières.

Lehman Brothers : le rapport qui condamne

Publié le 15 mars 2010

La faillite de Lehman Brothers a fait couler beaucoup d'encre et bon nombre de commentateurs considèrent toujours que le gouvernement américain a commis une grave erreur en ne sauvant pas Lehman. Tout en reconnaissant les conséquences dramatiques de cette faillite, je voudrais m'inscrire en faux contre cette affirmation. Tout d'abord, c'est le gouvernement britannique qui a empêché Barclays Bank de racheter Lehman Brothers.

La seconde raison est éthique : Lehman méritait de faire la culbute. Il n'y avait aucune raison de sauver une banque d'affaires qui avait autant dysfonctionné. Cette affirmation vient d'être renforcée par un rapport de deux mille deux cents pages sur la déroute de Lehman Brothers qui a fait apparaître non seulement des erreurs de jugement, un orgueil au-dessus de toute mesure, mais également des fraudes comptables qui vaudront probablement aux principaux dirigeants de Lehman d'être convoqués par une commission parlementaire, même si avec une belle unanimité ils ont répété ce que leurs avocats leur ont dit de dire : « Nous n'avons rien fait de mal. » Quant à Ernst & Young ayant « concocté » le camouflage comptable, ils sont également dans le collimateur et récusent toute *professional malpractice*. Cela a permis à Lehman Brothers de sous-estimer de 50 milliards de dollars son endettement.

Ce rapport a été demandé par un tribunal américain. Ce n'est donc pas un document qui peut être ignoré. Il s'agit d'une des pratiques les plus répandues et légitimes dans le secteur bancaire, à savoir les moyens divers et variés dont certaines dettes sont reléguées hors du bilan et donnent une image embellie d'une situation financière compromise. Il est courant pour les banques de vendre des obligations avec une clause de rachat : c'est le *repurchase agreement* qui se pratique entre banques, mais aussi avec les banques centrales. Ce n'est qu'une autre forme de financement, pas une forme de camouflage.

Le silence des banques à la suite de ce rapport donne une mesure de leur embarras : une enquête vient d'être lancée pour savoir si – par hasard – cette technique n'était pas utilisée par d'autres banques et si nous n'allons pas découvrir un usage plus répandu de ce système. Jusqu'à présent, il semble que Lehman ait poussé cette technique trop loin, plus loin que ses collègues. Ces transactions n'ont jamais été communiquées par Lehman Brothers à ses autorités de contrôle, ses investisseurs ou ses agences de notation. Goldman Sachs et Morgan Stanley ont fait savoir qu'ils n'avaient jamais utilisé ces techniques.

La partie la plus symptomatique est que la transaction a dû être effectuée à travers la branche britannique de Lehman Brothers. Pour des raisons fiscales ? Non, parce qu'il ne s'est pas trouvé d'avocats américains prêts à valider l'opération tandis que Lehman en a trouvé de plus « compréhensifs » que les Américains, en l'occurrence Linklaters, le premier cabinet d'avocats du Royaume-Uni. Ils font partie du « cercle magique » des *top law firms*. La naïveté de la défense présentée par Linklaters est difficile à comprendre. « Nous ne savions pas que des avocats américains avaient refusé de donner une opinion sur ces transactions. »

Malgré cela, il semble que personne n'ira en prison. Ni Dick Fuld, le patron, ni deux des trois directeurs financiers de Lehman qui se sont succédé en deux ans (le troisième est resté trois mois), ni les comptables. Aucun d'entre eux ne pouvait ignorer qu'il s'agissait de camoufler une opération avec clause de rachat en vente pure et simple.

La gestion des débiteurs hypothécaires

Les banques américaines se sont réveillées trop tard. Elles avaient en effet eu recours à des techniques trompeuses de marketing dans la recherche agressive de crédits hypothécaires. Les ménages s'étaient endettés dans des proportions excessives, croyant que le taux d'intérêt avantageux qui leur était proposé allait être celui de l'entièreté de leur emprunt.

Une fois tombées dans le trou du surendettement et confrontées à des taux en hausse brutale, les familles allaient subir des procédures aussi humiliantes que malhonnêtes. Un des problèmes qui ont émergé dans la gestion des crédits hypothécaires est symptomatique du système financier américain. Les crédits étaient transférés à des véhicules spéciaux et leur gestion était confiée à des entreprises spécialisées dont la rémunération excluait toute considération pour la situation des débiteurs, moins encore des familles.

Une fois le crédit hypothécaire conclu, la banque croyait pouvoir se laver les mains de tout soupçon, sans responsabilité aucune pour les pratiques de marketing qui lui coûteront ultérieurement des dizaines de milliards d'amendes.

Ce fut littéralement un bain de sang. L'abus ultime a été découvert dans les décisions judiciaires d'expulsion qui étaient exécutées par des personnes payées... pour chaque document. Cette déshumanisation de la finance éclaboussera longtemps la réputation des banques et nous interpelle sur l'usage qu'elles feront de la robotique.

Ces pratiques ont accru le sentiment que les banques cherchent par-dessus tout à créer un intermédiaire entre elles et le client, tant elles sont pétrifiées à l'idée des responsabilités qu'une telle relation implique. Des dizaines de milliards de dollars d'amende les rappelleront à leurs responsabilités de banquiers donneurs de crédit.

Les banques américaines ont expulsé leurs débiteurs hypothécaires de manière irrégulière

Publié le 18 octobre 2010

La notion même que les institutions qui ont provoqué la crise immobilière aient rendu la situation de leurs débiteurs pire que nécessaire est non seulement frustrante - c'est une honte. C'est en ces termes que le secrétaire américain au Logement s'est exprimé ce dimanche. En même temps l'administration tente de calmer le jeu : la colère qui s'empare de la population américaine contre les banques atteint un sommet.

Plusieurs grandes banques américaines ont mis fin à la vague d'expulsions qu'elles avaient entamée en raison de la découverte d'irrégularités dans leurs propres procédures. Cela paraît à peine croyable : dans une situation où les crédits hypothécaires mettaient des familles entières en difficulté à cause des (in)fameux crédits *subprimes*, les dossiers ne semblent pas avoir fait l'objet d'un examen sérieux.

La semaine dernière, le président Obama a cependant mis son veto à une disposition votée par le Parlement (et donc par de nombreux démocrates), qui aurait imposé un moratoire de ces procédures au niveau national. Cette demande émanait de tous les États, inquiets de voir un nombre accru de propriétaires privés de leur résidence. Rien qu'en septembre, plus de 100 000 expulsions ont été exécutées, dont 17 000 pour la Californie seule.

Mettre des centaines de familles à la rue

Pour comprendre les expulsions massives exercées aux États-Unis, il faut apprécier la différence fondamentale d'un crédit hypothécaire entre l'Europe et l'Amérique. En Europe, si le crédit hypothécaire tombe en défaut, la banque peut vendre la résidence, mais si cette vente ne permet pas de couvrir le découvert, le débiteur reste tenu par les termes du contrat pour le manque éventuel.

Aux États-Unis, un propriétaire peut laisser la clé sous le paillasson et la banque n'a que le bien immobilier pour se rembourser. Si cette vente s'effectue à la moitié de la valeur du crédit, par exemple, l'ardoise du débiteur est effacée. De plus, lorsque les taux sont à la baisse, le débiteur peut renégocier un nouveau taux et même une autre durée avec son banquier ou un autre sans aucune pénalité.

En termes clairs, une partie des expulsions est due au fait que la banque aux États-Unis est moins bien « protégée » que son équivalent européen. Dès qu'elle doute de la capacité de son client de faire face à ses charges, elle va directement à l'expulsion qui est la solution de facilité.

Ce qui est grave, c'est de découvrir que les procédures d'expulsion ont été gérées de manière scandaleusement négligente par les banques et leurs avocats. Ces derniers se font payer au nombre d'expulsions et les banques ne vérifient pas le bien-fondé de l'expulsion alors que des milliers d'entre elles étaient en fait irrégulières. Des employés signaient des dossiers que, contrairement à leur déclaration sous serment, ils n'avaient même pas ouverts. Les documents présentés aux tribunaux étaient parfois des faux. On parle des « signataires robots » dans les banques car les personnes qui devaient signer les dossiers en signaient plusieurs milliers par mois.

Le risque de contagion

Dès le début de la crise financière, la crainte de voir la chute de Lehman Brothers s'étendre à d'autres institutions financières a été présente. C'est une des raisons pour lesquelles les autorités ne pouvaient pas ignorer les risques systémiques qui menaçaient l'économie.

Ce risque est une réalité et le fruit de l'interconnexion des institutions financières à travers l'activité interbancaire. La mondialisation de la finance a accru cette dimension tant il est vrai que les principales banques du monde opèrent à travers les continents.

Ce qui donne à ce risque une dimension systémique, c'est que les montants sont très élevés et ne sont pas publics. Lorsque apparaît un risque de l'ampleur de la faillite de Lehman, la confiance disparaît brutalement. C'est dû au fait que les banques ne connaissent pas les risques encourus par leurs correspondants et s'engouffrent vers les banques centrales. La crise de liquidité explose, avant de devenir crise de crédit.

C'est ce qui explique la situation qu'a connue la Citibank dont le cours s'est effondré. Les rumeurs les plus folles ont circulé. Mais, à la base, la banque était devenue un supermarché de la finance sans que l'on sache vraiment comment évaluer ce risque. Ce fut l'occasion d'ouvrir un débat de fond sur la question de la taille des institutions bancaires *too big to fail.*

Pourquoi la Citibank ne peut pas s'effondrer ?

Publié le 23 novembre 2008

En une semaine, l'action de la Citi a perdu 60 % de sa valeur. Le groupe bancaire américain et ses dirigeants ne méritent « ni cet excès d'honneur ni cette indignité ». Il serait vain de tenter de chercher des coupables de cette chute, même si les vendeurs à découvert s'en donnent à cœur joie. Mais la Citibank n'est pas Lehman Brothers. Avec 2 000 milliards de dollars d'actifs, la deuxième banque américaine pourrait, à elle seule et par les réactions en chaîne qu'elle susciterait, provoquer sans aucun doute un effondrement non seulement du système bancaire américain, mais du système bancaire mondial, tant la banque est internationale. *Too big to fail*, l'argument qui consiste à dire que certaines banques sont trop grandes pour pouvoir tomber en faillite est certainement présent dans tous les esprits.

Le gouvernement et la Federal Reserve ont été informés de la situation. En première ligne se trouve Tim Geithner, le président de la Federal Reserve de New York, et probablement le futur secrétaire au Trésor (ministre des Finances) de l'administration de Barack Obama. Il est remarquablement placé pour assister à une possible attaque sur la Citi.

Le risque ne se limite pas aux grandes banques. La raison pour laquelle la contagion ne s'est pas étendue à l'ensemble des banques américaines est l'existence d'un mécanisme fédéral qui a les moyens et le droit d'intervenir et de mettre sous contrôle une banque en difficulté.

Plusieurs centaines de banques de taille petite et moyenne sont ainsi passées par la salle d'opération de la FDIC. Il y a pour cela une raison fondamentale. Alors que les grandes banques ont dans leurs actifs des montants importants d'obligations et autres actifs qu'elles peuvent céder en cas de crise, les banques de taille moyenne sont essentiellement des créanciers. Leurs actifs ne sont pas vraiment cessibles, et une crise de liquidité, même sans crise de crédit, peut s'avérer mortelle.

Si les moyens provenant de la contribution du secteur bancaire ne suffisent pas, l'État fédéral est tenu d'injecter les capitaux manquants. L'intervention de la FDIC consiste à céder les dépôts et les crédits sains et à amortir les crédits toxiques.

Quatre cent seize banques américaines en danger : le rôle de la FDIC

Publié le 31 août 2009

Si l'attention a beaucoup porté au cours de ces derniers mois sur les banques dont la déconfiture risquait d'entraîner une déstabilisation du système financier, la Federal Deposit Insurance Corporation (FDIC) a rappelé à la bonne attention des autorités les difficultés qui continuent à assaillir les plus petites banques. La FDIC est un élément clé de la stabilité du système financier aux États-Unis. En garantissant les dépôts auprès des banques, elle devient *de facto* l'assureur en dernier ressort de ces banques.

Depuis le début de l'année, quatre-vingt et une banques ont dû être fermées et, dans certains cas, ont pu être revendues. C'est la FDIC, par exemple, qui a géré la cession controversée de Wachovia Bank d'abord à Citi, ensuite, pour un prix substantiellement plus élevé, à Wells Fargo.

Le nombre de banques « à problèmes » correspond approximativement à 5 % des banques américaines. Il est passé de 305 à 416 en un trimestre. Pour situer les ordres de grandeur, la garantie des dépôts couvrait 6 300 milliards de dollars. Face à cette situation, les 10,4 milliards de dollars (après mise en provision de 31 milliards de dollars pour l'année en cours) de son fonds semblent dérisoires. En un an, 75 % du fonds ont été utilisés. La FDIC n'a pas (encore ?) demandé officiellement au gouvernement une augmentation de son fonds.

Une des raisons est le nombre de banques en faillite, mais aussi une décision du Congrès américain d'augmenter provisoirement la garantie des dépôts de 100 000 à 250 000 dollars, par personne et par compte. Ces dépôts restent parfaitement sûrs dans la mesure où le gouvernement américain les garantit à travers la FDIC. Le rôle de cette agence gouvernementale est, lorsque la déconfiture s'annonce, de vendre tous les actifs vendables, et de se retrouver avec le « trou » qui, récemment encore, pour une banque de 5 milliards de dollars, la Colonial Bank, cédée à BB&T Corp., s'est élevé à 2 milliards.

C'est également la FDIC qui détermine les conditions de cession de banques à des acheteurs tels les fonds de capital investissement. Initialement elle a établi des critères beaucoup plus élevés que les rachats par des banques. Mais le nombre d'acheteurs potentiels se fait rare, et on s'attend à ce que la proposition qui sera déposée cette semaine soit plus favorable à ces fonds de *private equity*.

Les banques étrangères sont également intéressées. Banco Bilbao Vizcaya va racheter une banque texane, Guaranty Bank, prenant en charge 80 % des pertes de 9,7 milliards de dollars. C'est la quatrième plus grosse faillite bancaire de cette crise financière, et personne n'est surpris du choix de BBVA : le Texas est proche du Mexique et de l'Amérique latine, terrain de prédilection des banques espagnoles.

Le sauvetage des banques a un prix

Les interventions de soutien des pouvoirs publics ne se sont pas faites sans conditions.

L'une d'entre elles fut la limitation des rémunérations des banquiers. Il n'en fallut pas plus pour que ceux-ci accélèrent leur restructuration pour retrouver leur capacité de distribuer des bonus importants. Hank Paulson, secrétaire au Trésor, et ancien patron de Goldman Sachs, avait vu juste en imposant cette contrainte. Moins d'un an après la chute de Lehman, les premières banques commençaient à rembourser le Trésor. C'est ce qui a manqué dans de nombreux pays européens : un incitant puissant à mettre la situation de la banque en ordre.

Même si en fin de compte les opérations de sauvetage se sont terminées avec un solde positif pour les autorités, minimisant ainsi le coût pour le contribuable, les montants en cause étaient considérables et engendraient une inquiétude systémique qui a duré au cours des dernières années.

En Europe, le sauvetage des banques ne pouvait se faire qu'à travers les États dans lesquels était domiciliée l'institution financière. La dernière opération fut le placement des actions de la Royal Bank of Scotland détenues par le gouvernement britannique en juillet 2018[2]. C'est donc à travers des aides aux États membres que le sauvetage des banques s'est réalisé en Europe.

Les sanctions

La question des sanctions reste à régler.

Alors que dans certains pays des dirigeants ont été mis en prison, les États-Unis ont opté pour le changement de l'équipe de direction lorsque le Trésor prenait le contrôle des banques et pour des amendes de 150 milliards de dollars sur dix ans qui, en fait, réduisaient la capacité de prêt des banques et heurtaient les actionnaires plus que les auteurs des malversations.

Cette attitude a fait couler beaucoup d'encre, tant il est vrai que la responsabilité n'est pas seulement institutionnelle. Qui plus est, le risque d'un emprisonnement a un effet vertueux sur les comportements. Enfin, comme les amendes ont été imposées aux institutions, même les coupables n'ont pas dû contribuer à leur

2. *Le Vif*, « L'État britannique relance la privatisation de Royal Bank of Scotland », juin 2018, https://trends.levif.be/economie/banque-et-finance/l-etat-britannique-relance-la-privatisation-de-royal-bank-of-scotland/article-normal-848681.html.

paiement. Tout au plus ont-ils perdu des bonus ou subi la perte de valeur de leurs actions.

Ce qui est plus gênant, c'est le drame qu'ont subi les membres du personnel des banques qui étaient partiellement payés en stock-options et ont vu leur épargne fondre comme neige au soleil alors qu'ils n'avaient aucune responsabilité dans les actes incriminés. Nombre d'entre eux ont perdu leur emploi.

C'est une des limites du système d'intéressement des employés : ils subissent de plein fouet les erreurs de leurs dirigeants, comme ils bénéficient de leurs bonnes actions. Les comportements ainsi sanctionnés recouvrent des réalités très différentes et les sanctions ne sont pas uniformes.

Dans un premier cas, la SEC impose une amende ridiculement basse à Bank of America Merrill Lynch qui avait caché la distribution de 3,6 milliards de dollars de bonus à 700 de ses dirigeants dans le cadre du rachat par la Bank of America.

La « nouvelle » SEC est mal barrée : les juges se rebiffent contre elle et la Bank of America

Publié le 24 septembre 2009

Lors de l'acquisition de Merrill Lynch par la Bank of America, le fameux week-end qui vit la déconfiture de Lehman Brothers, les résolutions soumises au vote des actionnaires précisaient qu'aucun bonus ne serait payé aux dirigeants de Merrill Lynch avant le *closing* de la transaction. Les actionnaires pouvaient ainsi se faire une idée de la valeur de Merrill Lynch, et voter pour ou contre cette acquisition en connaissance de cause. Du moins, c'est ce qu'on essayait de leur faire croire.

La réalité était moins propre : une convention secrète prévoyait le paiement d'un maximum de 5,8 milliards de dollars de bonus aux dirigeants de Merrill Lynch. Finalement 3,6 milliards seront distribués à 700 « heureux élus ». Pur mensonge que les délicatesses de la SEC, le gendarme des marchés et le protecteur des actionnaires, ont traduit en déclarations trompeuses ou *misleading statements*. Et d'imposer à la Bank of America une amende de 33 millions de dollars. C'est un vrai cadeau : 1 % du montant du mensonge. À ce prix, la malhonnêteté sera rapidement en hausse.

Bien évidemment, l'acceptation de cette généreuse amende « ne constitue pas une admission de faute », selon l'expression consacrée de la SEC. Heureusement, une première fois, le juge Jed Rakoff demande à la SEC de revoir sa copie sur le montant et d'imposer des amendes aux dirigeants coupables. D'autant plus que, depuis 2006, les règles de la SEC prévoient explicitement des actions contre les coupables. La SEC récidive et défend son point de vue la semaine dernière… et se fait renvoyer par le juge qui l'accuse de continuer ses pratiques débonnaires entre avocats et de donner « une façade de mise en application » de ses propres règles. Bref, la plus dure rebuffade de l'histoire de la SEC[3].

Comment cette dernière, qui a perdu tant de plumes dans l'affaire Madoff et n'a rien fait pour tempérer la croissance des bilans des banques d'affaires en ne voyant pas la crise venir, peut-elle inaugurer son nouveau régime en montrant par deux fois ce qu'il faut bien considérer comme une désinvolture coupable ?

À la première occasion, ce sont les vieilles habitudes qui remontent à la surface. Cette décision de la SEC, qualifiée de cynique par le juge, fera date. Celle d'une superbe occasion manquée de restaurer la crédibilité d'une autorité essentielle à la protection des marchés. La SEC est entièrement peuplée de juristes, auxquels s'ajoutent quelques économistes et comptables. Il est temps d'y mettre bon ordre et d'y ajouter des compétences plus pointues… et surtout plus courageuses.

Les États-Unis sont un pays où la légalité fait fonction d'éthique. Jamais le droit n'a prétendu être un code moral. Pousser l'enveloppe à la limite de la légalité est un sport favori et les dirigeants et les conseils d'administration se contentent très souvent de l'avis de leurs juristes internes ou externes. Après tout, c'est le pays où le département de la Justice a trouvé des arguments juridiques pour justifier la torture en infraction flagrante avec la convention de Genève.

C'est aussi un pays où les poursuites judiciaires, renforcées par un système de *class action* qui autorise à de nombreux plaignants

3. *Les Échos*, « Bonus de Merrill Lynch : un juge conteste la “complaisance” de la SEC », août 2009, http://lesechos.fr/300372838.htm.

à poursuivre ensemble une banque pour une raison commune, permettent de se faire rembourser des dommages. Il y a des firmes spécialisées dans ce domaine et les tentatives de limiter les frais exorbitants d'avocats ont été généralement repoussées par le Congrès.

Banques américaines : l'étau se resserre sur les fraudes

Publié le 4 décembre 2011

Contrairement à la perception outre-Atlantique, les banques américaines sont en train de traverser une longue suite de poursuites judiciaires. Celles-ci visent quatre comportements qui ont, collectivement, été à l'origine de la crise financière de 2008 mais continuent encore à se produire.

1. L'absence de transparence dans les conditions de crédit : il s'agit d'une série d'offres qui ont appâté les emprunteurs hypothécaires en leur proposant deux années de taux d'intérêt alléchants, qui allaient, à partir de 2007, hausser en fonction de conditions de marché sur lesquelles l'emprunteur n'avait aucune visibilité. Ce sont ces prêts *subprimes* qui font l'objet de poursuites judiciaires soit par les autorités de contrôle, soit par les emprunteurs eux-mêmes.
2. Une fois le drame exposé, la manière dont les banques sont entrées en possession des actifs immobiliers était irrégulière : elles ont engagé des signataires d'ordres de repossession qui ne lisaient pas les documents, qui obtenaient le soutien d'avocats véreux payés à la repossession, qui obtenaient de juges négligents des arrêtés de *foreclosure*, le tout au mépris du droit des débiteurs et d'une manière irrégulière. La semaine passée, c'est le procureur de l'État du Massachusetts qui a entamé une série de poursuites auprès des grandes banques américaines pour avoir adopté des comportements « trompeurs et illégaux ».
3. Les crédits *subprimes* ont ensuite été rassemblés dans des obligations auxquelles les agences de notation octroyaient négligemment une note AAA qu'elles ont diminuée d'une dizaine de crans après l'explosion de la crise des *subprimes*. Diverses actions ont été entreprises par les détenteurs de ces obligations et plusieurs de ces groupes ont obtenu des dédommagements atteignant des centaines de millions de dollars.

4. Enfin, le fonds de Goldman Sachs, Abacus, qui lui a coûté 550 millions de dollars : il s'agit de cas où la banque vend des produits structurés à ses clients en se positionnant à la baisse de ces instruments. La banque transfère à une structure de trust des crédits foireux, les vend à ses clients, et puis vend elle-même ces titres à découvert. Ce faisant, elle parie contre ses clients sur la base de sa connaissance de la qualité pourrie des actifs concernés.

Qui est en charge de mesurer les conséquences des actions des autorités ?

« On ne fait pas d'omelette sans casser des œufs », disait déjà Honoré de Balzac. La gestion de la crise bancaire américaine a été rapide, musclée et efficace. Une combinaison de mesures drastiques de rétablissement des équilibres financiers, une intervention de la Federal Reserve qui détient encore 1,7 billion de dollars en crédits hypothécaires qu'elle a repris aux banques qui le souhaitaient, la mise en place de principes de surveillance et de *stress tests* ont permis en à peu près cinq ans de retourner la situation des banques, sauf pour quelques cas qui furent plus difficiles à gérer. Aujourd'hui, la santé des banques est redevenue spectaculaire.

Il ne fait aucun doute que c'est un système qui explique la crise financière. Certes, les banquiers sont les coupables, mais l'ensemble du dispositif de régulation des institutions financières a échoué. Sa dépendance par rapport aux intérêts divers et variés a diminué la force de frappe de ces autorités qui, ne l'oublions pas, sont sujettes au contrôle du Congrès et de la Maison Blanche.

L'Europe ne disposant pas de mécanisme propre a dû improviser et ce sont les États membres qui ont su faire face aux crises que traversaient leurs banques. C'est pour cette raison que l'Union bancaire européenne a été mise en place. Il fallait assurer un système robuste au niveau européen, ce qui implique des règles communes, mais aussi des autorités communes en charge de les appliquer.

Au sommet de la pyramide, les grandes institutions multinationales ont leur part de responsabilité.

Sommes-nous en train de tuer le crédit et… la croissance ?

Publié le 5 octobre 2009

Je rentre de l'Assemblée générale du FMI et de la Banque mondiale à Istanbul avec un sentiment d'inquiétude sur la conduite de la crise par les diverses autorités qui, sans réelle coordination, sont en train de jouer aux apprentis sorciers. Je ne pense pas être suspect de complaisance vis-à-vis des banques, mais je me dois de tirer la sonnette d'alarme.

S'il est incontestable que la crise a été provoquée par le secteur financier, il serait absurde de considérer que d'autres facteurs n'ont pas joué, y compris au niveau des autorités publiques de contrôle et des organismes en charge de la politique monétaire et fiscale.

Ces trois jours ont vu un véritable carrousel de représentants de la Banque des règlements internationaux (la banque des banques centrales), du Fonds monétaire international, de la Federal Deposit Insurance des États-Unis, et des ministres des Finances et banquiers centraux de pays industrialisés ou émergents. Ce fut une superbe cacophonie d'agendas particuliers, de déclarations revanchardes, d'explications *a posteriori pro domo* et d'avertissements. Au mieux, les remarques constructives étaient partielles.

Nous sommes collectivement dans une situation où nous devons absolument éviter que les mesures que nous allons être amenés à prendre pour qu'« une telle crise ne puisse plus jamais arriver » étouffent purement et simplement la reprise fragile qui se dessine, ou en tout cas ne la ralentissent sérieusement. Tout cela parce que les autorités publiques, alimentées par une opinion publique légitimement outrée de ce qui s'est passé, tombent dans le piège des mesures à court terme et fragmentaires. Les États-Unis n'y échappent pas plus que l'Europe.

[…] Tout compte fait, ce qui manque, c'est une approche globale des problèmes. Les marchés sont globaux, et les décideurs sont nationaux. Il n'y a pas une vraie vision des interconnexions des mesures et des effets pervers que des actions légitimes peuvent avoir sur l'ensemble de l'économie mondiale. Le fait que le G20 ait annoncé trente mesures démontre combien nos dirigeants n'ont pas conscience de ce danger et j'aurais préféré cinq orientations de fond à ce pot-pourri qui cherche à permettre à chacun de dire que Pittsburgh lui a donné raison. La lecture de la presse internationale donne l'impression que chaque pays a assisté à un sommet différent et que chaque leader applaudit les propositions qui l'arrangent.

Cet observatoire doit aller au-delà du maintien de la seule stabilité financière et couvrir l'économique et le social dans leur ensemble. J'ai le sentiment que nous en sommes très loin et que la confusion règne dans les esprits de nos dirigeants[4].

Les protestations

L'opinion publique a joué un rôle déterminant dans la crise financière. Choquée par les montants des sommes en cause et les comportements des institutions financières, elle a fait pression sur les dirigeants politiques et financiers. Il serait futile de croire que tout cela est oublié : la confiance dans les banques n'est pas restaurée.

Pendant plusieurs semaines, des protestataires contre les conséquences de la crise bancaire campèrent à Wall Street et ont occupé les lieux jour et nuit. Il y avait là des tendances aussi diverses que les sujets. Si l'opération a fait long feu, et le maire de New York, Michael Bloomberg, a finalement évacué ce campement, il ne faut pas oublier ce que les protestataires exprimaient. C'est en grande partie ce que le citoyen américain ressent face à un monde qu'il perçoit comme superriche et pour lequel les deniers publics sont utilisés.

---

4. C'est finalement le Conseil de la stabilité financière qui assumera cette responsabilité. Le Fonds monétaire international est également devenu un acteur central de l'observation des risques bancaires.

Les protestataires de Wall Street sont légitimement en colère

Publié le 12 octobre 2011

Le développement du mouvement qui est né de quelques dizaines de protestataires il y a deux semaines s'étend non seulement aux États-Unis, mais également dans la City à Londres. C'est une démonstration d'un malaise profond dans la population. Ce malaise prend sa source dans plusieurs éléments récents :

1. *Wall Street comme symbole a cessé d'être une source d'inspiration, voire d'admiration*, pour le peuple américain. La manière dont les dirigeants bancaires ont assumé leurs responsabilités face aux drames qu'ils ont créés dans les ménages et les entreprises n'est en effet pas crédible. Dans les prochaines semaines, une gigantesque « amende » devrait être imposée aux banques qui ont menti soit sur les crédits hypothécaires qu'elles octroyaient, soit sur la qualité de ces crédits lorsqu'elles les *titrisaient* sous forme de produits structurés mis sur le marché des capitaux. On devrait y ajouter les complices de ce forfait, les agences de notation. Le pire, c'est que nombreux sont les dirigeants bancaires qui continuent à recourir au déni de responsabilité.
2. *Les dirigeants des banques américaines ont renoué, en 2010 et surtout en 2011, avec des bonus ahurissants.* Après avoir été sauvées d'un risque systémique qu'elles avaient provoqué, elles ont repris le chemin des rémunérations exorbitantes. Ce faisant, elles suivaient une tendance de l'ensemble des entreprises américaines. Il a fallu une action de l'opinion publique pour empêcher que les bonus de Goldman Sachs, immédiatement après le remboursement de la dette salvatrice, ne s'établissent au niveau de cette aide, presque dollar pour dollar.
3. *Les manœuvres des républicains visant à retarder l'application du* Dodd-Frank Act of 2002 qui constitue une refonte du système financier américain n'ont échappé à personne. De surcroît, plusieurs candidats républicains à la présidence des États-Unis annoncent qu'ils vont faire annuler cette réglementation et revenir aux pratiques anciennes. Ce qui satisfait leur électorat fait peur au peuple américain qui souffre d'une paupérisation (plus de 25 millions) et d'un chômage (9,1 %) à des niveaux record.

4. *La Maison Blanche* - qui n'a pas pu ou pas voulu corriger le tir - s'est déclarée « compréhensive » face à cette réaction. Le président Obama tente désespérément de reconstruire une image vigoureuse face à des concessions qui ont entamé la confiance de son électorat. Il est trop tôt pour savoir s'il y réussira.
5. *Les craquements dans les rangs des « ultra-riches »*, face à une taxation qui les favorise excessivement, montrent qu'il existe parmi eux des dirigeants comme Warren Buffett, Bill Gates et d'autres qui partagent le point de vue que le rêve américain n'est pas compatible avec des inégalités flagrantes. C'est nouveau et, bien évidemment, très critiqué à droite.
6. Enfin, *la perte de confiance dans le Congrès*, qui bloque les mesures importantes de manière partisane, choque de plus en plus. La dernière en date est une exigence des républicains (heureusement refusée par la Maison Blanche) de réduire les dépenses sociales pour approuver les mesures d'urgence en faveur des victimes des ouragans et autres intempéries qui ont émaillé l'été 2011.

Restaurer la confiance dans la finance

Un an après la chute de Lehman Brothers, et au vu des drames sociaux et humains des ménages américains, les banques ont commencé à se poser la question de confiance. La notion de *trust* est un élément fondateur de l'activité financière et est au cœur de l'activité bancaire. Pourquoi leur confierions-nous nos dépôts et serions-nous assurés qu'elles en font bon usage ?

La confiance se mérite, elle ne se décrète pas. Lorsque les banques se plaignent de l'absence de confiance des régulateurs ou du public, elles sont dans le déni de ce que la crise a fait apparaître comme comportements indignes de confiance. Après dix ans de crise financière, je ne crois pas que la confiance dans les banques soit rétablie : la suspicion continue d'exister.

Le grand défi des banques : restaurer la confiance

Publié le 18 août 2009

Il est temps de regarder vers l'avenir et de se pencher sur ce que font les grands acteurs de la finance pour nous préparer un monde meilleur auquel nous pourrions faire confiance à nouveau.

L'International Institute of Finance qui représente trois cent soixante-quinze des institutions les plus importantes du monde est de très loin la plus représentative et la plus influente association de la finance mondiale. Pour sa défense, elle avait prévenu des risques de liquidité et proposé des solutions qui, si elles avaient été appliquées, nous auraient évité la crise dans laquelle le monde de la finance a entraîné le monde et l'économie entière. Elle fut aussi la première à reconnaître les erreurs des banques et à proposer des chantiers immédiats.

Son nouveau rapport « Restoring Confidence, Creating Resilience » vaut dès lors la peine qu'on s'y intéresse. Il est le résultat de travaux impliquant des dirigeants de nombreuses disciplines et de consultations étroites avec les banques centrales, ministères des Finances et autorités de contrôle à travers le monde. Je m'attarderai sur la partie relative à la restauration de la confiance. La création d'une résilience est un sujet macroéconomique très vaste, et l'IIF se positionne ici plus en lobby influent vis-à-vis des autorités concernées.

La partie la plus intéressante du rapport est les onze engagements que les banques ont accepté de prendre. Je les résumerai de la manière suivante :

• Le secteur financier est sincèrement décidé à allouer les ressources nécessaires à un travail de fond avec les autorités de contrôle : il s'agit particulièrement de ces « collèges de superviseurs » créés par le G20 et qui rassemblent les autorités compétentes en charge du contrôle, pour chaque grande banque représentant un risque systémique. C'est une « première » dans la mesure où la coopération des autorités de contrôle est institutionnalisée pour chacune de ces institutions financières.

• La mise en place d'un système de gestion des risques plus robuste a déjà commencé sur la base des *best practices* de l'institut qui ont été approuvées par le groupe des « Senior Supervisors ». Ce sera un chantier extrêmement lourd mais essentiel.

- L'IIF a établi des principes de rémunération qui devraient éviter que l'avidité des opérateurs n'accroisse les risques systémiques. Il est intéressant de noter qu'il fait état d'une analyse démontrant des progrès dans ce domaine mais, comme il provient d'une firme de consultance en matière de rémunération, elle est quelque peu suspecte. Ce week-end, Gretchen Morgenson, l'une des journalistes économiques les plus respectées du *New York Times*, fait état d'une analyse indépendante des changements de rémunération de cent quatre-vingt-onze entreprises (pas toutes financières) qui semble indiquer que les rémunérations ont augmenté la rapidité avec laquelle seront payés les incitants sur la base des performances. Autant pour la liaison des rémunérations aux objectifs à long terme.
- Les financiers endossent une forme de contrôle qui est plus basée sur le jugement et les conséquences que sur une application mécanique des principes de supervision.
- Quant au sujet difficile des niveaux de fonds propres, les banquiers suggèrent de maintenir les principes existants dits « de Bâle II » (où se situe le siège de la Banque des règlements internationaux, le banquier des banques centrales) mais reconnaissent que les fonds propres étaient insuffisants et les niveaux d'endettement exagérés. Ils notent au passage les augmentations de capital sans précédent effectuées par les banques en provenance du secteur public ou privé.
- À cela s'ajoutent des mesures relatives aux produits dérivés sur crédits (CDS) et leur exécution et bien évidemment une analyse des risques de liquidité qui manqua cruellement et fut partiellement à l'origine de la crise.

On ne peut qu'approuver les propositions de l'IIF et la qualité du travail et, plus important, du consensus qui se développe sur de telles mesures. Pour un observateur des évolutions récentes, il semble cependant que ces domaines ne font pas l'objet de l'attention qu'ils méritent. Il faudra revoir la composition des conseils d'administration pour y ajouter moins de barons et plus de financiers. Il faudra surtout changer cette culture pernicieuse qui fait que les financiers continuent à se servir immédiatement sur la bête, avec une considération toute relative pour les conséquences à long terme.

Ces sujets ne se résoudront que si les autorités de contrôle développent un cadre de référence commun qui évite les pièges que dénonce Gretchen Morgenson lorsqu'elle écrit dans le *New York Times* qu'« au lieu de voir une plus grande corrélation avec les plans d'incitants à long terme, les plans de rémunération prévoient d'augmenter la part des incitants à court terme[5] ». Nous ne sommes décidément pas sortis de l'auberge...

Le défi de la réglementation bancaire américaine

Il n'aura fallu qu'un an pour que l'administration Obama mette sur pied un ensemble de mesures visant à éviter que le contribuable soit appelé à sauver les institutions financières. Ce tour de force affecte profondément la manière dont les banques vont développer leurs activités. Ce document mérite d'être relu à la lumière des récentes tentatives de l'administration Trump de diluer les principes de prudence et de bonne gestion figurant dans la nouvelle réglementation[6].

L'influence américaine, parfois musclée, aura eu un impact sur l'ensemble des réglementations à travers le monde en raison de la rapidité de son intervention. N'oublions pas que c'est une administration démocrate qui a réformé la finance aux États-Unis.

Quelques mois plus tard, le Congrès était saisi d'un projet qui allait aboutir à une réforme structurée de mille pages. Le *Dodd-Frank Act of 2010* que l'administration Trump cherche maintenant à modifier.

Wall Street sous contrôle : une nouvelle ère pour la finance ?

PUBLIÉ LE 27 JUIN 2010

La nouvelle réglementation financière des États-Unis vient d'aboutir à un accord entre les sénateurs et les représentants du Congrès. Depuis les réglementations de 1933 et 1934 à la suite du krach boursier de 1929,

5. Gretchen Morgenson, « The quick buck just got quicker », *New York Times*, août 2009, www.nytimes.com/2009/08/16/business/16gret.html.
6. US Treasury, « Financial regulatory reform : a new foundation », 2009, www.treasury.gov/initiatives/Documents/FinalReport_web.pdf.

c'est à une transformation fondamentale du paysage financier que nous allons assister. Devant l'incapacité des financiers à s'autoréguler, le législateur américain a développé une réglementation d'environ mille pages qui vise l'ensemble des aspects de la finance.

Le fait qu'il y ait un accord politique entre démocrates et républicains sur ce projet est en soi remarquable : Wall Street trouvait généralement un soutien presque sans réserve auprès des républicains. C'est l'opinion publique qui a fait la différence. Les abus de la finance ont en effet eu des conséquences concrètes sur l'Américain moyen : augmentation des taux de financement des habitations, baisse du marché immobilier, perte de logement, perte d'emploi massive. Nombre d'entre eux n'ont plus été en mesure de financer les études de leurs enfants.

Il était devenu impossible pour les républicains de soutenir ouvertement les banques. L'arrogance de Goldman Sachs, l'affaire Madoff et les bonus payés par des banques qui devaient leur salut au contribuable ont fait le reste. La nouvelle législation modifie substantiellement le paysage financier américain.

• La création d'un conseil qui rassemblera les grands régulateurs et la Federal Reserve devrait permettre de mieux prévoir les crises et leurs conséquences.

• La victoire la plus significative est de ne plus permettre aux banques d'utiliser leurs fonds propres à des fins spéculatives. Les *hedge funds* internes seront strictement limités et, dans un grand nombre de cas, les opérations spéculatives devront être effectuées en dehors de la banque, dans des filiales spécialisées dont l'explosion n'atteindra pas les activités bancaires elles-mêmes. Connue sous le nom de « Volcker Rule » du nom de l'ancien président de la Federal Reserve, cette règle ne permet plus aux banques de prendre leurs activités bancaires en otage de leur spéculation[7].

• En ce qui concerne les produits dérivés, la structure du marché va évoluer vers plus de transparence : au lieu de maintenir des spécificités inutiles, une forme de standardisation va être établie et les transactions vont se dérouler sur des marchés réglementés, principalement les Bourses. Cette transparence permettra également d'en mesurer les dangers.

• Une initiative qui tenait à cœur au président Obama a tenu le coup dans cette lutte de pouvoir : la création d'une agence qui aura pour fonction de

7. C'est ce pare-feu qui a été le premier à être démantelé par le président Donald Trump et le secrétaire au Trésor Steven Mnuchin.

réglementer et d'appliquer des règles strictes visant à mettre fin à ce qu'il faut bien considérer comme une forme de harcèlement du consommateur. C'était la bête noire des républicains : les abus récents des banques ont rendu toute opposition vaine[8].

• Sur la taille des institutions (*too big to fail*), c'est à travers les régulateurs que sera suivie l'évolution de la taille et des risques des banques. Les banques contribueront à hauteur de 20 milliards de dollars à la création d'un mécanisme permettant d'intervenir à temps, sans devoir faire appel au contribuable.

• Quant aux banques qui continueront à développer et vendre des produits structurés ou à titriser des actifs financiers, il leur sera imposé de garder dans leur bilan 5 % au moins de ces actifs : cela assurera une défense contre une attitude qui consistait à vendre n'importe quoi avec une notation favorable sans conséquences pour les émetteurs. Cette législation est une victoire pour le président Obama.

Face à *l'acte II de la crise financière que sera la gestion des déficits publics*[9] ? Le fait que les institutions financières seront étroitement contrôlées est manifestement une amélioration. Mais nous ne sommes pas encore sortis de l'auberge, même si un pas significatif vient d'être franchi dans la nuit de jeudi à vendredi à Washington.

Responsables de la crise financière, les États-Unis ont été les premiers à réformer la finance. Cette réforme allait profondément influencer les réformes qui allaient se succéder à travers le monde. Il était inévitable dès lors que le modèle américain influence profondément les initiatives des autres pays, et ce d'autant plus qu'allait commencer une nouvelle réglementation au niveau mondial connue sous le nom de « Bâle III ».

8. Cette initiative allait être rapidement émasculée dès l'arrivée de Donald Trump à la Maison Blanche : les banques ne l'avaient jamais digérée. Elles ne supportent pas que leurs clients aient un droit de recours contre leurs décisions.

9. Dès 2010, il m'apparaissait évident que la crise suivante serait une crise de l'endettement public. Elle aurait dû avoir lieu dans les cinq ans si les banques centrales n'avaient pas concocté un *quantitative easing* qui réduisait le coût de la dette souveraine.

Ne minimisons pas la nouvelle réglementation financière américaine : elle va nous influencer !

Publié le 16 juillet 2010

Le 15 juillet 2010 est une date qui restera dans les annales de l'histoire de la réglementation financière des États-Unis. Aucune législation aussi fondamentale et vaste n'avait été votée par le Parlement depuis les deux législations de 1933 et 1934. Pas plus que celle d'il y a trois quarts de siècle, cette législation, qui sera signée par le président Obama, ne sera parfaite. Pour obtenir le seuil minimum de 60 % des votes au Sénat, des concessions ont dû être faites. La mise en pratique des principes qu'elle énumère et des institutions qu'elle créera fera l'objet de nombreuses règles d'exécution, et les lobbyistes du secteur financier ne seront ni à court de travail ni à court de revenus. Tout cela n'est pas très beau. Mais la démocratie américaine fonctionne de cette manière-là et l'argent achète beaucoup de choses.

L'erreur serait cependant de minimiser son impact tant aux États-Unis que sur les autorités de contrôle mondiales. En effet, sa prolongation sera la réglementation de Bâle III qui devrait voir le jour à la fin de l'année et s'applique à l'ensemble du secteur bancaire à travers les frontières. De plus, elle s'inspire des principes que le G20 a définis. Vu l'importance des marchés des capitaux et des institutions financières américains, leur impact sera important. N'oublions pas que la plupart des grandes institutions financières mondiales opèrent à Wall Street et y seront soumises pour ces activités. Au-delà des aspects concrets de cette réglementation que j'ai énumérés dans un *post* précédent, je voudrais donner une image conceptuelle de ce qui vient d'être voté.

La principale victime de la crise financière a été le consommateur... Avec un chômage qui est encore à 9,5 %, ce ne sont pas moins de 50 millions d'Américains qui vivent maintenant en dessous du seuil de pauvreté. La création d'une agence chargée de la protection du consommateur a été rejetée de toutes les manières possibles et imaginables avec une grande unanimité et dans une grande manipulation des faits par le secteur bancaire. Il n'a qu'à s'en prendre à lui-même. C'est lui qui a agi d'une manière irresponsable, même si le consommateur a manqué de prudence.

[...] Même si je rends hommage à ce travail titanesque, au président Obama et aux démocrates et aux quelques républicains qui ont bravé les lobbyistes qui recevaient plus de 1 million d'euros par jour, pour défendre les intérêts des banquiers, je reste cependant déçu. Paul Volcker, l'ancien président de la Federal Reserve, qui a œuvré pour que cette réglementation soit solide, a dû accepter des compromis face à l'assaut des intérêts bancaires. Certaines protections essentielles ont été abandonnées au nom de la realpolitik. Les parlementaires des deux partis qui sont responsables d'avoir édulcoré ces textes portent une responsabilité devant l'histoire. La réglementation n'est pas étanche, et son application sera difficile. Cette déception n'est pas une raison pour ne pas reconnaître le caractère historique et remarquable du résultat obtenu.

Une réglementation n'est pas un aboutissement, mais un point de départ. Espérons que ceux et celles qui devront l'appliquer trouveront le courage et l'intégrité nécessaires pour nous éviter un drame économique et social semblable à celui des deux dernières années.

Parmi les conseillers financiers de Barack Obama, outre Paul Volcker, Larry Summers, ministre des Finances sous l'administration Clinton et ancien président de Harvard University, a toujours été un économiste qui avait la clairvoyance de tenir compte de facteurs au-delà de l'économie. Son intelligence perçante est desservie par un discours agressif et parfois arrogant qui a rendu impossible sa nomination à la tête de la Federal Reserve où il eût probablement évité les abus du *quantitative easing* dont il dénonçait les limites.

Cette conférence organisée à New York par *The Economist* a été l'occasion pour lui d'exprimer des vues d'une grande lucidité qui m'ont profondément marqué[10].

Les remarques (im)pertinentes de Larry Summers sur la crise

Publié le 19 octobre 2009

Larry Summers, ancien secrétaire au Trésor sous Clinton et conseiller de Barack Obama pour l'économie, est un homme impressionnant, à la fois

10. Larry Summers, « The 2007-2009 financial crisis and the future of finance », octobre 2009, http://larrysummers.com/commentary/speeches/the-2007-to-2009-financial-crisis-and-the-future-of-finance_10-16-2009/.

physiquement et intellectuellement. L'ancien président de l'Université de Harvard a tenu vendredi à une conférence du magazine *The Economist* un raisonnement que je résumerai comme suit.

Depuis la crise du Japon en 1989, la finance a été en crise dans un coin ou l'autre du monde tous les trois ans. Cette crise est particulière parce qu'elle n'a pas été provoquée par des événements extérieurs, mais par les financiers eux-mêmes.

Quelles que soient les considérations morales, l'objectif des dirigeants est d'atténuer la probabilité d'une nouvelle crise et, pour ce faire, on ne peut pas tabler sur le fait que les comportements changeront. Il faut apprendre à conjuguer profitabilité et prudence. Le débat public est cependant basé sur de fausses prémisses, à savoir que la nature humaine s'améliorera pour donner suite à la crise. Il serait irréaliste de réformer la réglementation en comptant sur un changement de comportement des acteurs financiers. Il faut les encadrer.

Les cinq principes de l'administration Obama sont faits de pur bon sens.

1. Les institutions financières ont besoin de plus de fonds propres.
2. Il n'est pas acceptable qu'elles « choisissent » leur régulateur.
3. C'est le système qui doit être solide, sans avoir besoin du contribuable.
4. Les institutions entraînant un risque systémique doivent faire l'objet d'une réglementation complète, et ce par les autorités publiques.
5. Il faut établir une agence fédérale qui protège les consommateurs contre les prédateurs financiers (il cite un mécanisme qui encaisse les chèques de manière à maximiser les découverts en compte et à imposer des amendes).

L'embarras de l'administration est considérable dans la mesure où la déconnexion entre Wall Street et Main Street crée des tensions insoutenables. C'est donc bien vers une réglementation qui imposera des niveaux de fonds propres que se trouvera la solution. À elle seule, elle devrait réduire les profits liés aux activités à risque et donc les rémunérations qui s'y attachent.

Les stress tests *de la Federal Reserve rassurent*

Une des mesures les plus importantes qui ont été prises à travers le monde a été l'établissement de *stress tests* visant à mesurer la robustesse des institutions financières dans divers scénarios de perturbation de l'environnement économique et financier.

Le résultat fut surprenant. Immédiatement, il est apparu que, pour périlleuse qu'ait été la situation, le soutien de la Federal Reserve et du gouvernement américain avait rétabli une ligne de flottaison qui écartait un risque systémique dans les principales banques américaines[11].

Le manque de fonds propres apparut immédiatement comme raisonnable et parfaitement réalisable. Les cours de Bourse des actions américaines se sont redressés et la réforme a pu se réaliser sans qu'une crainte fondamentale ne se fasse jour.

Le *stress test* du Trésor américain : beaucoup de bruit pour 75 milliards de dollars ?

PUBLIÉ LE 8 MAI 2009

Nous venons de vivre une semaine quelque peu hystérique sur le marché boursier des banques américaines, et un anticlimax qui confirme l'adage boursier « acheter sur les rumeurs, et vendre sur les événements ». Les spéculations sur le résultat de ces tests allaient bon train. Ce matin, le *Wall Street Journal* a pratiquement annoncé les interventions et leurs montants. Un jeu de « fuites » pour préparer le marché ? On se demande pourquoi le Trésor a retardé les annonces de quatre jours si c'est pour en arriver à communiquer sous forme de fuites. À moins que ce soient les banques elles-mêmes qui aient lâché le morceau ?

11. Federal Reserve, OCC, and FDIC release results of the supervisory capital assessment program, mai 2009, www.federalreserve.gov/newsevents/pressreleases/bcreg20090507a.htm.

Le résultat est intéressant : les dix-neuf banques testées sont les plus importantes des États-Unis, qui en comptent plusieurs milliers. Dix d'entre elles devront augmenter leurs fonds propres d'un total de 75 milliards de dollars. Cet exercice périlleux est remarquable. En se livrant à cet examen, la Federal Reserve se substitue aux agences de notation dont la crédibilité a beaucoup souffert de leur manque d'intégrité. Ce faisant, elle prend position publiquement sur l'état de santé de ces banques, et indirectement du système bancaire des États-Unis. C'est une redoutable responsabilité, même si elle ne constitue pas une notation.

Pour mieux comprendre la portée de cet examen de passage, la référence à la médecine peut aider. Depuis longtemps, les différentes disciplines médicales, et particulièrement la cardiologie, ont développé une manière de tester la résistance de nos organes. L'objectif est d'évaluer la capacité du patient de faire face à une médication ou une intervention chirurgicale. L'enjeu est le risque d'une issue fatale.

En mettant tous ces éléments ensemble, on mesure à la fois la portée et les limites de l'épure. Ce que nous dit le gouvernement américain, c'est que le risque d'une importante faillite dans le système bancaire peut être écarté si, particulièrement, quatre institutions financières lèvent des fonds propres à concurrence des montants publiés. C'est une information capitale vu la crise de confiance qui, aussi près que le mois de mars dernier, a provoqué une chute massive des cours. La limite, c'est que ce n'est pas un bulletin de santé : rien ne nous est dit sur la capacité de ces institutions d'être adéquatement bénéficiaires, de se doter des ressources technologiques et humaines, ou de se positionner stratégiquement dans l'avenir.

American Insurance Group : une succession d'abus

La crise traversée par AIG fut infiniment plus grave et représentative des dérives de la finance que celle de Lehman. Là où les banques ont renoncé aux règles de fiducie de leur métier, AIG a mis en joue la compagnie d'assurances en se lançant dans une activité dont elle ne comprenait pas le risque. C'est en se fourvoyant dans la jungle des produits dérivés et singulièrement des *credit default swaps* (CDS), en usant et abusant de sa notation AAA, que la direction d'AIG a mis en joue l'assurance de millions d'Américains, mais aussi celle du secteur de l'assurance qui s'est parfaitement comporté pendant la crise financière.

Si le conseil d'AIG avait accepté l'offre de 10 milliards d'Allianz la veille du week-end de sa déconfiture, il n'y aurait pas eu besoin de sauvetage[12]. C'est l'hubris de ses dirigeants qui croyaient qu'AIG valait plus que le prix offert qui a précipité la chute de l'entreprise.

Maurice « Hank » Greenberg avait permis le développement d'AIG Financial Products à Londres et avait été remercié par ses coadministrateurs pour ne les avoir jamais informés du risque colossal pris principalement par cette filiale londonienne et sur la comptabilisation douteuse des produits dérivés liés aux fameux crédits *subprimes*.

L'idée était séduisante : en comptabilisant hors bilan les positions spéculatives détenues à Londres, AIG continuait à bénéficier de sa notation AAA, ce qui lui permettait d'encaisser des commissions plantureuses en souscrivant à des *credit default swaps* (CDS) notamment sur les *subprimes* pour un montant brut de 2 700 milliards de dollars. Ce faisant, AIG Financial Products prenait des risques de garantie. Ces risques ont amené AIG au bord de la faillite sans que les autorités de contrôle disposent des données nécessaires pour éviter cette explosion potentielle. Les comptes étaient faux.

Les bénéficiaires de ces garanties étaient en grande partie des banques, et souvent pour des montants importants : plutôt que de vendre leurs obligations ou leurs crédits (dont la liquidité était d'ailleurs imparfaite), ils obtenaient l'assurance d'un garant de premier ordre. Un film, *Le Casse du siècle*, inspiré du livre

12. Cet épisode peu connu a été révélé par J. Chris Flowers qui représentait Allianz et informa Hank Paulson du sérieux de la situation, *Fortune*, août 2009, http://archive.fortune.com/2009/08/31/magazines/fortune/chris_flowers.fortune/index.htm.

de Michael Lewis *The Big Short*, devait raconter exactement la manière dont ce mécanisme a été monté[13].

Pour se dégager de ces obligations et reconstruire son bilan, AIG Financial Products doit donc s'exécuter et compenser les pertes de ses assurés. Deux réactions sont à prévoir : la première critiquera l'intervention sur AIG comme étant un cadeau fait aux banques, que seraient leurs résultats 2008 sans ces paiements ? La seconde se focalisera sur une réglementation du secteur de l'assurance qui s'était pourtant bien comporté pendant la crise.

AIG : de Charybde en Scylla ?

PUBLIÉ LE 10 NOVEMBRE 2008

Difficile de s'y retrouver dans la saga d'AIG. Au départ, une compagnie d'assurances de taille moyenne ; à l'arrivée, la plus grosse entreprise d'assurances du monde. Mais cette croissance cache un changement de nature. Sous l'impulsion de son chef charismatique, Maurice « Hank » Greenberg, la croissance d'AIG se fait au travers d'opérations sur produits dérivés sur crédits qui n'ont que peu à voir avec l'assurance. Il s'agit de se porter contrepartie de produits financiers en utilisant la fameuse notation AAA/Aaa dont la société dispose.

Le résultat ne se fait pas attendre : 40 % des actifs se retrouvent dans la filiale AIG Financial Products. Car cette croissance n'était rien d'autre qu'une prise de risques réputés insignifiants dans des proportions plus que significatives. Cela fit monter l'action en dix ans. Hank Greenberg, un obsédé du cours de Bourse, se réjouit lorsqu'en 2000, l'action atteint près de 100 dollars. Il pique une colère contre le NYSE lorsqu'il baisse jusqu'à 61 dollars, utilisant sa présence au conseil dudit NYSE pour faire pression sur le « spécialiste » qui gère cette action. Il est finalement remercié et le cours de l'action est aujourd'hui à 2 dollars. Cet homme d'une trempe exceptionnelle est finalement victime de son propre ego et, en tant qu'actionnaire principal d'AIG, voit sa fortune et celle des dirigeants de la société s'effondrer.

Car le 15 septembre 2008, lendemain du jour où le Trésor américain laisse Lehman tomber en faillite au nom du « hasard moral », l'État devient

13. Michael Lewis, *The Big Short*, Penguin Books, 2011, www.allocine.fr/video/player_gen_cmedia=19557578&cfilm=227900.html.

propriétaire de 80 % des actions d'AIG. Cette nationalisation a bien évidemment été critiquée, y compris par Hank Greenberg.

Ce qui gêne ici, c'est que, d'une certaine manière, la compagnie d'assurances a pris un risque énorme en développant des activités différentes que sa propre direction ne maîtrisait pas, et que l'État américain est obligé d'intervenir en sauvant une activité en produits financiers qui pouvait être mise en faillite pour éviter la faillite du groupe dans son ensemble.

Cette histoire ressemble étrangement à celle d'Enron. Même type de personnalité. Même type de prise de risque et de manipulation. Ce qui n'empêche pas Hank Greenberg, qui est toujours un actionnaire important d'AIG, de proposer ses services tout en critiquant son successeur. On espérait qu'il aurait la sagesse de rester discret.

Les engagements hors bilan d'AIG Financial Products consistaient à garantir le risque de certains débiteurs. Ce sont donc des banques américaines et étrangères qui ont été les premiers bénéficiaires des capitaux injectés par le gouvernement. Ils seront payés rubis sur l'ongle sans la moindre décote par rapport à leurs encours. Cela reste une page trouble de l'histoire du sauvetage de cette institution.

Le mystère de cette décision du secrétaire au Trésor Hank Paulson dans une affaire dont le premier bénéficiaire était son ancienne firme, Goldman Sachs, reste entier. Le Congrès s'en est ému, mais les explications ont été à tout le moins confuses. Il n'y avait aucune raison que la Federal Reserve rembourse les 61,9 milliards de dollars d'encours d'AIG rubis sur l'ongle. On ne me fera jamais croire qu'une décote de 25 %, soit au total 15 milliards, aurait menacé les banques[14].

---

14. Goldman Sachs (12,9 milliards de dollars), Société générale (12 milliards de dollars), Deutsche Bank (12 milliards de dollars), Barclays (8,5 milliards de dollars), Merrill Lynch (6,8 milliards de dollars), Bank of America (5,2 milliards de dollars), UBS (5 milliards de dollars), etc.

La bombe AIG : le bail-out a-t-il sauvé les banques ?

Publié le 31 mars 2009

Les rumeurs se font insistantes. Les 180 milliards de dollars du gouvernement américain auraient-ils servi à renflouer les banques ? La réponse est en effet positive. Cela ne signifie pas qu'ils ont été mal utilisés, mais dans le climat de chasse aux sorcières qui prévaut à New York, Andrew Cuomo, le procureur général de l'État de New York, qui se préoccupait des bonus d'AIG, a décidé d'élargir son enquête sur l'utilisation des fonds reçus par AIG. Il vient d'envoyer des réquisitoires pour obtenir les informations sur ces actifs.

Que va-t-il se passer s'il se confirme que trois banques (Goldman Sachs, Deutsche Bank et la Société générale) ont bénéficié collectivement de 35 milliards de dollars de paiements ? Cela ne risque-t-il pas de produire une nouvelle crise de confiance dans le secteur bancaire ? En tout état de cause, ce sera une bombe.

La seconde, qui commence à poindre, est fondamentale pour l'avenir du système financier mondial : l'argent du contribuable américain peut-il servir à soutenir des banques étrangères ? Expliquer calmement que la garantie d'AIG était fournie à des institutions étrangères et que, si l'on ne dédommage que les banques américaines, les banques étrangères provoqueront à elles seules la faillite d'AIG, ne sera pas facile.

Il est difficile de prédire la réaction de l'opinion publique américaine qui a tendance à réagir avec violence, comme l'a prouvé la réaction de la Chambre des représentants face aux bonus de... 161 millions payés à des cadres d'AIG Financial Products.

D'ores et déjà, George Soros et d'autres font des propositions d'encadrement du marché des CDS. Pour ma part, je ne suis pas convaincu que les produits dérivés sur crédits soient nécessaires, même s'ils sont générateurs de commissions abondantes. Que le créancier parvienne à se libérer d'un risque de crédit ne me paraît pas indispensable. Ce sont les risques du métier.

Une page moins connue de la saga d'AIG est l'intervention des autorités françaises, inquiètes des conséquences d'une décote sur les engagements pris par AIG, qui eût impacté le système bancaire français, vu les montants concernés[15]. Quels qu'aient été les subterfuges trouvés pour valider cette décision, je ne crois pas que les 12 milliards de dollars de la Société générale ne pouvaient pas être écornés sans danger.

Le paiement de 165 millions de dollars de bonus aux dirigeants d'AIG Financial Products coupables de cette fraude a fait réagir Barack Obama et le Congrès américain par ailleurs impuissants à bloquer ce paiement de manière légale[16].

La France a-t-elle manipulé les autorités américaines dans l'affaire AIG ?

PUBLIÉ LE 19 JANVIER 2010

Un article qui vient d'être publié dans le *Wall Street Journal* de ce jour ne manque pas de piquant. Il se base sur une source bien informée : Neil Barofsky, l'inspecteur général des facilités concernées et connues sous le nom de TARP (Troubled Asset Relief Program[17]).

Un des problèmes centraux qui ont provoqué la chute d'AIG est l'émission de garanties sur crédits pour des centaines de milliards de dollars. Avec l'effondrement du marché financier, AIG a été obligée de faire face à ses engagements qu'elle espérait ne jamais avoir à réaliser. Parmi ses engagements figurent plus de 100 milliards de dollars de produits dérivés sur crédits en faveur de grands établissements comme Goldman Sachs, Merrill Lynch, Deutsche Bank et Société générale. Avec la faillite d'AIG, les chances pour ces établissements de retrouver leur mise étaient limitées, et certainement pas à 100 % du montant nominal de leur créance. Alors qu'une commission du Sénat américain se penche sur la gestion de la crise financière, un mystère reste intact : comment est-il possible que le remboursement par AIG de ses dettes sur CDS (produits dérivés sur

15. *Wall Street Journal*, « AIG bonuses were a mistake of the treasury "Failure" », Barofsky Says, octobre 2009, www.wsj.com/articles/SB125552964492784877.

16. Edmund L. Andrews et Peter Baker, « AIG. planning huge bonuses after $170 billion bailout », *New York Times*, mars 2009, www.nytimes.com/2009/03/15/business/15AIG.html.

17. Sigtarp, « The special inspector general report on the AIG bailout », *New York Times*, 17 novembre 2009, www.nytimes.com/interactive/projects/documents/the-special-inspector-general-s-report-on-the-a-i-g-bailout.

crédits) se soit fait au montant nominal des créances. Dans l'ensemble des interventions sur ce type d'actifs, de sérieuses décotes sont appliquées aux remboursements. Ce ne fut pas le cas pour AIG.
Une des théories qui circulaient jusqu'ici avec persistance était que, compte tenu des liens étroits entre AIG et Goldman Sachs, Hank Paulson, secrétaire au Trésor et ancien patron de Goldman Sachs, aurait cherché à favoriser Goldman Sachs, qui reçut l'intégralité de ses 12 milliards de dollars à travers les prêts de 180 milliards de dollars consentis par le gouvernement américain à AIG le lendemain de la chute de Lehman Brothers en octobre 2008.
Le *Wall Street Journal* semble avoir obtenu des informations selon lesquelles les autorités françaises auraient réussi à manœuvrer la Federal Reserve et le Trésor américain. La base de l'argument est surprenante : les autorités auraient fait savoir qu'en acceptant une ristourne sur ces dettes, les dirigeants du Crédit agricole (4,5 milliards de dollars) et de la Société générale (12 milliards de dollars), les principaux bénéficiaires de cette intervention, risquaient... la faillite. Cet argument a permis à Goldman Sachs et Merrill Lynch d'imposer l'égalité des créanciers et leur a donc évité une perte sur ces actifs qui ne valaient plus la moitié de leur montant nominal.

Poursuivre l'État qui a sauvé son institution : la disgrâce de Hank Greenberg

Il y a pire. Il m'a fallu relire l'information plusieurs fois. Le CEO d'AIG, condamné pour fraude comptable à quitter le conseil d'AIG, responsable de la couverture des risques pris à Londres dans des produits dérivés, a été responsable de la quasi-faillite de l'entreprise.

Sauvé par les deniers publics, il a osé attaquer en justice l'État américain, lui reprochant d'avoir fait des profits de 22,7 milliards[18] sur les 180 milliards de dollars de sauvetage de son entreprise. En matière de cynisme et d'irresponsabilité, c'est peut-être l'épisode le plus étrange d'une crise qui en a connu beaucoup.

---

18. Rachelle Younglai et Rick Rothacker, « Government to see $23 billion total profit on AIG bailout », *Insurance Journal*, décember 2012, www.insurancejournal.com/news/national/2012/12/11/273456.htm.

La première phase du sauvetage d'AIG a été caractérisée par des comportements des dirigeants anciens et récemment appointés par l'État qui frisaient la provocation, et en tout cas l'indécence. Au lieu d'adopter un profil bas et de veiller à rétablir les équilibres indispensables à la poursuite des activités, certains d'entre eux ont oublié tout sens des responsabilités.

Le CEO destructeur d'AIG réclame 25 milliards à l'État américain qui a sauvé l'entreprise

Publié le 8 janvier 2013

On avait déjà vu beaucoup d'horreurs dans les arènes de la finance, mais cette histoire dépasse les limites de l'indécence. Lors du fameux week-end du 13 septembre 2008 au cours duquel le gouvernement américain a dû laisser Lehman Brothers tomber en faillite, a poussé Merrill Lynch dans les bras de la Bank of America et sauvé American Insurance Group (AIG), cette dernière n'a dû son salut qu'aux conséquences cataclysmiques d'une faillite du plus grand assureur américain.

C'est Hank Greenberg qui avait couvert ce risque qui mettait en péril l'activité d'assureur du groupe. Le sauvetage par le gouvernement américain a atteint 180 milliards de dollars. Les actionnaires se sont retrouvés ruinés car le Trésor a notamment disposé de warrants à un prix de sauvetage qui a dilué de 80 % lesdits actionnaires qui ont perdu 90 % de la valeur de leur investissement. Mais sans ce sauvetage, ils auraient tout perdu et un drame majeur se serait produit à travers les États-Unis. Ce mécanisme visait clairement à sanctionner les actionnaires, et en particulier le premier d'entre eux, Hank Greenberg.

Est-il utile de préciser que l'actionnariat de M. Greenberg et des principaux dirigeants d'AIG était planqué dans un paradis fiscal, lui aussi, dans la Fondation Starr – c'est-à-dire non taxée ? Plusieurs anciens d'AIG sont dirigeants ou au conseil de cette fondation.

La nouvelle entreprise créée par Hank Greenberg à travers cette fondation, Starr International, poursuit l'État américain pour avoir, lors du sauvetage, imposé des conditions pénalisantes à AIG pour lui avancer 85 milliards de dollars en vingt-quatre heures au moment où plus aucun prêteur n'aurait osé y toucher. Ils demandent 25 milliards de dollars et tentent de rallier les anciens actionnaires.

AIG restera l'affaire la plus nauséabonde de toute la crise financière, et Hank Greenberg son artisan le plus méprisable. Ce qu'il vient de faire ne fait que confirmer son absence totale de décence.

Le procureur de l'État de New York, Eliot Spitzer, qui a poursuivi toutes les actions contre ce dirigeant, a qualifié cette action d'« insulte publique ».

Ce mercredi, un sursaut de dignité a empêché le conseil d'administration d'AIG d'engager l'entreprise dans cette action funeste aux côtés de son ancien destructeur.

Laissons à Robert Benmosche, le CEO actuel d'AIG, le dernier mot : « Le peuple américain a sauvé AIG. Nous sommes vraiment sincères en remerciant le peuple américain. »

CHAPITRE 2

Les banques européennes aux prises avec les risques de l'euro

Il ne s'agit pas ici de revenir sur le rôle des banques européennes dans la crise américaine et les interventions des autorités pour leur éviter la faillite ou pour l'accompagner. Le sujet de ce chapitre est la succession des crises des pays qui furent parfois appelés le « Club Med », tant ils avaient souvent une frontière sur la Méditerranée.

L'introduction de l'euro a eu un effet remarquable sur le loyer de l'argent. Les taux d'intérêt ont baissé de manière brutale, rendant les financements, particulièrement hypothécaires, exceptionnellement favorables dans les pays à devise « faible » comme l'Irlande, l'Italie, l'Espagne, le Portugal et, dans une moindre mesure, la France.

Cela a provoqué une bulle immobilière et un accès moins onéreux à la propriété. Mais cet effet a été limité dans le temps. Dès que les taux d'intérêt favorables sont devenus habituels, l'effet des achats immobiliers massifs tant résidentiels que commerciaux a disparu et les pays dont les finances publiques étaient moins disciplinées ont vu leurs taux d'intérêt monter, la bulle immobilière éclater et les emprunteurs incapables de rembourser leur crédit hypothécaire. Les banques qui avaient pris des risques excessifs se sont trouvées au bord du gouffre et il a fallu l'intervention des États pour les sauver.

Il est nécessaire de recapitaliser les banques européennes

Un des remèdes les plus classiques lorsqu'une banque se trouve en difficulté est de la « recapitaliser ». Ce mot peut prêter à confusion. Parfois il s'agit d'augmenter le capital sous forme d'une émission d'actions nouvelles.

Une banque est aussi solide que le sont ses fonds propres. Mais le besoin en capital de celle-ci est une notion relative : il s'agit d'un ratio entre son capital et ses actifs. Il est donc possible d'agir sur le dénominateur de la fraction : les actifs de la banque. C'est donc souvent la cession d'une branche d'activité ou d'actifs qui a lieu, et non des augmentations de capital.

Le plus souvent, le problème est que la cession des actifs ne pourra pas se réaliser sans pertes, aggravant ainsi la sous-capitalisation de l'institution. Qui plus est, dans une crise bancaire, il se peut que plusieurs institutions d'un même pays (la Grèce par exemple) cherchent à effectuer les mêmes cessions d'actifs et que les pertes soient insupportables.

Une des raisons pour lesquelles une méfiance s'est installée face aux banques européennes est la taille de leurs actifs. Celle-ci en pourcentage du PIB est quatre fois celle des banques américaines et deux fois celle des banques japonaises. Les banques continentales européennes ont graduellement jugulé toute tentative de développer des banques d'affaires aussi importantes qu'en Grande-Bretagne et aux États-Unis. Elles ont ajouté à leurs activités classiques une « banque de marché », qui effectuait du *trading*, et maintenaient dans leurs bilans des positions qui menaçaient leur équilibre[1].

Les banques européennes continuent à utiliser leurs fonds propres pour spéculer sous forme de *proprietary trading* ou négociation pour

1. Une des meilleures analyses de la crise de l'euro émane de la Banque nationale de Belgique en 2012. www.nbb.be/doc/ts/publications/nbbreport/2012/fr/t1/rapport2012_tii_h1.pdf.

compte propre, et cachent toute information sur les risques encourus et les profits et pertes de ces activités. Dans un climat financier difficile, on craint des pertes substantielles dans certaines banques, particulièrement françaises, connues pour leur affection pour ce type de *trading*. La réforme financière américaine interdit ce type d'activité dans les banques de dépôt.

Banques européennes : la cacophonie a assez duré

PUBLIÉ LE 1er SEPTEMBRE 2011

C'est le Fonds monétaire international qui, lors du Sommet des dirigeants financiers internationaux à Jackson Hole dans le Wyoming, fait savoir par la voix de Christine Lagarde que, tout compte fait, les banques européennes doivent se recapitaliser. On lui reproche de dire tout haut ce que nous savons tous : Bâle III et ses nouvelles règles vont imposer une recapitalisation des banques européennes.

L'International Accounting Standard Board (IASB), fait rare, écrit à la Commission européenne et à la BCE pour leur signaler que le traitement des dettes des pays de la zone euro est différent entre les banques des divers pays européens. C'est grave et vrai. Cela confirme que nous ne savons pas quel est le niveau d'amortissement de ces dettes, et donc ignorons la solidité des actifs des banques européennes. L'IASB est dans son rôle.

Quant à la Commission européenne, le porte-parole du commissaire Olli Rehn persiste et signe en annonçant que les banques européennes n'ont pas besoin de capital additionnel. Cela contredit le Fonds monétaire international, mais, émanant du responsable des *stress tests*, ne peut que confirmer une impression d'incompétence. La déclaration que « les banques sont mieux capitalisées que l'an dernier » défie la vraisemblance. Aucune des grandes banques n'a augmenté récemment sa recapitalisation. En plus, cela ne dit rien sur le fait que la situation présente des banques est adéquate.

Enfin, l'Autorité bancaire européenne exprime sa préoccupation face à la situation des banques européennes. C'est d'autant plus croquignolet qu'elle est l'auteur, politiquement muselé, des *stress tests*. Bref, elle sait de quoi elle parle, mais n'a pas pu résister aux pressions politiques, ce qui fait des diverses « autorités » créées l'an dernier pour répondre aux leçons de la crise financière une non-autorité en la matière.

Lors d'une conversation avec un président de grande banque américaine, il exprimait sa stupéfaction face à la situation européenne et ne voyait aucune solution poindre à l'horizon. Tout cela serait fort bien, me dit-il, si on pouvait savoir si, par rapport à ce problème crucial pour notre avenir, il y a un pilote dans l'avion : cinq pilotes, c'est une foule. Qui est en charge ? Il faut une dévolution de compétence : la Banque centrale européenne devrait être mise d'urgence en charge du contrôle prudentiel des banques de la zone euro. Elle voit venir de plus en plus de dépôts en provenance de banques européennes qui semblent plus réticentes à prêter à leurs consœurs. C'est ce que les États membres de la zone euro ont toujours refusé. On voit où cette cécité a mené.

La recapitalisation des banques européennes n'est pas le devoir de l'Europe

La grande fraternité des banques, des gouvernements et des banques centrales aurait bien voulu que les banques soient recapitalisées au niveau européen. C'est contraire au principe européen de subsidiarité. Au nom de quel principe le budget ou la Banque centrale européenne se substitueraient-ils aux banques et aux États membres pour recapitaliser les banques européennes ?

Les problèmes de gouvernance ne sont pas minces. L'Europe peut-elle être représentée directement comme actionnaire au niveau des conseils d'administration ? Elle ne peut pas confier cette tâche aux autorités nationales sans risquer une forme plus ou moins larvée de collusion. Cela pourrait créer une responsabilité au niveau européen qui n'est pas compatible avec les traités.

Que des États individuels soient présents au capital de certaines institutions financières ne pose pas de problème de principe. Mais, dans la nouvelle réglementation européenne, ils ne peuvent pas venir à leur secours sous forme de capital, sauf en urgence.

Le sauvetage direct des banques par la zone euro comporte des risques considérables

Publié le 19 janvier 2013

Cette semaine, le *Financial Times* a fait état d'une nouvelle itération des solutions européennes proposées pour le sauvetage des banques. À l'origine de cette réflexion, le désir de l'Espagne de voir les 100 milliards d'euros de recapitalisation de ses banques être investis directement par l'Europe, sans transiter par l'État souverain, en clair, sans augmenter son endettement.

La nouvelle mouture de ce projet prévoit une forme de partage de risque entre l'État concerné et le mécanisme européen de stabilité (MES). Selon le document qui circule auprès des ministres des Finances, l'État devrait soit participer à la recapitalisation de la banque avec le MES, soit garantir ce dernier. On comprend l'idée d'un partage des charges, mais ce sont les prémisses de l'analyse qui sont boiteuses.

Les obstacles à une intervention européenne directe sont trop importants pour que le MES intervienne dans la recapitalisation des banques.

• *Les États ont la responsabilité primaire de la santé de leurs banques.* C'est là que l'ambiguïté du projet d'union bancaire soulève des questions : le fait que la BCE deviendra le régulateur ultime des 6 000 banques européennes dans ce projet entraîne inévitablement une dilution de la responsabilité des autorités nationales de contrôle.

• *Le risque de hasard moral est inacceptable.* Les États, sachant que le contrôle et le sauvetage de leurs banques pourront être pris en charge par le MES, n'auront aucun incitant à assurer la santé de ces banques. Ils pourront continuer à réglementer de manière complaisante leurs banques, puisque la facture des errements sera adressée à l'Europe.

• *Faire du MES un actionnaire direct des banques soulève des problèmes épineux sur le plan de sa responsabilité fiduciaire.* On voit mal comment les fonctionnaires du MES iront siéger au conseil d'administration de banques slovènes ou finlandaises (dont ils ne connaîtront probablement pas la langue), prendront part aux décisions essentielles, et donc, dans le monde litigieux dans lequel nous vivons, exposeront le MES et l'entièreté de la zone euro à des poursuites civiles, voire pénales.

• *Il est impensable que les actions détenues par le MES soient traitées différemment des autres actions en cas de faillite et de recapitalisation.*

On demande donc à la zone euro de prendre un risque d'actionnaire, et non un risque de prêteur. Elle pourrait de ce fait perdre l'entièreté de sa mise.

Les banques doivent pouvoir faire faillite comme n'importe quelle entreprise : la seule protection que le secteur public européen doit fournir, avec les divers systèmes nationaux en place, est celle des dépôts. Au-delà, l'État se substitue aux banques, et les encourage à octroyer des crédits ou acquérir des actifs de médiocre qualité. Il ne s'agit pas seulement des actifs considérés comme spéculatifs, il s'agit aussi des risques que certaines banques et caisses d'épargne ont pris en prêtant sans précaution massivement sous forme de crédits immobiliers.

L'Europe a entrepris de développer un marché européen des capitaux[2]. Les banques, pour des raisons de facilité, de complaisance ou poussées par les États, sont devenues, à tort, des géantes gonflées de toutes sortes d'actifs qui pourraient être financés par le marché européen des capitaux. Malheureusement, il a été mal conçu et ignore quelques-uns des obstacles à ce projet qui se languit dans les cartons de la Commission européenne.

L'Europe ne prend pas les mesures nécessaires pour permettre un environnement stable

Si au moins les dirigeants européens abandonnaient le déni dans lequel ils se complaisent depuis dix ans ! Le secteur bancaire européen est instable pour des raisons structurelles et menace l'équilibre systémique. Ce sujet doit être abordé de manière sérieuse. La taille des banques européennes est probablement double de ce qui

2. Le projet d'Union de marchés de capitaux européens a été lancé en 2015. Il est au point mort, sauf dans les déclarations politiques. Il est mal conçu et n'est pas opérationnel, sauf si les banques sont décidées à allouer des capitaux propres à leurs activités, ce dont Bâle III les décourage. http://georgesugeux.com/jiblr-article-building-a-european-capital-markets-union-by-georges-ugeux/2016.

est nécessaire pour les économies européennes. Il n'y aura pas de stabilité financière sans cette évolution.

Ces considérations ne font pas l'unanimité et les régulateurs n'ont pas tenté de prendre le taureau par les cornes. Le déni reste une pratique courante, alors que les chiffres sont là et augmentent de jour en jour.

FMI : l'Europe met le monde face à un risque systémique

Publié le 25 septembre 2011

Washington DC, le 24 septembre 2011. Aux réunions de l'Assemblée générale du FMI, toutes les conversations tournent autour d'un thème : si, dans la situation où nous nous trouvons, de vraies coordination et coopération internationales ne s'établissent pas, nous risquons une crise dont l'ampleur est à peine chiffrable.

Le malade, cette fois, c'est la riche et opulente Europe occidentale, même si les problèmes de la dette américaine, du Moyen-Orient ou du Japon ne sont pas ignorés. Certains pays européens, à des degrés divers, ont emprunté au-delà du raisonnable. Confrontés à une forme de léthargie économique du monde occidental, ils ne peuvent plus compter sur une croissance qui leur permette de faire face aux échéances de leurs emprunts.

Depuis quelques jours, les déclarations émanant des grands pays émergents laissent peu de doute sur la manière dont ils appréhendent cette situation. Ils considèrent, à juste titre, que l'Europe a les moyens de résoudre ses problèmes sans intervention internationale et que les remèdes que l'Occident leur a imposés auraient déjà dû être mis en place en Grèce. Ce n'est pas de ce côté qu'il faut chercher un soutien significatif.

Il ne faudra pas non plus attendre du FMI une intervention massive aux côtés de l'Union européenne. Mme Lagarde multiplie les déclarations dramatiques et le sentiment prévalant ici est unanime. Il est bien résumé par le *Financial Times* : « Il n'y a plus de temps disponible pour résoudre les problèmes de la zone euro et éviter une récession mondiale. » L'Europe est en crise, et c'est aux Européens de la résoudre. Personne ne sera volontaire pour la sauver, même si des soutiens ponctuels émergeront ici ou là. L'accord entre le G20, le FMI et l'Union européenne ressemble plus à une déclaration d'intention qu'à un vrai engagement.

Mais le sentiment dominant est celui de la nécessité d'une action commune, coordonnée. Au centre de ce dispositif, la création d'une cellule de crise est urgente. Le système institutionnel de l'Europe est trop morcelé, trop complexe, pour une gestion de crise. Il conduit à des messages aussi nombreux qu'incohérents qui ont provoqué un scepticisme profond face à la capacité d'action de l'Europe.

Ce qui stupéfie les dirigeants de nombreux pays, c'est l'inaction face à un problème qui est après tout relativement limité : celui de la Grèce. De nombreux pays bien plus importants sont passés par une phase similaire, et ont même connu un défaut de leur dette (l'Argentine) auquel ils ont survécu même si cela a valu dix ans de misère.

La manière dont Wolfgang Schäuble, le ministre fédéral allemand des Finances, a présenté à l'Institute of International Finance la direction dans laquelle l'Allemagne souhaite conduire les réformes européennes a deux avantages : la clarté et la cohérence. C'est aussi un appel à une « coordination fiscale » qu'il considère à juste titre comme le complément indispensable à l'union monétaire de la zone euro. La faiblesse de l'absence de coordination fiscale vient d'être expérimentée dans la douleur. Cela signifie un approfondissement de la zone euro qu'il va falloir doter des institutions et des structures politiques nécessaires à cette coordination.

C'est l'ancien président de la Federal Reserve, Paul Volcker, qui devait rappeler ce point qui fait l'unanimité. L'Europe doit maintenant se doter d'une institution en charge du suivi et des interventions nécessaires des budgets de la zone euro. C'était également le message du président de la Banque centrale européenne, Jean-Claude Trichet.

Les banques européennes n'ont pas besoin de fonds propres pour leurs activités traditionnelles de financement de l'économie. L'Europe n'a pas besoin d'intervention du contribuable. Malgré cela, l'Italie vient d'injecter des dizaines de milliards dans plusieurs banques en difficulté. Le contribuable a assez donné. Ce qui permet des solutions, ce sont des programmes économiques constructifs qui évitent que le financement des banques soit un tonneau des Danaïdes.

Le contribuable ne peut financer les banques à fonds perdus

PUBLIÉ LE 9 OCTOBRE 2011

À force de ne pas résoudre la crise grecque, les gouvernements de la zone euro ont créé un environnement de crise qui a accru la vulnérabilité intrinsèque des banques européennes. Leur inaction a rendu le problème quasi insoluble. De plus, ils ont menti sur l'état de santé des banques européennes lors des fameux *stress tests* d'août dernier : le manque de fonds propres était estimé à 2,5 milliards d'euros pour une vingtaine de petites banques. Cette perte de crédibilité a aggravé la méfiance.

L'Europe n'a pas non plus pris les mesures réglementaires nécessaires pour assurer un assainissement à la suite de la crise de Lehman Brothers. Là où les États-Unis ont réduit les possibilités de *trading* sur fonds propres, les banques européennes ont réussi à museler leurs autorités de contrôle et continué à développer cette activité. La perte de 2,5 milliards de dollars par l'UBS participe de cette absence de remise en ordre du système bancaire. De même, elles continuent à être les financiers et souvent les promoteurs de *hedge funds* qui sont essentiellement spéculatifs.

L'affaire Dexia est d'une autre nature : quoi qu'aient écrit et dit les responsables de cette banque et les médias, elle n'a rien à voir avec les problèmes de la zone euro. Il s'agit encore de risques dont Dexia a hérité à la suite de la vente d'une filiale américaine dans la crise de 2008. Si elle n'était pas la banque des municipalités, on pourrait purement et simplement la laisser tomber en faillite tout en indemnisant les petits porteurs. Son éclatement entre les filiales française et belge est une question de jours, voire d'heures.

Toute recapitalisation par le contribuable se fera à fonds perdus, comme celle de 2009, si les conditions suivantes ne sont pas imposées aux banques soutenues.

- Les banques recapitalisées ne peuvent plus utiliser leurs fonds propres pour des opérations de *trading* pour compte propre. Les fonds propres additionnels qui seront injectés ne peuvent en aucun cas être utilisés à autre chose qu'à consolider l'activité bancaire.
- Les banques recapitalisées ne peuvent plus exercer de financement des *hedge funds* et doivent mettre fin à leurs propres activités dans ce domaine.

• Le mode de recapitalisation doit être réversible : il n'est pas nécessaire de donner des fonds propres permanents pour résoudre une question dont la gravité est provisoire et due à des facteurs auxquels il est possible de porter remède. On pense ici à des quasi-fonds propres tels que des obligations convertibles, assorties d'un taux d'intérêt, d'une échéance et de conditions pénalisantes si, la banque ne faisant pas son devoir, les obligations devaient être converties en actions.
• Les banques recapitalisées doivent dans les six mois mettre en place une série de mesures visant à diminuer leur taille et leurs besoins de fonds propres de manière à permettre le remboursement des contribuables dans un délai de trois ans. Ces mesures ne peuvent pas affecter l'activité de crédit aux particuliers et aux petites et moyennes entreprises.
• La Banque centrale européenne doit limiter ses interventions à des soutiens de liquidité et non à la prise en charge du risque ultime de crédit. Il est normal d'assortir ses interventions de garanties, mais le débiteur doit rester la banque. Il serait trop facile de la libérer entièrement du risque.

Un rapport d'experts a été demandé par la Commission européenne sur la réforme possible du secteur bancaire de l'Union européenne. Il est connu sous le nom du gouverneur Erkki Liikanen qui le présidait. Le rapport part d'un postulat. Il n'y a aucune preuve qu'un système bancaire soit plus stable qu'un autre. À partir de ce postulat, l'Europe renonce à réformer le système bancaire. Pour courageux qu'il soit, ce rapport ne va pas assez loin. Sauf à créer des banques de marché indépendamment des banques, la gloutonnerie des banques européennes continuera[3].

Le nouveau panorama bancaire européen se profile dans la douleur

Publié le 4 octobre 2012

Après la décision de mettre les 6 000 banques européennes sous la tutelle de la Banque centrale européenne, voilà que nous parvient cette

3. The high-level expert group on reforming the structure of the EU banking sector (octobre 2012), https://ec.europa.eu/info/publications/liikanen-report_en.

semaine un rapport d'un groupe d'experts de haut niveau qui, à la demande du commissaire européen Michel Barnier, a fait des propositions sur une possible évolution de la structure des banques européennes. Son président, Erkki Liikanen, est l'ancien gouverneur de la banque centrale de Finlande.

Que le rapport ait 139 pages n'est pas un problème : en effet, les premières 88 pages sont un document qui fournit une masse d'excellents renseignements et analyses de la situation présente et des initiatives déjà entamées et les 30 dernières sont de précieuses annexes. On y apprend notamment que les banques européennes représentent collectivement 340 % du PIB européen et que ce pourcentage est inférieur à 100 % aux États-Unis et au Japon. Le monopole de la banque universelle est décidément puissant.

Que propose le rapport ?

Je serais bien en mal de résumer les propositions du rapport, et avoue qu'il n'est pas facile à lire. Les risques attachés à la banque universelle ne sont pas analysés. C'est donc indirectement qu'est abordée la question de la restructuration de certaines activités. On sent que le sujet a été difficile et, si le rapport finalement prône une forme de séparation, il est clairement dit qu'une autre piste a été largement examinée et avait ses défenseurs, qui se limitait à des mesures internes. Le projet d'union bancaire n'est pas plus loquace sur ce sujet.

La principale proposition vise à une séparation du *trading* dans une filiale capitalisée pour couvrir les risques associés à cette activité.

• Les banques concernées par cette réforme sont essentiellement les banques importantes. Les activités non traditionnelles doivent représenter 15 à 25 % de leurs actifs ou 100 milliards d'euros. On retrouve ici la légitime préoccupation : *too big to fail*.

• Elles doivent dans ce cas filialiser leurs activités de *proprietary trading* et de produits dérivés. On comprend le raisonnement pour les dérivés. Les États-Unis ont exigé la même externalisation.

• Cependant, l'externalisation du *proprietary trading* est difficile à comprendre. L'Europe continue-t-elle à permettre que les fonds propres de la banque de dépôt fassent l'objet de *trading* en produits spéculatifs ? Il n'y a en effet pas moyen de filialiser ses fonds propres. Rien n'est dit ni sur les instruments ni sur le pourcentage par rapport aux fonds propres : le critère de 25 % par rapport aux actifs représenterait 400 % des fonds propres en moyenne. Le sujet n'est pas abordé. Le rapport persiste et signe en permettant aux banques de continuer des activités spéculatives qui sont interdites aux États-Unis.

- Des mesures plus coercitives seraient prises seulement dans le cadre de ce qu'on appelle la « résolution des crises ». En clair, il n'y a pas de mesures préventives, mais si une banque apparaît en difficulté, elle doit mettre en pratique son *living will* (testament de son vivant) et des mesures de pare-feu (*ring-fencing*). Les autorités de contrôle vont donc devoir, lorsque les choses tournent mal, décréter que la banque concernée est dans les conditions requises pour activer un pare-feu. Cela aurait pour effet de rendre publique la crise, et peut-être de l'aggraver, entraînant ainsi des risques judiciaires contre les autorités de contrôle, *in casu* la BCE et les régulateurs nationaux. Ce risque existe également si elles n'agissent pas à temps.
- La constitution d'un « coussin », au-delà des exigences de Bâle III, pour les activités de *trading*. Le groupe ne tranche pas sur la nécessité d'une séparation du *trading* par rapport à l'activité principale. Il prévoit cette séparation, en tout état de cause, si la situation se détériore.

Les cajas *espagnoles menacent la stabilité financière du pays*

Ce ne sont pas les grandes banques espagnoles qui ont mis le feu aux poudres du système bancaire espagnol : ce sont les caisses d'épargne sur lesquelles le gouvernement n'avait que peu de prise, tant elles étaient aux mains de politiciens et d'intérêts locaux. La gouvernance n'y régnait pas.

L'accumulation de crédits hypothécaires de mauvaise qualité a rapidement mis en péril ces caisses d'épargne dont les fonds propres étaient insuffisants. Il a fallu des injections massives de capital et des fusions pour éviter le pire.

Cette action indispensable et courageuse s'est malheureusement effectuée au détriment des finances publiques espagnoles, plongeant le pays dans une situation précaire et imposant des interventions européennes. Le gouvernement espagnol a pris le taureau par les cornes et a réussi à redresser la barque, tous partis confondus.

Le système bancaire espagnol est maintenant revenu à meilleure fortune. Déjà certaines caisses d'épargne retrouvent le chemin des bénéfices et ont commencé à rembourser les avances qu'elles avaient obtenues de l'Europe. Le retour au produit bancaire net positif s'accentue.

La cession d'activités réduit la taille de bilan et les besoins de fonds propres, comme celle de l'activité immobilière de CaixaBank, la grande caisse d'épargne catalane. C'est encore une convalescente, mais elle permet de voir un horizon meilleur pour les banques et le pays.

L'Espagne n'est pas au bord du gouffre : cessons de tout mélanger

Publié le 5 mai 2010

Le problème espagnol est totalement différent de celui de la Grèce, et c'est l'ignorance coutumière des marchés qui explique la panique. Il faut dire qu'elle a été provoquée par une attitude des agences de notation qui ont cru bon de diminuer la note de l'Espagne pour des raisons liées au ralentissement économique. Ce *rating* demeure cependant excellent au niveau AA. Depuis trois ans, le marché immobilier espagnol surchauffe et tout le monde savait que tôt ou tard la bulle allait éclater. Les grandes banques espagnoles qui avaient pour la plupart évité les affres de la crise des *subprimes* se trouvent dans une situation relativement solide pour faire face à la récession économique et à la crise immobilière.

Mais l'éclatement de la bulle immobilière, si elle les affecte, a un impact beaucoup plus sérieux sur le nombre élevé de *cajas de ahorros* ou « caisses d'épargne » régionales ou municipales. Ces dernières ont comme première activité l'octroi de crédits hypothécaires. Elles sont maintenant en difficulté, et doivent se regrouper. Comme il s'agit de bases de pouvoir économique et politique pour les élus locaux, ceux-ci tentent par tous les moyens de retarder l'inévitable. Politique à court terme ? Certainement, mais cela n'a rien de surprenant.

Il semble que le gouvernement espagnol, effrayé par la crise grecque, ait enfin décidé de prendre le taureau par les cornes à l'approche des

> grandes corridas de la San Isidro. Qui a répandu ce matin la rumeur que l'Espagne allait devoir emprunter 280 milliards d'euros auprès du Fonds monétaire international ? Nul ne le sait, mais les vendeurs à découvert sont une fois de plus mis en cause. Une telle rumeur les avantage tellement qu'il est difficile de ne pas incriminer celui auquel le crime profite.
> Il ne sert à rien de tenter de changer ces comportements ou d'annoncer des sanctions contre les marchés qui croiraient à ces « rumeurs folles », comme l'a dit Zapatero. Il faut laisser les marchés définir le point d'inflexion et n'intervenir que lorsque le plancher est solide. Mais cela nous rappelle que c'est d'un mécanisme de stabilisation dont l'euro a besoin en plus d'un mécanisme de crise.
> Il est temps aussi de publier des chiffres crédibles en temps réel. C'est la seule manière dont on confrontera les marchés avec la réalité. L'idée d'aller directement vers le FMI était absurde. Elle démontre l'absence d'éducation de base des investisseurs et des traders. Face à cette incurie qui fait dépendre le système des agences de notation, la seule arme est l'information et les faits. Nier tout risque de contagion, comme l'a fait le Premier ministre espagnol après avoir rendu visite à deux des cinq présidents européens, ne sert à rien. Il faut expliquer pourquoi. Où en est le déficit budgétaire ? Quel est le ratio véritable d'endettement ? Ne demandons pas aux investisseurs trompés par la Grèce de croire en l'Espagne sans une transparence absolue.

L'Espagne est un pays courageux et responsable. Ses banques et ses autorités ont conçu une réforme qui a permis de mettre en place une nouvelle donne avec l'aide de l'Union européenne. Ce fut pénible pour le peuple espagnol, mais de relativement courte durée. La comparaison avec l'Italie est particulièrement douloureuse pour cette dernière.

La crise grecque a donné lieu à des confusions des genres. L'Espagne souffre d'une crise bancaire. La Grèce souffre d'une crise souveraine. La cause et les responsabilités sont différentes. Mais il faut que le discours européen cesse de faire croire au mythe des conséquences de la crise américaine. Le danger, c'est qu'une erreur de diagnostic engendre des thérapies contre-productives. Il s'agit bien d'un problème endogène à l'Espagne.

Espagne : les risques de l'amalgame

Publié le 6 juin 2012

Le débat sur l'Espagne prend un tour inquiétant : non seulement la situation est difficile, mais la manière dont le sujet est traité, tant du côté espagnol que du côté européen et du FMI, crée un amalgame qui pourrait, à lui seul, provoquer une crise qui n'est pas justifiée par la situation. Pour tenter de clarifier quelque peu le débat, je me permets de préciser quelques points essentiels.

La situation du système bancaire espagnol est un problème national

Comme nous l'avons déjà vu dans des blogs précédents, c'est le royaume d'Espagne qui a la responsabilité primaire de la santé de son système bancaire. C'est le gouvernement espagnol, et singulièrement la banque centrale, Banco de España, et le ministre des Finances qui ont cette responsabilité.

Ce n'est qu'à l'initiative du gouvernement espagnol que des actions spécifiques de renforcement des fonds propres des banques peuvent être prises. La situation de Bankia est un exemple de cet état de fait, et c'est au gouvernement espagnol d'injecter des fonds propres. L'entourloupe tentée par ce dernier pour Bankia - visant à injecter indirectement des fonds propres *via* la Banque centrale européenne - était une claire infraction à ce principe et créait inutilement la suspicion.

Or, selon Euromoney, l'Espagne a les moyens de recapitaliser ses banques à hauteur de 100 milliards d'euros. En ce qui concerne les possibilités de financement des banques espagnoles aux guichets de la BCE, elles sont disponibles moyennant le dépôt de collatéraux en gage. Cela ne semble pas être un problème pour les grandes banques espagnoles qui représentent 80 % du système bancaire espagnol. Restent les caisses d'épargne. C'est son problème fondamental. Les montants semblent cependant gérables (une cinquantaine de milliards d'euros dont la moitié a déjà été déboursée).

Que va faire l'Espagne ?

La situation du pays est tellement difficile sur le plan économique que l'on comprend que le gouvernement espagnol soit terrorisé à l'idée d'obtenir un plan de sauvetage assorti d'un plan d'austérité. Il tente désespérément d'éviter l'instauration d'un tel plan qui a mis la Grèce à feu et à sang. Il semblerait qu'un projet d'intervention limitée serait assorti de conditionnalités moins lourdes que pour la Grèce, ce qui pourrait être acceptable pour tous (*Financial Times*).

Même si on comprend ces considérations, il faut cependant rappeler aux autorités qu'il y a un risque de défaut bien plus grave que celui d'un plan d'austérité. Au niveau actuel des taux de financement, il y a encore moyen d'agir. Nous avons appris que le temps n'est pas favorable et que les taux ne peuvent qu'augmenter et créer une spirale d'échec.

En trois ans, les autorités gouvernementales et bancaires espagnoles ont réussi à retourner la situation. Ce fut une thérapie de choc. Rapide et douloureuse. C'est ce genre d'électrochoc dont l'Europe a besoin plutôt que de se languir pendant dix ans pour résoudre un problème somme toute mineur comme celui de la Grèce. Cela est un exemple à suivre.

Espagne : la situation financière s'améliore

Publié le 1er août 2013

Depuis quelques mois, quelques signes semblent pointer vers une amélioration de la situation financière de l'Espagne. Celle-ci est une condition nécessaire, mais pas suffisante, à une reprise économique et à une baisse du chômage dans un pays qui a connu une crise brutale. Les indicateurs que j'analyse ne sont ni exhaustifs ni suffisants pour déclarer la fin de la crise espagnole. Ils sont cependant convergents et, de ce fait, permettent d'espérer une amélioration de la situation financière du pays.

L'Espagne est bien gérée, les caisses d'épargne ne l'étaient pas

Il est important de se souvenir qu'au début de la crise des dettes souveraines européennes, l'Espagne avait un taux d'endettement de 66 %, inférieur à celui de beaucoup de pays européens, y compris la France. Sa crise n'est donc pas due à une absence de discipline des dépenses publiques, contrairement à l'Italie, la Grèce ou la France.

Comme dans le cas de l'Irlande, c'est une crise bancaire qui a forcé le gouvernement à intervenir massivement, ce qui a accru son endettement. C'est le secteur des caisses d'épargne qui a explosé : mal gérées, influencées par la politique locale, se rebiffant face aux interventions de la Banque centrale, elles ont octroyé des crédits hypothécaires à des emprunteurs qui n'avaient pas les moyens de les rembourser. Ces crédits, à leur tour, ont créé une bulle immobilière qui, inévitablement, devait exploser.

Comme les grandes banques espagnoles n'avaient qu'une minorité de leurs actifs en Espagne, ce sont les *cajas de ahorros* qui ont été le plus affectées et qui ont dû être sauvées par injections de capital et par fusions.

Le secteur bancaire se renforce avec l'aide de l'Europe

Le Fonds monétaire international, dans son rapport de juillet 2013, a confirmé que les mesures d'exécution du plan de restructuration du système bancaire espagnol étaient appliquées. Le mécanisme européen de stabilité s'élève à 41,3 milliards d'euros sur une enveloppe totale (qui ne sera sans doute jamais atteinte) de 100 milliards.

Principalement, le transfert d'actifs toxiques à Sareb (Sociedad de Gestión de Activos procedentes de la Reestructuración Bancaria), qui gérera ces actifs, a été mis en place en octroyant des mandats à des gestionnaires spécialisés. Elle rachète des actifs financiers et immobiliers pour 110 milliards d'euros à la moitié de leur valeur nominale.

Le message qui émane de Santander est également encourageant. Ayant « fait le ménage » et provisionné les crédits douteux, la banque espagnole, une des plus grandes banques européennes, a renoué avec les bénéfices, en enregistrant un profit de 1,1 milliard d'euros pour le deuxième trimestre de 2013. Avec des fonds propres de 11,1 % selon les critères de Bâle II, sa structure financière semble solide. Il faut se souvenir aussi que l'Amérique latine représente 50 % des profits de la banque espagnole. Quant à l'autre grande banque espagnole, BBVA, ses bénéfices ont doublé en raison de ventes d'actifs au Pérou et en Colombie.

Même Bankia, le résultat de la fusion de sept caisses d'épargne autour de la Caja Madrid, enregistre un bénéfice de 428 millions pour le premier semestre de 2013 et annonce qu'elle va commencer à rembourser les avances qui ont été nécessaires à son sauvetage.

La crise bancaire italienne : la déroute de Monte dei Paschi di Siena

Tout a mal tourné pour Monte dei Paschi di Siena en 2013. Avec le plus haut taux de crédit douteux de l'Italie, des fraudes sur les produits dérivés pour cacher les pertes, l'absence de gestion du risque et une culture complaisante et politisée, l'ancien mont-de-piété de la ville de Sienne, l'une des plus anciennes banques du monde et un fleuron de l'Italie, n'a pas résisté et a dû à plusieurs reprises faire appel à des augmentations de capital qui n'ont pas empêché son cours de Bourse de baisser de 90 %.

Il est impossible de concevoir ce qui a permis la quasi-faillite du Monte dei Paschi di Siena sans comprendre les liens politiques étroits qui existent entre les dirigeants des banques italiennes et les autorités nationales et locales. C'est une faillite de la Banca d'Italia, du ministère des Finances et du gouvernement italien.

C'est la raison pour laquelle l'État italien a choisi de sauver les banques italiennes plutôt que de permettre des sauvetages par des solutions privées et internationales. À la base, c'est une fraude et les liens avec le parti au pouvoir, le Partito Democratico, qui expliquent la lente glissade de cette superbe banque de Sienne.

On reconnaîtra que le système judiciaire italien a joué son rôle puisque les coupables sont en prison. Quant à la Banca d'Italia, dirigée à l'époque par Mario Draghi, elle n'a manifestement pas joué son rôle prudentiel. Nous verrons combien l'explosion des taux d'intérêt en Italie menace le risque souverain du pays[4].

4. *Challenges*, « Rome défend la banque centrale dans le dossier Monte Paschi », janvier 2013, www.challenges.fr/entreprise/rome-defend-la-banque-centrale-dans-le-dossier-monte-paschi_230808.

Italie : une banqueroute de Monte dei Paschi menacerait l'Europe

PUBLIÉ LE 28 JANVIER 2013

On savait que Monte dei Paschi, la grande banque de Sienne, la troisième d'Italie, était en difficulté. Mais ce n'est pas pour participer à un des somptueux dîners donnés dans le superbe Palazzo Salimbeni par cette institution que Mario Draghi s'est envolé ce soir pour l'Italie. Monte dei Paschi fut créée en 1472 par les magistrats siennois, elle a pour principal actionnaire une *fundazione* aussi prestigieuse que peu transparente. AXA en est le troisième actionnaire avec plus de 3 % du capital.
C'est au chevet de cette institution systémiquement importante pour l'Europe et le monde bancaire que le président de la BCE se rend, à en croire le *Financial Times*. C'est que la faillite de la BMPS serait une catastrophe à plusieurs niveaux.

Produits dérivés, acquisition surpayée et obligations souveraines

La cause de la culbute est complexe ; un scandale autour d'activités de la banque en produits dérivés, des opérations appelées « Santorini » et « Alexandria », dont les contreparties sont Deutsche Bank et Nomura. La banque est accusée d'avoir camouflé 820 millions d'euros de pertes avant l'intervention de sauvetage du gouvernement, avec l'approbation de la *fundazione*.
Il y eut surtout une acquisition en 2007 pour la Banca Antonveneta : 9 milliards d'euros. Elle avait payé à Santander (qui l'avait achetée récemment à ABN AMRO) une prime de 2,4 milliards. La même erreur que Royal Bank of Scotland et Fortis, au même moment : la crise des *subprimes* avait déjà commencé depuis mai 2007. La supervision de cette opération et de la banque était exercée par le gouverneur de la Banca d'Italia, Mario Draghi. Il n'avait - paraît-il - pas le pouvoir d'arrêter l'acquisition fatale.
Les conséquences d'une faillite de MPS pour les banques, l'Italie, et l'Europe seraient létales.
• Elle entraînerait une faiblesse contagieuse des deux autres grandes banques italiennes, Unicredit et Intesa Sanpaolo, ainsi que du réseau de caisses d'épargne du pays. Ce faisant, elle menacerait l'ensemble du secteur bancaire européen à travers le marché interbancaire et provoquerait une crise de liquidité. Ancien gouverneur de la Banca d'Italia, Mario

Draghi connaît parfaitement les fils qui lient les institutions bancaires de son pays avec l'Europe et le reste du monde.

• Une panique conduirait à un effondrement des obligations souveraines italiennes qui s'étaient améliorées par suite de l'engagement pris par la BCE de soutenir l'Italie et l'Espagne. Cet engagement a rassuré, mais n'a pas encore été exécuté. Face à un risque de 2 000 milliards d'euros de titres du Tesoro italien, la BCE pourrait se trouver elle-même en difficulté, vu son bilan déjà largement surexposé en créances bancaires de l'Europe du Sud.

• L'affaire ne s'arrêterait pas à l'Italie : la France serait aux premières loges, et en particulier BNP Paribas, qui détient la Banca Nazionale del Lavoro, elle-même la quatrième banque du pays et qui célèbre son centenaire en 2013. Qui plus est, on voit mal comment un effondrement de la dette italienne n'affecterait pas d'autres pays européens, relançant une spéculation contre les obligations souveraines.

Ce scénario pourra-t-il être évité ?

La MPS a perdu 91 % de sa capitalisation boursière en cinq ans. Elle est de 3 milliards d'euros pour des fonds propres de 17 milliards, soit moins de 20 %. Son nouveau président, Alessandro Profumo, ancien patron de la banque Unicredit, cherche désespérément un investisseur stratégique. On cite JPMorgan, Deutsche Bank ou Nomura.

La Banca d'Italia a décidé d'augmenter un prêt obligataire de sauvetage à 3,9 milliards d'euros. Ce prêt fait déjà hurler dans la péninsule. Mais la banque centrale n'a pas le choix.

Les moyens de cette banque centrale et de la BCE permettront-ils d'endiguer une possible banqueroute ? Il faut le souhaiter. Même si l'on y arrive sans qu'une panique éclate, il ne faudra pas oublier que, malgré quelques mois de répit, l'Europe reste vulnérable à la faillite de l'une quelconque de ses grandes banques, surtout lorsqu'elle est située dans un pays qui a une dette publique de 120 % du produit intérieur brut. La combinaison d'une grave faiblesse bancaire dans un pays surendetté peut être létale.

Décidément, la planche sous les pas de Mario Monti semble bien savonneuse. À côté de cette crise, la course du Palio entre les *contrade* (paroisses) siennoises est un jeu d'enfant. Dans le contexte italien, à trois semaines des élections, l'ancien ministre des Finances italien de l'époque,

Giulio Tremonti, nommé par Silvio Berlusconi, se demande publiquement comment Mario Draghi, proche de Mario Monti, a pu commettre une telle bévue. Mais c'est Silvio Berlusconi qui a refusé à Mario Draghi le droit de démissionner le conseil de BMPS.

E la nave va...

Trois ans après, le problème n'est toujours pas résolu. Il n'a pas été pris à la racine, même si les dirigeants sont en prison. En trois ans, la crise espagnole a été résolue. C'est toute la différence. La gouvernance bancaire et politique en Italie rend toute solution extraordinairement difficile. Qui plus est, l'Italie est « protégée » au plus haut niveau de l'Europe.

La combinaison du risque souverain et du risque bancaire, et l'interconnexion entre les deux au niveau de la BCE créent un risque systémique européen, voire mondial. La mauvaise gestion du risque italien par l'Europe peut-elle s'expliquer du fait du noyautage des responsabilités financières par des dirigeants européens venant d'Italie ?

Cette concentration étonnante quand on connaît les dosages savants des responsabilités au sein de l'Europe a permis d'éviter d'imposer à temps des mesures que l'Italie aurait dû prendre. Qui plus est, cela n'a même pas évité le risque d'un gouvernement extrémiste. La solution de la crise bancaire italienne s'est faite en dépit des règles de l'Union bancaire européenne. On n'est jamais si bien servi que par soi-même.

À l'issue de cette déroute bancaire italienne, plus des deux tiers du capital de MPS sont entre les mains du gouvernement italien en infraction de toutes les règles européennes : l'Italie obtiendra un blanc-seing pour une participation qui est contraire aux principes mêmes de l'Union bancaire européenne (elle aurait dû être mise en résolution), des principes d'intervention qui ne prévoient cette action qu'en cas d'urgence au début d'une crise, pas après cinq ans, et des règles de concurrence qui ne permettent pas des interventions des États pour sauver les entreprises nationales en péril.

L'artifice utilisé est une exception à la restriction des prises de participation des États, prévue comme préventive. Cette intervention a eu lieu cinq ans après le début de la crise : préventive ? C'est une pure infraction au droit européen, mais qui pourrait s'en préoccuper ?

CHAPITRE 3

Les déviations de la finance

Il n'est pas question ici de décourager l'innovation financière.

Mais derrière de nombreux marchés et initiatives se cachent des intentions qui sont moins nobles, pour ne pas dire franchement douteuses. La finance va connaître des évolutions importantes, mais il n'est pas question de permettre que ces innovations se fassent au détriment de la stabilité financière ou de la vocation sociale de la finance.

Des marchés entiers de plusieurs billions de dollars ont été atteints de manipulation : le marché des changes et le taux du Libor pour les emprunts.

Comment peut-on espérer que la confiance du public dans la finance soit rétablie dans un monde où se multiplient scandales et fraudes ? Au cours de ces dix dernières années, plusieurs scandales ont défrayé la chronique et mis en évidence combien les enjeux financiers peuvent être unc tentation de fraude, ce qui semble de plus en plus être le cas des crypto-actifs (bitcoin...) qui n'ont de devises que le nom et ne sont pas imputables aux banques mais furent ignorés pas les autorités de contrôle.

Il ne s'agit pas seulement de petits agents véreux : de grands profils se sont adonnés à des pratiques d'*insider trading*, une pyramide de Ponzi et d'autres activités criminelles. Au cours de ce blog, j'ai été amené à préciser quelques-unes de ces activités frauduleuses.

2012 : les abus de la finance mondiale sont de nouveau au pilori

Publié le 15 juillet 2012

Il est à peine croyable que, quatre ans après la crise de 2008, la finance ait à ce point ignoré les leçons de ses abus. L'accumulation de ceux-ci durant le premier semestre de 2012 constitue une confirmation que certaines pratiques, malgré des réglementations accrues, continuent à se poursuivre à travers les marchés financiers.

• L'utilisation des fonds propres pour des activités spéculatives : c'est le cas de JPMorgan qui a donc perdu 5,8 milliards de dollars sur ses opérations à Londres. En gonflant son Corporate Investment Office, la banque a effectivement cherché à exploiter une exception à la *Volcker Rule* interdisant d'utiliser ses fonds propres en *proprietary trading*. Cette exception, qui avait fait l'objet d'un lobbying effréné des banques et devait en principe permettre la couverture de risques, a amené la banque à prendre des positions spéculatives additionnelles. Des enquêtes parlementaires sont en cours.

• L'utilisation des fonds de clients pour renflouer les fonds propres : c'est le cas de MF Global, dirigé par Jon Corzine, un ancien patron de Goldman Sachs, ancien sénateur et ancien gouverneur du New Jersey. Le courtier a menti à sa banque dépositaire en affirmant que les fonds mis en dépôt pour assurer son ratio de solvabilité étaient de vrais fonds propres. Il était affecté par des pertes sur des positions spéculatives, notamment en obligations souveraines européennes. Cette société de courtage est en faillite et ses clients tentent désespérément de récupérer leur argent qui n'aurait jamais dû être mélangé avec les fonds propres du courtier. Les autorités de contrôle ont tenté d'arrêter cette situation. On attend le résultat des procédures judiciaires en cours.

• Le détournement par un courtier de fonds de clients et vingt ans de fraude dans les comptes. Peregrine Futures est en faillite. C'est un courtier en produits dérivés. Son patron, Russell Wasendorf, a reconnu, dans la note accompagnant son suicide manqué, avoir détourné 100 millions de dollars pour sauver la situation de son fonds. Il est arrêté.

• La manipulation du taux Libor du marché interbancaire par une douzaine de banques européennes et américaines est devenue une affaire d'État. L'amende de 350 millions d'euros de Barclays et la démission de plusieurs de ses dirigeants ne sont que le début de cette saga. Dès 2008, le Trésor américain avait déjà remarqué des tentatives de sous-estimation pour protéger la réputation des banques et proposé par écrit à la Bank of England de revoir le fonctionnement du Libor. Récemment, ce sont des surévaluations qui ont été remarquées. On attend des amendes de plus de 1 milliard de dollars pour d'autres banques. C'est la fraude la plus importante de l'histoire financière. Des poursuites pénales sont envisagées.

• Le délit d'initié dans le *trading* de *hedge funds*. Le cas du *hedge fund* Galleon a valu à son patron une peine de quatorze ans de prison et on attend la sanction d'un de ses amis, ancien *managing partner* de McKinsey. Administrateur de Goldman Sachs, il a quitté une séance cruciale du conseil d'administration pour informer le *hedge fund*, quelques minutes avant la clôture du marché, de l'entrée de Warren Buffet (Berkshire Hathaway) au capital de Goldman Sachs. Ce dernier a immédiatement acheté des actions de l'auguste firme. Il attend de connaître la sentence de sa condamnation pour ce délit d'initié.

• Au Japon, les autorités viennent de lancer une enquête de grande ampleur pour délit d'initié sur les activités de Japan Advisory LLC qui avait des liens particuliers avec des *hedge funds*.

• Le blanchiment d'argent de la drogue ou du terrorisme refait surface ce mardi avec une audition, au Congrès, des dirigeants de HSBC. En cause ? Des transactions douteuses avec le cartel mexicain de la drogue dont un versement en cash de 8 milliards de dollars aux États-Unis et 25 000 opérations avec l'Iran pour un total de près de 20 milliards de dollars. Le département de la Justice enquête. On est au pénal.

Ces cas sont différents mais ils montrent une résistance fondamentale des dirigeants des institutions financières aux nouvelles (ou anciennes) réglementations. Se croient-ils au-dessus des lois ? Espèrent-ils ne pas être pris ? Ce sentiment de surpuissance est loin d'être éradiqué au sommet des institutions financières ou dans les salles de marché.

Dans chacun de ces cas cependant, les autorités financières semblent ne pas être allées jusqu'au bout de leurs responsabilités. La Bank of England n'a pas pris les mesures nécessaires pour la réforme du Libor. La SEC a été négligente dans la surveillance de l'allocation des fonds propres des courtiers. Que faisaient les dizaines de représentants de la Federal Reserve installés dans les bureaux de JPMorgan ?

Alors que les faits sont sinon connus, du moins prévisibles, il y aurait comme une hésitation à s'attaquer à de telles situations potentiellement explosives. Cela nous rappelle qu'il est difficile de contrôler concrètement les abus de la finance. Ils sont le fait de dirigeants ou de traders infiniment mieux formés et rémunérés que ceux et celles qui doivent les superviser. Ils sont aussi soumis à des pressions politiques.

Cette question reste ouverte. Il ne suffit pas de changer la réglementation. Encore faut-il se doter des moyens nécessaires à son implémentation. Les républicains ont refusé toute augmentation des moyens des autorités de contrôle. Une bonne façon d'éviter que les abus soient détectés et sanctionnés.

Le compas moral des institutions financières ne semble pas s'être redressé. Elles continuent d'utiliser des artifices comptables et juridiques pour éviter de reconnaître leur responsabilité dans certains des scandales qui ont émaillé les dix dernières années. Dans de nombreux cas, ce qui heurte, c'est la tentative de la direction générale de blâmer ses subordonnés et de plaider l'ignorance.

Pour ma part, je crois que l'ignorance peut les laver de leur responsabilité morale, mais en aucun cas de leur responsabilité politique, économique et sociale. Si les dirigeants des institutions financières veulent continuer à gagner les ponts d'or qu'ils se paient avec l'assentiment béat des conseils d'administration, le moins que l'on puisse attendre, c'est que les dirigeants assument la responsabilité qui – paraît-il – justifie leurs rémunérations.

La fraude de Bernie Madoff : la pyramide de Ponzi

Il a fraudé ses amis juifs, des institutions de bienfaisance, sa propre famille en établissant une activité dont les performances étaient spectaculaires, mais ne reposaient sur aucune réalité. Il payait les résultats aux investisseurs avec l'argent des nouveaux investissements. Jusqu'au jour où la pyramide s'est effondrée.

Il paie sa fraude de cent cinquante années de détention et sa famille est ruinée. Mais, autour de lui, l'incrédulité des institutions qui ont placé ces actifs est incompréhensible.

Au-delà de la fraude individuelle, la question de la capacité des autorités de régulation de prendre des mesures avant que la crise se déclare est posée. Les informations étaient en possession de ces autorités mais le statut et les connexions politiques de Bernie Madoff ont fait hésiter les commissaires.

Au-delà du drame individuel, il y eut les suicides du représentant français de Madoff à New York, Thierry Magon de La Villehuchet[1], et d'un de ses fils, Mark Madoff[2]. On oublie parfois les drames humains que les fraudeurs provoquent autour d'eux.

En quoi consiste une pyramide de Ponzi ?

Un système de Ponzi est un montage financier frauduleux qui consiste à rémunérer les investissements des clients essentiellement par les fonds procurés par les nouveaux entrants. Si l'escroquerie n'est pas découverte, elle apparaît au grand jour au moment où elle

1. Alex Berenson et Matthew Saltmarsh, « Madoff investor's suicide leaves questions », *New York Times*, janvier 2009, www.nytimes.com/2009/01/02/business/02madoff.html.
2. *Journal de Montréal*, décembre 2010, www.journaldemontreal.com/2010/12/11/suicide-dun-fils-de-bernard-madoff-1.

s'écroule, c'est-à-dire quand les sommes procurées par les nouveaux entrants ne suffisent plus à couvrir les rémunérations des clients. Elle tient son nom de Charles Ponzi qui est devenu célèbre après avoir mis en place une opération basée sur ce principe à Boston dans les années 1920[3].

C'est exactement ce qui s'est passé dans le cas de Bernard L. Madoff, un financier de haut vol dont l'heure de gloire fut d'être président du conseil du Nasdaq. Il avait monté un système frauduleux du début à la fin. Les relevés de titres aux clients et les performances étaient fictifs.

50 milliards de dollars : la plus grosse fraude de Wall Street

Publié le 13 décembre 2008

On croyait avoir tout vu depuis quelques mois dans le monde de la finance. Mais ce qui vient d'être découvert dépasse l'entendement et l'imagination. L'arrestation de Bernard (Bernie) Madoff pour une fraude de 50 milliards de dollars continue à poser des questions.

De quoi s'agit-il ? D'un système pourtant bien connu aux États-Unis, la « pyramide de Ponzi », qui consiste à recueillir des fonds de nouveaux investisseurs pour les distribuer... aux anciens. Je pense que le terme le plus courant utilisé en français est « cavalerie ». Là où l'investisseur croit que son argent fructifie et lui apporte des rendements, il sert en fait à alimenter cette roue infernale de la fraude. Ce petit jeu a une fin : la culbute. La fraude a été commise par une personne qui est une des gloires de Wall Street, puisqu'il a même été président du conseil d'administration du Nasdaq, dont il a développé les activités de cotation auprès des sociétés de haute technologie. C'est à cette époque, où je cherchais à attirer les mêmes sociétés au NYSE, que je l'ai rencontré à plusieurs reprises.

Aujourd'hui, il a 70 ans et a convoqué, mercredi dernier, ses enfants et ses proches collaborateurs pour leur avouer ce qu'il avait fait, sachant qu'il allait être arrêté incessamment. « Je suis fini, je n'ai plus rien, tout ceci n'était qu'une fraude », aurait-il dit.

---

3. https://fr.wikipedia.org/wiki/Syst%C3%A8me_de_Ponzi.

> [...] On se demande cependant comment les commissaires aux comptes ont pu approuver ses comptes ou se laisser berner pour des montants de cette ampleur. Mais comme toujours, ce sont les investisseurs qui vont payer la facture. Selon les mots d'Arthur Levitt, un ancien président de la SEC, « ils ne retrouveront pas un penny ».
> Il s'agit bien de Bernard L. Madoff qui gérait à la fois une activité de conseil aux investisseurs (qui avait 17 milliards en gestion) et un fonds appelé « Bernard L. Madoff Investment Securities LLC » dont la taille totale n'est pas connue. Ce fonds a été créé en 1960.
> Son arrestation par le FBI est bien une arrestation pour fraude, équivalente à une mise en examen au pénal en France. Le montant de 50 milliards figure dans les chefs d'accusation. C'est son propre aveu à ses collaborateurs qui a mis en mouvement le FBI.
> Qui sont ses investisseurs ? Aux États-Unis, ce type de fonds n'est typiquement accessible qu'à des institutions ou à des particuliers fortunés. Le grand public des épargnants ne devrait pas être affecté. Parmi les victimes, une fondation de Boston qui finançait des voyages de jeunes Américains en Israël. Il faut dire que Bernie Madoff était un des piliers de la communauté juive de New York. On parle d'une perte de 4 milliards rien qu'en Espagne, notamment dans un fonds de Banco Santander. Le Fairfield Greenwich Group a la moitié de ses fonds en gestion dans des fonds de Bernie Madoff et pourrait voir ses investisseurs perdre 7,5 milliards.

Bernie Madoff était puissant dans certains milieux, politiquement connecté et difficile à gérer pour des régulateurs qui comptaient parmi eux des membres de son réseau[4]. La SEC a été approchée à plusieurs reprises par des institutions qui ont indiqué l'anomalie des performances publiées qui n'avaient aucune connexion avec l'évolution des marchés. Elle aurait dû lancer une enquête, envoyer une équipe sur les lieux, vérifier les comptes, se poser des questions sur la structure de direction de la firme. Son président a reconnu les faits.

---

4. *Le Nouvel Observateur*, « Les discrets amis français de Bernard Madoff » (juin 2009), www.nouvelobs.com/rue89/rue89-economie/20090612.RUE0916/les-discrets-amis-francais-de-bernard-madoff.html.

Le mea-culpa de la SEC dans la fraude Madoff

Publié le 17 décembre 2008

Dans une déclaration d'une grande honnêteté, le président de la SEC, Christopher Cox, un homme d'une grande intégrité personnelle, a reconnu que la SEC n'a pas pris les mesures nécessaires face à des soupçons « crédibles et spécifiques » sur Bernie Madoff. Pendant des années, le staff de la SEC a reçu des informations régulières qu'il n'a jamais jugé bon de porter à l'attention de la Commission elle-même. Ils se sont basés sur les réponses de M. Madoff, de sa famille et de ses équipes. Le président de la SEC a également fait état du système très complexe élaboré par Bernie Madoff pour tromper ses investisseurs. L'enquête de 2005 sur les « performances anormales » de Bernard L. Madoff Investment Securities LLC n'a engendré aucune poursuite. L'enquête interne ne fait que commencer.

On vient de découvrir qu'Éric Swanson, ancien assistant directeur de la division des poursuites de la SEC, est marié à la nièce de Bernie Madoff, laquelle est le directeur juridique de la firme Madoff. Toutefois, il s'est toujours récusé dans les enquêtes relatives à Madoff.

La question fondamentale reste sans réponse : comment en est-on arrivé là ? Le staff avait-il « peur » de Bernie Madoff ? On a peine à croire que rien n'ait été communiqué à la Commission elle-même en dix ans. Bernie Madoff avait-il des appuis « en haut lieu » qui le rendaient intouchable ?

Le débat réglementaire concernant les *hedge funds* bat son plein. *Business Week* parle déjà du changement indispensable des *hedge funds*.

L'affaire Madoff est également symptomatique d'un phénomène qui est lié à la capacité des vedettes de la finance de faire avaler n'importe quoi et de convaincre même des institutions sérieuses qu'il n'y a rien à voir et que, dès lors, toute investigation est inutile. Entre gens de bonne famille, il y a des questions que l'on ne pose pas. Il y a même eu une déclaration d'un investisseur juif : on comprend qu'il ait floué les investisseurs mais pas des juifs.

Cela rejoint un de mes thèmes favoris : si ce qui est proposé est trop beau pour être vrai, ce n'est probablement pas vrai. C'est un des critères de bon sens qui permettent de ne pas être victime de sa propre naïveté.

La fraude Madoff : tous naïfs ?

PUBLIÉ LE 24 DÉCEMBRE 2008

Un article du *Financial Times* de ce matin m'amène à revenir à cette fraude. À cela s'ajoute le suicide d'un financier français qui avait attiré des investisseurs français dans le guêpier Madoff.

Kingate Global, qui « gérait » 2,5 milliards de dollars et est un des investisseurs les plus importants qui canalisaient des capitaux vers Bernard L. Madoff Investment Securities LLC, avait en fait prévenu ses clients de certains risques liés à ces investissements. Le fonds le plus atteint, Fairfield Greenwich, a perdu la moitié de ses actifs dans Madoff (7,5 sur 14,5 milliards de dollars) et expliquait à ses clients qu'il effectuait une vérification indépendante des comptes et des prix de Madoff.

Tout d'abord le fait que les titres étaient maintenus dans un compte-titres sous le nom de Bernard Madoff surprend. La règle de base dans ces investissements est la séparation des actifs déposés par rapport à la firme qui les gère. Cette séparation est effectuée notamment par le dépôt des titres appartenant aux investisseurs de la mainmise du gestionnaire. Pour effectuer sa fraude, Madoff devait avoir le contrôle des titres directement et ne communiquait aucune preuve que les fonds étaient effectivement investis. Pour cette raison, Kingate Global faisait savoir à ses clients qu'il ne vérifierait pas l'exactitude des extraits de compte adressés à ses clients. En d'autres termes : je vous envoie un relevé de compte, mais ne suis pas en position de vérifier si ce relevé est exact. [...]

Tout se passe comme si le gestionnaire vous faisait l'honneur de gérer vos fonds... Cet honneur se mérite par l'intégrité et la transparence. Si ces deux caractéristiques n'existent pas, le meilleur conseil est de ne pas se laisser séduire par un miroir aux alouettes... L'arrogance est un bon test : elle est soit un signe de stupidité, soit un signe de malhonnêteté. Dans les deux cas, s'abstenir. C'est peut-être cela que la SEC aurait dû investiguer plus profondément.

Le talon d'Achille de la finance américaine est son incapacité à traquer les signes précurseurs les plus évidents de fraude.

Un commissaire aux comptes obscur et non vérifié par les autorités pour 50 milliards de dollars pose des questions auxquelles les institutions auraient dû prêter attention. Complaisance ou corruption ?

Les commissaires aux comptes de Madoff : on croit rêver…

Publié le 27 décembre 2008

Les informations commencent à émerger sur l'identité des *auditors* de Madoff. Il s'agit de la firme Friehling & Horowitz. M. Horowitz, le fondateur, n'est autre que… l'ancien comptable de Madoff, et David Friehling, qui gère la firme, est son gendre. Ce dernier a été président du comité du comté de Rockland de la fédération des comptables de l'État de New York. Aujourd'hui, le dossier a été transféré au District Attorney de New York, qui est en charge des poursuites de l'affaire Madoff. Nous sommes donc bien au pénal. Leur dernier rapport précisait que les comptes présentaient des « assurances raisonnables d'être exempts de substantielles affirmations erronées », ce qui constitue en fait une approbation. C'est évidemment ici que l'on a envie de dire que les grands institutionnels et banques, de HSBC à Santander et autres BNP Paribas, n'ont que ce qu'ils méritent. Cette absence de ce que l'on appelle *due diligence* (l'examen de la qualité des gestionnaires d'un fonds où l'on va directement investir ou que l'on va conseiller à ses clients) viole non seulement les standards de professionnalisme, mais les règles de base de la SEC. Tout cela va, très rapidement, amener des investisseurs à poursuivre ceux qui leur ont vendu ces fonds en leur prétendant qu'ils assuraient pour leur compte cette *due diligence*. Les fondations, universités et autres associations ont commencé cette procédure qui va s'étendre à l'ensemble de la profession des *brokers* (agents de change). Décidément, cela ressemble furieusement à la négligence des banques américaines en crédit hypothécaire.

Le montage était tellement peu sophistiqué que l'on continue à se demander comment de grandes et respectables institutions financières s'y sont laissées prendre. Comment les banques suisses, réputées pour leur prudence et leur rigueur, ont-elles pu tomber dans le piège simpliste de Bernie Madoff ? Cela s'explique-t-il seulement par son charisme ? Par son réseau ? Lequel ?

Madoff et les banques suisses

Publié le 12 janvier 2009

[...] Derrière le secret bien gardé des banques suisses, un drame de plus se déroule : les grandes banques suisses, UBS et Crédit Suisse, pourtant réputées pour leur gestion de portefeuilles privés, ont annoncé une perte respective pour leurs clients de 2 milliards d'euros à travers deux fonds luxembourgeois et 700 millions d'euros. Le Crédit Suisse avait, à la suite d'une rencontre entre Oswald Grübel, patron de la banque privée, et Bernie Madoff, déconseillé à ses clients d'investir auprès du gestionnaire new-yorkais.

L'histoire du fonds suisse Optimal Strategic US Equity Fund, qui a perdu 2,3 milliards d'euros, met en avant une autre catégorie d'acteurs de la place financière suisse : les banques étrangères. Ce fonds est en effet détenu par Banco Santander, qui avait remarquablement réussi à éviter la crise des *subprimes* mais avait déjà été touchée par Lehman Brothers. La première banque espagnole devrait finir l'exercice en perte.

Mais les banques privées ne sont pas non plus hors d'atteinte. La Bancaire privée, Notz, Stucki & Cie SA (400 millions) et la banque Benedict Hentsch & Cie SA (40 millions) viennent de donner des détails des pertes de leurs clients. L'Union des banques privées semble devenir une proie pour des acheteurs après une perte de 500 millions. D'autres ont fait savoir pourquoi elles avaient refusé de suivre Bernie Madoff. Même le patron de Rolex semble avoir quitté la société pour une perte avec Madoff que la presse évalue à 700 millions.

Bernie Madoff, sauf remise de peine fort improbable, finira sa vie en prison : sa condamnation à cent cinquante ans de prison aura été exemplaire. Personne n'avait poussé la fraude et le mensonge à ce paroxysme en parfaite connaissance de cause. L'important est de tirer des leçons sur la manière dont les autorités de contrôle traitent les dossiers politiquement ou financièrement délicats.

Cent cinquante ans pour Madoff

PUBLIÉ LE 29 JUIN 2009

C'est finalement sans concession aucune que Bernard L. Madoff vient d'être condamné à cent cinquante ans de prison. Ce qui est important est moins le nombre d'années que le fait que toutes les excuses ont été refusées.

[...] L'Amérique entière était pendue à ce jugement et aux témoignages de victimes ruinées par un homme sans scrupule, sans intégrité, et qui a ruiné les siens, ses amis, de nombreuses entreprises charitables juives. Et tout cela pendant vingt ans. Il restera dans l'histoire l'image d'un criminel non pas impulsif, mais qui a mis sur pied la plus importante fraude de l'histoire. C'est aussi une condamnation brutale de la manière dont la SEC a géré ce dossier : l'autorité américaine des marchés a eu maintes opportunités d'arrêter ce mécanisme, mais n'a pas vu ou voulu voir l'ampleur du désastre et la perversion du mécanisme. À la télévision, les victimes, parfois en larmes, expriment le paroxysme de l'agression qu'elles ont subi. Elles se sentent vengées, mais elles savent aussi qu'elles ne retrouveront pas l'argent nécessaire.

La sévérité du jugement rassure : il y a des crimes en col blanc pour lesquels il n'y a pas d'excuse. Cela suffira-t-il à décourager les futurs fraudeurs ? On aimerait le croire... sans en être sûr.

Ce que l'enquête allait découvrir, c'est qu'il ne s'agissait pas seulement d'un abus de confiance, mais d'une absence totale de structure : fausses transactions qui n'avaient jamais eu lieu et informations falsifiées. Comment un homme a-t-il pu monter une telle pyramide sans être pris la main dans le sac ? Comment a-t-il pu vivre en sachant qu'il fraudait sa famille, ses amis et la communauté juive tout en paradant comme un expert de la finance ?

Flash : Madoff a tout fabriqué

PUBLIÉ LE 12 AOÛT 2009

Les aveux du directeur financier (!) de Bernie Madoff éclairent enfin les méandres de la fraude du siècle. Tout était fabriqué, faux, et des millions de pages de faux rapports ont été imprimées par la firme déchue pour donner l'illusion de vraisemblance. Aucune transaction n'était effectuée. Ayant plaidé coupable de dix crimes qui devraient lui valoir cent vingt-cinq ans de prison, Frank DiPascali devrait bénéficier de remises de peine pour avoir enfin donné aux enquêteurs ce qu'ils cherchaient : des éléments leur permettant d'aller plus loin. Il avait bien évidemment « organisé » son propre compte sous le nom de Dorothy Jo d'où il retirait des fonds. Ce jeune homme du Queens qui n'avait pas fini ses années de lycée avait rejoint Bernie Madoff à l'époque où ses opérations étaient légitimes, et, depuis, fabriquait les performances *a posteriori*.

Il avait signé les chèques, heureusement non envoyés et saisis par le FBI, aux « amis » pour distribuer les derniers 173 millions de dollars avant la révélation du scandale. Pour la petite histoire, Mme Madoff avait un bureau dans la firme ainsi que les deux fils.

Mais tout cela tombe très mal pour la SEC. Son rapport Madoff va sortir incessamment. Et les révélations de Frank DiPascali font apparaître le caractère « intime » de la relation entre Madoff et l'agence fédérale chargée de le contrôler. Il apparaît de plus en plus que le système tenait grâce aux commissions que Madoff octroyait aux rabatteurs. L'affaire n'est pas finie. Mais le juge, pas dupe, a refusé une caution de 2,5 millions de dollars et envoyé l'intéressé directement en prison, à sa grande surprise.

L'affaire Kerviel et la Société générale

J'ai suivi de très près l'affaire Kerviel, pour en comprendre les tenants et les aboutissants. Ce qu'a fait Jérôme Kerviel est incontestablement frauduleux et il mérite la peine de prison qu'il passe en ce moment. Mais ce qui m'a le plus choqué, c'est la manière dont la Société générale s'est lavé les mains de toute responsabilité malgré l'évidence du contraire (y compris dans ses propres rapports).

Le déni de responsabilité continue à hanter la banque et ses collaborateurs là où l'aveu de responsabilité eût fait honneur à la banque. Un changement de culture sera-t-il possible ?

Les sanctions n'ont fait qu'écorner les rangs de la Société générale : le directeur financier, et ultimement responsable de l'intégrité des comptes, Fréderic Oudéa, est le P-DG du groupe. Il a succédé à Daniel Bouton qui a finalement dû démissionner en 2009, non à cause de l'affaire, mais en raison des options exorbitantes qu'il s'était attribuées au moment où la banque augmentait son capital pour boucher le trou de 4,9 milliards d'euros perdus par elle.

« Les multiples carences mises en évidence par le rapport Green et par la Commission bancaire prouvent que la Société générale a laissé se développer un système déficient qui a permis la conception et la réalisation des infractions commises par Jérôme Kerviel[5] », conclut le jugement de la cour d'appel de Versailles. C'est le déni de responsabilité qui choque le plus. À ce jour, la Société générale n'a toujours pas admis sa part dans ce scandale.

Jérôme Kerviel n'est pas une victime, mais il n'est pas le seul coupable

Publié le 10 juin 2010

Les événements qui ont conduit à une perte de 5 milliards d'euros pour la Société générale ont donné lieu à des déclarations aussi manipulatrices qu'inappropriées. La palme revient cependant à Daniel Bouton, le président de la Société générale, qui, après avoir perdu 3 milliards d'euros sur les crédits *subprimes* et 5 milliards d'euros sur le dénouement sanglant des positions de Jérôme Kerviel, a déclaré à un média anglais que tout cela avait négativement affecté sa performance au golf. Plus cynique et irresponsable que ça, tu meurs. Cela ne fait pas de Jérôme Kerviel une victime : son ouvrage est une description relativement conforme de *L'Engrenage* dans lequel il s'est senti pris. Tout d'abord, parce que tous les traders de la Société générale n'ont pas commis de telles transactions et n'ont pas joué le bilan de leur employeur à la roulette russe. Ensuite, parce qu'il a lui-même décrit les manipulations : le fait que quand il faisait une perte, il la planquait jusqu'à retour au bénéfice, le dépassement de ses limites, et surtout la manière dont il a caché un gain de 1,5 milliard d'euros ne sont pas des « erreurs », ce sont des faux et des fraudes. Admettre des erreurs ne fait pas compte.

5. Jugement de la cour d'appel de Versailles, octobre 2016, https://actu.dalloz-etudiant.fr/fileadmin/actualites/pdfs/10_2016/CA_versailles.pdf.

De là, comme la Société générale a tenté de le faire dès le premier jour, à démoniser un jeune trader de vingt-huit ans avec deux ans d'expérience, il y a de la marge. Parce que les documents que publie Jérôme Kerviel dans son livre démontrent, sous le regard d'un œil exercé, que les « anomalies » liées à ses activités étaient largement décelables, et dans certains cas décelées. Des positions de 50 milliards d'euros lorsque l'on a 10 milliards autorisés ne se cachent pas derrière une botte de foin. Au moins trois niveaux hiérarchiques au-dessus de Jérôme Kerviel savaient ou avaient les éléments nécessaires pour savoir.

Le fait que la Société générale n'ait pas supervisé Jérôme Kerviel de manière adéquate exonère-t-il l'intéressé ? Il a commis des actes qui ressemblent furieusement à des faux, et le reconnaît dans son livre, mais seulement comme des erreurs, cela est représentatif d'une génération entière qui considère que le contenu des actions n'a pas de connotation morale, et que le tout est de ne pas être pris. C'est là que se pose le problème systémique qui affecte toutes les grandes banques. Elles sont pieds et poings liés face aux responsables des activités de *trading* qui leur apportent des résultats colossaux… basés sur des risques qu'ils préfèrent ne pas estimer. C'est ce problème systémique que le cas Kerviel, et avant lui celui de Nick Leeson qui, de Singapour, mit en faillite la banque d'affaires britannique Baring Brothers en spéculant, lui aussi, sur les produits dérivés sur indices boursiers, en l'occurrence l'indice japonais 225, met en évidence. Son ouvrage *Rogue Trader*[6] et celui de Jérôme Kerviel[7] racontent la même histoire. C'est ce qui rend toute forme de blanchiment de la responsabilité de la Société générale impossible : ses dirigeants ont peut-être oublié de méditer sur le cas de Nick Leeson et, en tout cas, adopté la même négligence que Baring Brothers et ses départements de « back-office », de compliance, d'inspection et de gestion des risques. Quatre départements qui ont failli à leur tâche, tant les responsables des salles de *trading* font peur et terrorisent ceux et celles qui tentent désespérément d'y voir clair.

Condamné à payer 4,9 milliards d'euros, Jérôme Kerviel fait finalement plus figure de victime de l'acharnement de la Société générale que d'auteur d'une fraude massive dont seulement 1 milliard

6. Nick Leeson, *Rogue Trader*, Little, Brown, août 2016.
7. Jérôme Kerviel, *L'Engrenage. Mémoires d'un trader*, Flammarion, mai 2010.

d'euros pourrait lui être imputé. Qui plus est, le chiffre de 4,9 milliards d'euros ne tenait pas compte de la diminution d'impôts que la Société générale obtiendra en raison de sa perte. L'amende sera finalement ramenée en appel à 1 million d'euros.

Que penser de la sentence de Jérôme Kerviel ?

Publié le 19 mars 2014

La chambre criminelle de la Cour de cassation, dans sa formation plénière, a rejeté le pourvoi de Jérôme Kerviel concernant les dispositions pénales de l'arrêt de la cour d'appel de Paris qui l'a condamné, le 24 octobre 2012, à une peine de cinq ans d'emprisonnement, dont trois ans ferme pour abus de confiance, manipulations informatiques, faux et usage de faux. Elle a en revanche cassé les dispositions civiles qui le condamnaient à rembourser l'intégralité du préjudice subi par la Société générale, soit 4,9 milliards d'euros. Ce rapport du *Monde* mérite qu'on s'y arrête.

Tout d'abord, s'agissant de la Cour de cassation, nous sommes au niveau d'une instance qui ne juge pas le fond de l'affaire, mais bien la légalité du jugement d'appel. On ne doit dès lors pas espérer y trouver une analyse des faits, mais la manière dont le jugement fut prononcé.

L'amende de 4,9 milliards d'euros était absurde, scandaleuse et malhonnête.

- Absurde parce que ce genre d'amende décrédibilise le tribunal qui la prononce, tant son application est impossible. La cour d'appel aurait au moins pu, à défaut d'analyser les faits, se protéger elle-même contre sa propre absurdité.
- Ensuite, la fraude de Jérôme Kerviel n'était pas l'affaire d'un seul homme. Le fait que ses patrons n'aient pas été poursuivis par la Société générale, et qu'ils aient même pour certains été promus, est proprement scandaleux. On ne prête qu'aux riches !
- Malhonnête parce que la perte dont Jérôme Kerviel est responsable n'a jamais atteint ce montant, mais était de l'ordre de 1 milliard d'euros. Le supplément est le résultat de la décision de Christian Noyer, gouverneur de la Banque de France, de forcer une liquidation brutale de ces positions exécutée par la direction de la banque.

• Quelle que soit la nature des infractions commises, les juridictions pénales qui constatent l'existence d'une faute de la victime ayant concouru au dommage sont amenées à en tirer les conséquences sur l'évaluation du montant de l'indemnité due à cette dernière par le prévenu, précise le jugement de la cour.

L'emprisonnement est justifié. S'il y a eu fraude par la constitution de mécanismes visant à cacher les transactions, il s'agit bien d'un délit pénal de faux et usage de faux. Ce sont donc des peines de prison qui les sanctionnent. Encore faut-il que ceux qui ont été complices de la fraude soient également inquiétés.

Goldman Sachs ou l'impunité des puissants

« Goldman Sachs est de nouveau le vilain[8]. » Elle vient d'être mise au pilori pour une affaire de corruption en Malaisie. Le même 2 novembre 2018, une interview de Carmen Segarra, virée pour avoir mis en évidence la collusion entre la Federal Reserve et Goldman Sachs, est rendue publique[9].

La culture des grandes banques d'affaires est entièrement centrée sur la performance et le profit. Rares sont les banquiers d'affaires qui incluent dans leurs activités des considérations sociales ou éthiques. Tout au plus se considèrent-ils lavés de tout soupçon en prenant des initiatives socio-caritatives qui leur évitent de changer de culture.

Le nom de Goldman Sachs est apparu au cours des dix dernières années dans une série de scandales. Elle n'est pas seule. Sa domination du secteur public mondial qui fait du poste de secrétaire au Trésor américain une sorte d'abonnement, sa capacité d'éviter

8. Oliver Staley, « Goldman Sachs is once again the villain », *Quartz*, novembre 2018, https://qz.com/1449125/in-the-1mbd-scandal-goldman-sachs-is-the-villain-once-again/.
9. *MarketWatch*, « Taking on Goldman Sachs and the New York Fed : A whistleblower tells her story », novembre 2018, www.marketwatch.com/story/why-a-former-new-york-fed-examiner-wants-the-central-bank-to-get-out-of-the-job-of-regulating-banks-2018-11-01.

des condamnations à prix d'or et de simples manipulations se sont multipliées. Mario Draghi était son vice-chairman international. L'engagement du président de la Commission européenne, José Manuel Barroso, est du même acabit[10].

Derrière ce cas d'école, c'est la question de ses clients et des autorités et entreprises qui continuent à engager Goldman Sachs comme si les considérations éthiques n'avaient aucune importance.

Transformer des dettes en produits dérivés est un artifice. Seuls les grands financiers en sont capables. Quand il s'agit d'États, on se pose des questions. Est-ce vraiment le rôle des banques d'affaires de camoufler les dettes[11] ?

Les chiffres grecs ont-ils été manipulés avec l'aide de Goldman Sachs ?

PUBLIÉ LE 17 FÉVRIER 2010

L'affaire commence à faire grand bruit aux États-Unis et en Europe. Dans son rôle de conseiller du gouvernement grec, Goldman Sachs semble avoir porté une part de la responsabilité de la manipulation des chiffres communiqués par le gouvernement grec en sous-estimant le déficit budgétaire. Le *Financial Times* y consacre une analyse fouillée.
La réaction contre le rôle joué par Wall Street dans la crise grecque commence à prendre de l'ampleur. Goldman Sachs a dirigé une opération de 5 milliards d'euros qui, composée par des opérations « *swap* » en devises, n'apparaissait pas comme un emprunt. Goldman Sachs a utilisé son génie financier pour... cacher la vérité sur la dette grecque. Au passage, la délicieuse banque d'affaires aurait empoché 200 millions d'euros pour ses bons et (dé)loyaux services à la Grèce. La transaction n'est « apparue » que dans les chiffres récents.

---

10. Geoffroy Clavel, *Huffington Post*, juillet 2017, www.huffingtonpost.fr/2016/07/08/jose-barroso-ancien-president-commission-europeenne-goldman-sachs_n_10887172.html .
11. *La Tribune*, « Quand Goldman Sachs aidait la Grèce à tricher pour 600 millions d'euros », mars 2012, www.latribune.fr/actualites/economie/union-europeenne/20120309trib000687366/quand-goldman-sachs-aidait-la-grece-a-tricher-pour-600-millions-d-euros-.html.

Eurostat, l'organe statistique de l'Union européenne, est d'autant plus intéressé à en savoir plus que le mécanisme du traitement de cette transaction a été modifié par Eurostat juste après cette transaction. Aucune mention de ce *swap* ne figure dans la plupart des documents des émissions grecques dirigées par Goldman Sachs. Cela pourrait lui coûter cher, puisqu'elle a dirigé pour 10 milliards d'euros d'obligations après ce *swap*. [...]

Heureusement, l'arrangeur de cette transaction répond au doux nom d'Antigone, et Mario Draghi, gouverneur de la Banque d'Italie et président du Conseil de stabilité financière du G20, venait de rejoindre Goldman Sachs à cette époque, comme vice-chairman de Goldman Sachs International. Selon un communiqué de la Banca d'Italia, ces opérations ont été montées « avant son arrivée à Goldman Sachs ». Le même communiqué précise qu'il n'a participé à aucune opération non éthique pour le compte de l'Italie dont il était le directeur du Trésor avant de devenir banquier d'affaires.

À cela s'ajoute une visite très inopportune à Athènes de Goldman Sachs avec le roi des *hedge funds* activistes, John Paulson, qui a gagné personnellement des milliards en vendant à découvert des actions de banques et des actifs *subprimes*. C'est probablement l'un des plus vils spéculateurs qui ont donné aux *hedge funds* leur réputation de prédateurs. Il a l'adoration de Wall Street qui continue à révérer ce genre de grand rapace.

Une fois de plus, ce sont les *credit default swaps* (CDS), marché complètement dérégulé, qui sont visés. Ils ne font toujours l'objet d'aucune réglementation et ne sont « organisés » que par l'International Swaps Derivatives Association, qui regroupe... les banquiers et autres participants à ce marché. Il va falloir vraiment s'occuper de ces « actifs » à mettre au passif des pratiques financières.

Cela dit, ne nous trompons pas de cible. Les *hedge funds* n'ont fait qu'« accompagner » la débâcle financière de la Grèce, et non la provoquer. Il faut rendre à César ce qui est à César. Ne tirons pas sur le thermomètre en croyant qu'il est la cause de la fièvre qui se répand à grande vitesse sur les obligations des États à travers le monde. La tempête ne fait que commencer.

Abacus ou le placement d'actifs toxiques

Début 2007, pour permettre à un de ses bons clients, le milliardaire John Paulson, de spéculer sur l'effondrement de l'immobilier qu'il sentait venir, Goldman Sachs a créé un « véhicule » financier bourré de *subprimes*, Abacus 2007 AC-1, qu'il avait fourgué à divers investisseurs. En vendant à découvert de l'Abacus, Paulson a engrangé jusqu'à 1 milliard de dollars de profit... Autrement dit, pendant que Goldman Sachs incitait ses clients à jouer l'immobilier à la hausse, son gros partenaire Paulson, inspirateur du fonds, pariait à la baisse sur les mêmes valeurs[12]...

Le traitement de ce fonds de crédit soulève une question de fond. Une firme qui place sur le marché de tels fonds est-elle, non seulement moralement, mais également sur le plan juridique, autorisée à distribuer ces actifs alors que, pour son propre compte, elle prend la position inverse ? Qui plus est, elle est la seule à connaître le détail des actifs (*insider trading*), la manière dont ils ont été sélectionnés (responsabilité de gestionnaire), et confie à ses forces de vente le soin de convaincre les clients de faire exactement l'inverse de ce qu'elle fait pour son propre compte. N'est-ce pas le summum de la duplicité ?

Les courriels vous trahissent et montrent que les vendeurs de Goldman Sachs savaient qu'ils vendaient des actifs pourris. C'est le type même de comportement qui compromet une culture de l'intérieur en chosifiant le client au bénéfice de l'individu ou de l'institution financière. C'est alors que l'institution cesse d'être une entreprise de services[13].

---

12. Pascal Riché, « Goldman Sachs : le scandale expliqué aux nuls. Qu'est-ce que "l'affaire Goldman Sachs" ? De quoi accuse-t-on la banque d'affaires ? », *Le Nouvel Observateur*, avril 2010, www.nouvelobs.com/rue89/rue89-economie/20100426.RUE6239/goldman-sachs-le-scandale-explique-aux-nuls.html.
13. « Excerpts from documents related to Goldman Sachs », mis à disposition par WSJ, avril 2010, http://online.wsj.com/public/resources/documents/WSJ_GSQUOTES.pdf.

Cette fois, Goldman Sachs a été condamnée par les tribunaux à payer 550 millions de dollars[14].

Goldman Sachs poursuivie pour fraude par la SEC pour duplicité

PUBLIÉ LE 17 AVRIL 2010

Au moment d'atterrir hier soir après un voyage d'affaires de dix jours en Chine et au Japon, la nouvelle de la poursuite de Goldman Sachs pour son rôle dans les *Collateralized Debt Obligations* (CDO) me rappelle à la réalité financière. Décidément, l'honorable banque d'affaires semble avoir réussi à devenir l'épicentre du séisme qui ravage Wall Street : des bonus extravagants, des techniques financières visant à camoufler la dette grecque, et maintenant les CDO.

Il ne fait aucun doute que Goldman Sachs a été à l'origine de la création de ce marché. Dans un article publié par *Business Week* le 1er avril 2010 (il y a des choses qui ne s'inventent pas) et intitulé « Goldman Sachs : ne nous blâmez pas », les cadres dirigeants de Goldman ont tenté d'expliquer qu'ils sont également les victimes d'un marché et non acteurs de ce drame qui a coûté des milliards à de nombreux États, entreprises et épargnants et a failli mettre la finance en faillite. Se cachant derrière le devoir de confidentialité, les communicants de Goldman Sachs n'ont pas réussi à rassurer.

En soi, les CDO ne sont pas le problème : il s'agit d'obligations assorties de sûretés qui sont émises sur les marchés des capitaux. Ils furent abondamment utilisés dans la titrisation de créances.

L'accusation présente est plus fondamentale : Goldman est accusée d'avoir vendu des CDO à ses clients et de prendre des positions *short* qui ont pour effet d'affaiblir la valeur des titres vendus à leurs clients. Ce faisant, Goldman Sachs aidait aussi d'autres clients qui cherchaient à « shorter » le marché des obligations hypothécaires, et a précipité la chute du marché des *subprimes*. Lorsque le directeur financier de Goldman Sachs, David A. Viniar, déclare à *Business Week* que « Goldman Sachs a décidé de se mettre en position neutre sur ce marché », il admet en effet que la firme a décidé d'émettre des titres *short* lui permettant de couvrir ses positions « longues ».

---

14. *Le Nouvel Observateur*, juillet 2010, www.nouvelobs.com/economie/20100716.OBS7206/goldman-sachs-paiera-550-millions-de-dollars-pour-fraude.html.

La Securities and Exchange Commission (SEC) a décidé de poursuivre Goldman Sachs pour fraude. Elle n'agit cependant pas au pénal : il s'agit d'une fraude de droit civil. La portée de cette action a affaibli la Bourse, renforcé le yen et perturbé profondément les marchés qui se doutent que cela n'est qu'un premier pas dans la direction d'un nettoyage des écuries d'Augias. De surcroît, le débat de la semaine prochaine au Congrès sur les produits dérivés prendra une allure de vendetta. Tout cela a coûté des dizaines de milliards au contribuable américain.

Goldman Sachs prétend que les actions de la SEC ne sont pas fondées : elle fait même valoir qu'elle aurait perdu 90 millions de dollars sur ces opérations, ce qui nous fera tous pleurer au regard des 16,7 milliards de dollars de bonus distribués cette année.

Ce que la SEC reproche à Goldman Sachs, c'est précisément d'avoir été un agent double et de ne pas avoir fait savoir à ses clients qui auraient perdu 1 milliard de dollars qu'elle prenait des positions inverses aux titres qu'elle leur vendait. En clair, le fameux *proprietary trading desk* de Goldman Sachs utilisait ses fonds propres contre l'intérêt de ses clients. Fabrice Tourre, 31 ans, connu sous le surnom de « Fabulous Fab », le dirigeant de cette activité de *leverage* à Goldman Sachs, est poursuivi : c'est aussi une première. La SEC ne se contentera pas de poursuivre les entreprises, elle va tenir les dirigeants de ces firmes pour responsables de leurs actes. Goldman Sachs est accusée d'« avoir fraudé ses investisseurs en donnant des informations fallacieuses et en omettant des faits cruciaux à propos d'un produit lié au marché des hypothèques *subprimes* alors que le marché de l'immobilier résidentiel s'affaiblissait[15] ». Warren Buffett, qui vient de perdre sur papier 1 milliard dans son sauvetage de Goldman Sachs, disait le mois dernier que « Goldman Sachs réécrit la Genèse avec Goldman Sachs offrant la pomme ».

Tout est dit. La grande lessive peut enfin commencer.

15. *Le Figaro*, « Goldman Sachs poursuivi pour fraude liée aux "subprimes" », avril 2010, www.lefigaro.fr/societes/2010/04/16/04015-20100416ARTFIG00578-goldman-sachs-accuse-de-fraude-liee-aux-subprimes-.php.

La Malaisie

La collusion entre Goldman Sachs et un fonds 1MDB créé en Malaisie dont les capitaux ont servi aux dépenses de luxe du président jette un voile peu favorable sur la manière dont la firme la plus remplie d'anciens dirigeants politiques utilise ses relations pour obtenir des contrats très rémunérateurs, mais parfois nauséabonds. 600 millions de dollars pour monter un fonds de 6,5 milliards.

Le 2 novembre 2018, le département américain de la Justice a annoncé des poursuites pénales contre des dirigeants de Goldman Sachs. Derrière tout cela, c'est la corruption qui est dévoilée. C'est aussi une situation qui provient d'une confiance mal placée par la firme dans un individu en fuite, à l'origine des fraudes du Premier ministre malais[16].

Le nouveau patron de Goldman Sachs, David Salomon, a eu le courage de présenter ses excuses pour ce faux pas spectaculaire.

Une culture au-dessus des lois

Une fois de temps à autre, un « ancien » d'une firme qui fut noble, écœuré par certaines pratiques publie son opinion dans un journal sérieux : le *New York Times*. Ce témoignage est précieux, rare et symptomatique. La réaction est classique : diminuer et humilier l'auteur[17].

La réputation de Goldman Sachs s'autodétruit lentement

PUBLIÉ LE 16 MARS 2012

L'éditorial publié par le *New York Times* et écrit par Greg Smith, responsable de l'activité européenne en produits dérivés sur actions de Goldman

16. *Capital*, « Des ex-Goldman Sachs "boys" inculpés aux USA dans un scandale malaisien », novembre 2018, www.capital.fr/votre-argent/des-ex-goldman-sachs-boys-inculpes-aux-usa-dans-un-scandale-malaisien-1313987.
17. Marc Roche, *La Banque. Comment Goldman Sachs dirige le monde*, Albin Michel, septembre 2010.

Sachs à l'occasion de son départ de ce qui fut une prestigieuse firme de Wall Street, a suscité un accès de colère des dirigeants de Goldman Sachs ainsi que des débats dans toutes les directions. L'intéressé considère que l'environnement de Goldman Sachs est devenu toxique et destructeur.
Passons sur la manière dont Lloyd Blankfein, le chairman et CEO, et Gary Cohn[18], le président, ont tenté de diminuer *this individual* dans un de ces communiqués de presse dont ils ont le secret et qui, depuis des années, les a enfoncés aux yeux des autorités, des observateurs et même de l'opinion avisée qui s'intéresse aux vicissitudes de Wall Street. Gageons que le remplacement programmé du responsable de la communication par un ancien porte-parole de la Maison Blanche va encore aggraver leur cas. La réponse de l'opinion publique et le battage de clients appelés au secours n'ont fait qu'envenimer les choses depuis deux jours.

Quelles que soient les réponses sur chacun de ces points, leur accumulation donne beaucoup de crédit aux accusations de Greg Smith. Il s'agit d'un système né de l'arrogance d'une firme qui se croit au-dessus des lois et de l'éthique.

Si le scandale provoqué par la lettre de Greg Smith est tellement grand, c'est qu'aujourd'hui encore, au lieu de reconnaître que Goldman Sachs est devenue un gigantesque *hedge fund* qui gère son bilan au mieux de ses intérêts, Lloyd Blankfein continue de prétendre que les valeurs et la culture de la firme n'ont pas changé.

Comme l'écrit William Cohen (auteur d'un livre sur Goldman Sachs) dans le *Financial Times* : « Goldman Sachs a, depuis longtemps, renié sa prétention de mettre en premier l'intérêt de ses clients... et tenté en vain de convaincre le public qu'elle continue à vivre sur la base de ses principes... C'est un moment existentiel pour Goldman. Il est triste que ses dirigeants ne semblent pas le réaliser. »

Laissons à Jacki Zehner, une ancienne *partner* de Goldman Sachs, le dernier mot. « Ce sont des accusations sérieuses faites par une personne crédible et j'espère que cela constituera un rappel à l'ordre au conseil d'administration. »

18. Gary Cohn deviendra le conseiller financier de Donald Trump jusqu'à ce que ce dernier commence une guerre commerciale.

La complicité de la Federal Reserve de New York

Il est impossible de pouvoir survivre à des pratiques de ce type sans avoir des connexions importantes. Le patron de la Federal Reserve de New York est un ancien de Goldman Sachs. Cette pratique de la « porte tournante » entre régulateurs et banquiers protège souvent les institutions financières d'une investigation trop agressive.

C'est finalement par un artifice de procédure qui a amené le tribunal à refuser les enregistrements concernant ces anomalies que Goldman Sachs et la Federal Reserve s'en sont tirés.

Au départ, une analyse est demandée à un professeur de la Columbia Business School qui met en évidence la légèreté des inspecteurs des grandes institutions financières dont la branche new-yorkaise était en charge[19]. La Federal Reserve engage des inspecteurs plus musclés. Lorsque l'un d'entre eux découvre des complaisances pour Goldman Sachs, on lui interdit de produire les preuves de ses affirmations au cours du procès et elle est remerciée[20].

La Federal Reserve prise en flagrant délit de favoritisme de Goldman Sachs ?

PUBLIÉ LE 25 NOVEMBRE 2014

L'affaire fait beaucoup de bruit dans les milieux financiers et à Wall Street. Après la crise financière, le Pr Daniel Beim, de la Columbia Business School, avait notamment diagnostiqué que « la Federal Reserve doit être prête à confronter plus fermement les banques qu'elle contrôle ». Des informations récentes ont fait état de situations à tout le moins troublantes qui visent directement la relation entre Goldman Sachs et son autorité de contrôle. Goldman Sachs s'est transformée en holding

19. FRBNY, « Report on systemic risk and bank supervision », août 2009, https://publicintelligence.net/federal-reserve-bank-supervision-report/.
20. Susanne Craig et Jessica Silver-Greenberg, « Suit revives Goldman conflict issue », *New York Times*, octobre 2013, https://dealbook.nytimes.com/2013/10/10/bank-examiner-was-told-to-back-off-goldman-suit-says/.

bancaire pour avoir accès aux fonds interbancaires octroyés par la banque centrale américaine. Elle est donc contrôlée par la Fed.

Plusieurs sujets ont été évoqués, et ont provoqué une mobilisation du Sénat et de la Chambre des représentants qui a soumis la banque centrale à un feu nourri de questions.

• Une ancienne employée, Carmen Segarra, poursuit la Federal Reserve en justice. Elle considère que sa mise à pied est due au fait qu'elle a été « trop dure pour Goldman Sachs ». Elle a été déboutée, mais les quarante-six heures d'enregistrement qu'elle a rendues publiques montrent que son supérieur avait atténué son rapport et minimisé le fait que Goldman aurait rendu l'image de Banco Santander plus flatteuse que la banque espagnole ne le mérite. Le FBI, le FDIC et le contrôleur des banques de l'État de New York ont lancé une enquête pour examiner les faits et une possible implication criminelle de certains cadres de la Fed et de Goldman n'est pas exclue.

• Un rapport officiel publié en septembre précise que la Federal Reserve n'apprend pas à ses contrôleurs à poser les questions difficiles, à exprimer leurs questions et à s'opposer à la direction de la banque qu'ils contrôlent. Il est critique des interventions directes de la hiérarchie de Goldman Sachs aux plus hauts niveaux de la Fed.

• Un jeune examinateur de la Fed, Rohit Bansal, en charge du contrôle de plusieurs banques, a rejoint Goldman Sachs dans son équipe en charge des institutions financières. Il a donné à la banque des informations relatives à des banques qu'il contrôlait… avec l'accord de la Fed ! Il a été viré ainsi que le collègue avec qui il a partagé ces informations. C'est ce que l'on appelle la « porte tournante » entre les régulateurs et les banques.

Dans un article sur ce sujet, Bloomberg conclut lapidairement : « Vous aviez l'impression que les régulateurs étaient plus ou moins contrôlés par les banques : maintenant vous le savez… grâce à une femme courageuse qui y a perdu son emploi. » Ce fut également le cas dans l'affaire Enron. Les femmes seraient-elles plus éthiques que les hommes ?

Tout cela n'a évidemment rien à voir avec le fait que le président de la Federal Reserve de New York, William Dudley, en charge du contrôle des banques, est l'ancien *chief economist* de Goldman Sachs. Il a déclaré au Sénat que la Fed ne cherchait pas à rendre les banquiers coupables de peur de déstabiliser le système financier.

Carmen Segarra a finalement décidé, en prenant une décision courageuse, de communiquer les enregistrements au Congrès américain. Dans une interview du 2 novembre 2018, elle déclare notamment que la division de David Salomon, le nouveau patron de Goldman Sachs, était un exemple de désordre en matière de régulation financière. Elle craint de devoir être appelée, comme tous les contribuables, pour soutenir Goldman Sachs lors de la prochaine crise financière.

JPMorgan et la baleine de Londres

Au départ, un lobbying massif par les banques américaines pour essayer de continuer leurs activités de trading pour compte propre interdit par la nouvelle réglementation. À la tête de cette croisade, Jamie Dimon, le P-DG de JPMorgan Chase, n'hésite pas à insulter l'ancien président de la Federal Reserve, Paul Volcker, qui est chargé par l'administration Obama de limiter les risques pris par les banques sur leurs fonds propres[21].

L'exception qu'elles obtiennent du Congrès est gigantesque : les restrictions de la nouvelle réglementation ne s'appliquent pas aux positions de couverture de risques. Comme le dit le président de la Commission du Sénat qui a approuvé cette demande : « Un camion pourrait passer sous la porte ouverte. »

JPMorgan a décidé que son « Corporate Investment Office » pouvait se couvrir contre des risques macroéconomiques, en l'occurrence une variation des taux d'intérêt. La banque a soigneusement évité de faire connaître ces positions aux régulateurs et le rapport que fit le Sénat américain est accablant.

Au total, un trader français, en charge des produits dérivés utilisés pour ce gigantesque risque que la banque a mal calculé, a dû

21. Courtney Comstock et Julia La Roche, « IT'S ON : Jamie Dimon has a new bone to pick with regulators », octobre 2011, www.businessinsider.com/jamie-dimon-volcker-rule-market-making-2011.

« retourner » la plus grande partie de ses positions, accusant une perte de 6 milliards de dollars à laquelle s'ajoutera une amende de 5 milliards, le tout absorbé dans les comptes annuels de la banque.

Cette situation accable à la fois le lobbying des parlementaires américains par les banques, la tromperie face à la nature des risques ainsi couverts et les montants de trading pour fonds propres. Au moins dans ce cas-ci, les sanctions sont allées jusqu'au sommet du Corporate Investment Office et pas seulement au trader français Bruno Iksil.

Depuis son licenciement de JPMorgan, Bruno Iksil ne travaille pas. Ce centralien, ancien de Natixis, a passé les cinq dernières années dans la maison familiale à 80 kilomètres au sud de Paris à couler des « jours heureux », faisant quotidiennement du sport (footing, vélo, natation), jouant avec ses enfants et les aidant à faire leurs devoirs. Une page qui pourrait bientôt se tourner depuis que ses avocats lui ont appris en janvier de cette année que la Federal Reserve envisageait de rouvrir le dossier[22].

La manipulation du Libor

Le rapport des autorités britanniques, appelé le « rapport Wheatley », du nom du responsable du groupe en charge de sa rédaction, estime l'encours de contrats financiers directement rattachés au Libor (c'est-à-dire que les termes mêmes du contrat font référence au taux Libor en tant que benchmark) à environ 300 billions de dollars.

Le London Interbank Offered Rate (Libor) est un taux d'intérêt fixé à 11 heures, heure de Londres, sous le contrôle de l'Association britannique des banques. Quelques banques avaient sur ce taux une influence décisive dont elles ont abusé.

22. Thierry Lochem, « L'ex-trader français de JP Morgan, surnommé la baleine de Londres, refait surface… », *efinancialcareers*, mars 2017, https://news.efinancialcareers.com/fr-fr/276128/lex-trader-francais-de-jp-morgan-surnomme-la-baleine-de-londres-refait-surface.

Cela signifie que les crédits internationaux, dont le taux d'intérêt se renouvelle de manière périodique, ont vu ces taux influencés non seulement par des évolutions de marché, mais aussi par une manipulation des quelques firmes qui formaient le cœur de la fixation de ces taux.

Comme ce taux influence des centaines de milliards de dollars de crédits, ce n'est pas une mince affaire. Des amendes de plusieurs milliards de dollars et des démissions forcées ont fait suite à ce scandale. Les sanctions et les démissions plus ou moins forcées qui ont suivi les investigations des deux côtés de l'Atlantique ne laissent aucun doute sur la gravité de ces événements. Nous sommes en 2012, quatre ans après la crise de Lehman.

Et pourtant, ce mécanisme qui permet de fixer un taux de référence lors du renouvellement des taux reste essentiel. La cession au NYSE ne résout pas le problème.

La fraude du Libor ou la perversion des marchés monétaires

Publié le 28 mars 2012

Il y en aurait pour des milliards de dollars.

Le scandale qui secoue la City de Londres et le monde financier mondial semble de plus en plus sérieux. Seuls des articles sporadiques de spécialistes ont mis en évidence une fraude dont il est encore difficile de connaître l'ampleur et la gravité.

Le Libor n'est autre que le London Interbank Offered Rate. Il s'agit du taux auquel les banques se prêtent entre elles. Il est donc étroitement lié au financement et au fonctionnement de l'un des plus grands marchés au monde : le marché interbancaire, dont la taille est estimée à 90 000 milliards de dollars.

Il est fixé par des banques dites « de référence » tous les jours ouvrables à 11 heures à Londres. C'est en effet de la City que proviennent la plupart des mécanismes de référence : ce n'est pas de l'impérialisme. C'est dû au fait que c'est à Londres que sont nés les euromarchés.

Le rôle du Libor a cependant largement dépassé le cadre des banques : après tout, si les banques trichent entre elles, je ne suis pas convaincu que cela surprendrait, moins encore attristerait, le grand public.

Depuis des décennies, les crédits basés sur les taux à court terme ont pris ce taux pour référence : la plupart des grands crédits ont en effet un taux d'intérêt fluctuant, basé sur le Libor à trois ou six mois. La masse d'instruments dont les taux sont liés au Libor est estimée par le *Financial Times* à 350 000 milliards de dollars. Ainsi, si France Télécom a emprunté sur cette base, le jour de l'échéance de renouvellement du taux pour une nouvelle période de trois mois pourrait être le Libor + 50 points de base, soit, en ce moment, 0,5 % (Libor) + 0,5 % (la marge de crédit), soit 1 %. Cela vaut aussi pour les crédits hypothécaires et autres financements en dollars.

C'est donc tout le système qui repose sur ce moment magique. Bank of America, Citibank, Barclays Bank, Crédit Suisse, Deutsche Bank et UBS sont dans le collimateur des autorités de contrôle. Il semblerait que ce soient Barclays Bank, Citi et UBS qui aient alerté les autorités il y a plus d'un an et demi.

Le concept de Libor a d'autre part émigré et il en existe un équivalent pour les principales devises. Ainsi, les emprunts en euros sont basés sur un Euribor qui, fort heureusement, est confié à un panel plus large et est donc moins susceptible de manipulation. Ce qui ne garantit cependant pas son intégrité.

Dans ce contexte, les banques de référence disposent d'une forme de pouvoir qui, même limité, peut avoir des effets considérables sur les coûts de financement des entreprises et des particuliers et permettre à ces banques de financer à de meilleurs taux que d'autres ou, plus simplement, camoufler leurs difficultés de financement.

Le gouvernement américain aurait été le premier à se soucier de ce sujet et enclencher une enquête sur ce mécanisme lors de la crise financière. Ce sont les autorités de la City qui mènent l'enquête, avec une dizaine d'autorités de contrôle dont les françaises, allemandes, japonaises et américaines. Les conclusions sont tellement graves que l'on s'attend à ce que, d'un jour à l'autre, plusieurs traders et banques impliqués dans ce scandale soient poursuivis pénalement. Cette fraude est d'une telle gravité que plusieurs banques ont déjà renvoyé des traders peu scrupuleux qui avaient ainsi allègrement franchi la muraille de Chine qui est supposée séparer les opérations de trésorerie de la fixation du Libor. D'un autre côté, le Libor n'est significatif que parce que les trésoreries des banques gèrent des capitaux suffisamment importants pour que le taux soit représentatif. Comme le déclarait un avocat qui travaille sur ce sujet : « Cela pourrait bien n'être que le sommet de l'iceberg. »

C'est le procès de l'autorégulation : le fait que le Libor était régulé par l'Association des banques britanniques faisait du secteur bancaire juge et partie. Ce type de situation crée une tentation de conflit d'intérêts. La croissance des marchés a donné à un petit nombre de banques un pouvoir absolu[23].

À aucun moment des considérations relatives à l'impact colossal des taux Libor à travers le monde n'ont même effleuré les dirigeants des institutions bancaires concernées. Ce qui était à l'origine une forme de coopérative fournissant un service essentiel à des centaines de milliards de crédits est devenu une machine manipulatrice. Une fois de plus, la notion de service financier a été bafouée.

La fraude du Libor : les premières sanctions sont brutales

PUBLIÉ LE 2 JUILLET 2012

Il s'agit, comme l'écrit John Authers du *Financial Times*, d'une faille éthique grotesque.

La première banque à être atteinte par les sanctions de cette fraude est la Barclays Bank, la principale banque britannique dont le siège est à Londres. Elle ne restera pas seule, et la menace de poursuites pénales est évoquée par le service des fraudes.

La Barclays Bank en point de mire

Ce week-end, le président de Barclays Bank a assumé ses responsabilités et décidé de se retirer. Marcus Agius est une des icônes de la City de Londres : il y a passé toute sa carrière, commençant comme banquier d'affaires chez Lazard qu'il devait rapidement diriger. C'est un homme d'une grande dignité qui a le respect du gouvernement et de ses pairs. Sa décision de se retirer l'honore et protège la réputation de Barclays Bank, la seule banque qui ait

23. Trends *Le Vif*, « LIBOR : Le scandale financier du siècle », juillet 2017, http://trends.levif.be/economie/banque-et-finance/libor-le-scandale-financier-du-siecle/article-normal-207717.html.

traversé la crise des *subprimes* sans intervention gouvernementale. « *The buck stops with me* » est l'expression qu'il a utilisée : elle se trouvait sur le bureau du président Truman à la Maison Blanche.
Mais le *chief executive officer*, Bob Diamond, a annoncé sa démission, considérant que la pression extérieure devenait une menace pour la réputation de la banque. Depuis, Jerry del Messier, *chief operating officer*, a aussi annoncé sa démission. En plus de ces démissions, Barclays Bank a accepté de payer 290 millions de livres (plus de 400 millions d'euros) aux autorités de contrôle américaines et britanniques. C'est la plus importante amende de l'histoire de la City. Des réductions de rémunération ont été décidées.
Barclays Bank a admis les révélations apparues dans le rapport d'enquête des autorités de contrôle de dix pays qui s'étaient coordonnées. Elles démontrent une volonté de sous-évaluer les difficultés de financement rencontrées par la banque. Il s'agit donc bien de dissimulation dont il est impossible de chiffrer les conséquences.

Quels sont les remèdes ?

La vraie question est cependant, au-delà des responsabilités des dirigeants des banques, quel système pourra être mis en place pour que cette activité essentielle pour l'économie, la fixation à 11 heures du matin du taux d'intérêt offert entre banques, retrouve alors son intégrité ? D'une manière ou d'une autre, cette référence est indispensable à l'objectivation des conditions des prêts et emprunts.
La réponse naturelle est de confier à un régulateur, par exemple la Bank of England, un rôle de réglementation et de supervision. C'est plus facile à dire qu'à faire. Tout d'abord, dans cette fraude, la Bank of England n'a pas été un acteur passif et dans certaines circonstances a directement interpellé les banques, mais a-t-elle agi assez promptement ? Cette mécanique est incroyablement complexe. Comment s'assurer que le taux que chaque banque présente est effectivement le fruit de l'ensemble de sa situation et de sa volonté de prêter aux autres banques ?
La tâche n'est pas aisée. Pourtant, sans une supervision efficace, les risques que courraient les prêteurs et les emprunteurs à travers le monde sont gigantesques. Il faut rétablir la confiance à tout prix. Les sanctions, si brutales soient-elles, seront-elles suffisantes ? L'avenir le dira : les banques réclament une supervision accrue qui leur redonne une intégrité.

Mais, pour les autorités, une supervision ne peut en aucun cas signifier qu'elles assument la véracité des taux. Comme le dit Marcus Agius, la responsabilité est celle de la direction des banques. Il ne saurait être question de la transférer à des autorités de contrôle.

Le débat sur les responsabilités et l'admission des problèmes structurels va-t-il améliorer le système ? Comment trouver, aujourd'hui, une autorité indiscutable, d'une probité exemplaire et non soumise aux vicissitudes politiciennes ? Plus que jamais, c'est la création d'agences indépendantes des États, des banques centrales et des institutions financières qui peut fournir ce type d'arbitrage. Ne rêvons pas : c'est la dernière chose que nos gouvernements et Parlements recherchent

La manipulation du Libor pose de sérieux problèmes structurels

Publié le 16 août 2012

Elles auraient dû y penser plus tôt. Les banques qui ont, à des degrés divers, pris part à ce qu'il faut bien appeler « une manipulation du taux de référence entre banques » doivent se dire qu'elles ont tué la poule aux œufs d'or. Quelle que soit l'évolution de ce problème structurel, l'Association britannique des banques et les établissements financiers de la City n'auront plus le loisir de présider seuls à l'établissement d'un taux dont l'importance financière couvre un marché de quelque 360 000 milliards de dollars d'obligations et de crédits.

Trois camps se font face

Les régulateurs qui ont failli à leur tâche tentent de regagner l'initiative en utilisant leur arme favorite : l'hypocrisie. Tim Geithner, secrétaire au Trésor des États-Unis, a prétendu être intervenu en 2007 auprès de la Bank of England. Il n'en avait rien fait et s'est vu opposer une fin de non-recevoir cinglante de la banque centrale britannique. « C'est trop facile de faire semblant », chante Jacques Brel. Il faut dire que le gouverneur de ladite Bank of England a fait des commentaires sur la fin du Libor qui confirment qu'il n'a rien voulu voir, qu'il savait, et que ce n'est pas sa faute. Ce n'est pas très joli, mais un régulateur pris au piège peut se transformer en un ennemi féroce, cherchant à faire payer aux coupables le fait que son inaction s'étale au grand jour.

Les banques qui ont manipulé le Libor improvisent des réponses qui vont de la décapitation subie par Barclays Bank au renvoi de quelques traders à la Deutsche Bank. Depuis ce jeudi, cependant, sept d'entre elles savent qu'elles vont devoir répondre au procureur général de l'État de New York, Eric Schneiderman. Il s'agit de Citigroup, JPMorgan, Royal Bank of Scotland, Barclays, HSBC et UBS. Lloyds devrait suivre. Ce sont des poids lourds et la question qui les préoccupe est de savoir si les arguments qu'elles vont avancer pour leur défense seront cohérents, et éviteront un déballage de leurs pratiques douteuses au grand jour. Qui plus est, le chairman d'UBS, l'ancien gouverneur de la Bundesbank, Axel Weber, a confirmé que, pour avoir été le premier à approcher les autorités, la banque suisse avait obtenu une « immunité conditionnelle ». La question de fond reste cependant la nécessité de trouver un nouveau système de fixation du Libor (qui s'appellera peut-être autrement, mais qui sera son frère jumeau), comportant une implication officielle assurant l'intégrité du système, mais ne peut en aucun cas se substituer à un système interbancaire. En effet, si les autorités devaient décider de fixer le taux, il serait encore plus facile de le falsifier. Dans ce genre de situation, il est aussi important d'éviter de tomber dans une illusion : un régulateur ne doit pas se transformer en acteur. La responsabilité qu'il prendrait serait trop importante.

Un rapport déterminant et sans ambiguïté

Martin Wheatley, le président de l'autorité britannique des services financiers, un homme courageux, a tenté de nettoyer les écuries d'Augias. Son rapport sur le Libor est une condamnation sans appel d'un système frauduleux. Il y a mis du temps et de l'énergie. Il a ensuite tenté de changer la culture des banques. Martin Wheatley devait être remercié. « Le témoin a dit la vérité. Il doit être exécuté » (Serge Reggiani[24]).

24. UK HM Treasury (Trésor britannique), « The wheatley review of LIBOR », septembre 2012, www.iflr.com/pdfs/Report.pdf.

La fraude du LIBOR : les premiers pas de la réforme

Publié le 1er octobre 2012

La semaine dernière, Martin Wheatley, le nouveau patron de la Financial Services Authority du Royaume-Uni, a communiqué l'essentiel des conclusions de l'enquête que la FSA, avec les principaux pays concernés, a menée au cours des derniers mois. Martin a une longue expérience, que ce soit au London Stock Exchange, comme régulateur de Hong Kong, et maintenant de la FSA. Ce rapport est la première intervention majeure des autorités de contrôle depuis que le scandale a éclaté.

Le but de l'étude n'était pas d'intervenir de manière civile et pénale. Une dizaine de banques impliquées dans cette situation font par ailleurs l'objet de poursuites judiciaires dont il est trop tôt pour savoir si elles seront civiles ou pénales. Ce qui est certain, c'est que la nouvelle réglementation sera assortie de sanctions pénales. Comme Martin Wheatley l'a précisé, l'objectif est de remettre les pendules à l'heure (*to reset the button*) et de revenir à ce que le taux de référence est supposé être : un benchmark mondial géré avec intégrité par les professionnels concernés.

Le régulateur de la City de Londres ne mâche pas ses mots : il évoque un système en faillite qui a perdu la confiance... à cause de traders et cadres sans scrupule du secteur bancaire... Nous ne parlons pas de quelques individus, mais d'un problème systémique...

Comme prévu, il ne s'agit pas de supprimer le Libor : les marchés financiers ont besoin de taux de référence crédibles qui servent de base aux prêts et obligations à travers le monde, et en plusieurs dizaines de devises.

Un nouveau cadre institutionnel

Quelques jours avant la publication du rapport, l'Association des banques britanniques (BBA), responsable de cette activité, s'est vu retirer cette activité dont la supervision sera assurée par la FSA qui va structurer en son sein une supervision de ce marché.

La gouvernance de cette structure sera essentielle. C'est en effet la présence de conflits d'intérêts qui est à l'origine du dérapage fondamental de ces taux et des marchés correspondants.

Il faudra cependant garder un élément de jugement dans l'analyse des données. La manière dont un taux se fixe est la résultante d'un nombre hallucinant de données, et elles sont difficiles à analyser en période de stress. C'est dès la soumission des offres que commencera la supervision de la FSA.

Les premières réactions...

Le rapport Wheatley a été bien reçu par les autorités, non seulement à Londres, mais à travers le monde. Le gouvernement britannique fera voter la loi correspondante dans les prochaines semaines. C'est un effort collectif rare dans l'histoire des marchés mondiaux. Le Libor n'est cependant pas le seul taux de référence : les autorités à travers le monde ne manqueront pas de regarder de plus près comment fonctionnent les taux nationaux

Les grandes banques ne souhaitent pas vraiment élargir le club de 15 banques alors que pour l'euro, elles vivent parfaitement avec 43 banques. Elles annoncent que les taux seront en hausse en raison de cet élargissement. Elles ont rompu la confiance : la restaurer aura incontestablement un prix. Pour ma part, je crains plutôt que certaines grandes banques se retirent de ce marché : l'annonce par Santander de son retrait s'explique par la situation espagnole. Il ne faudrait pas cependant que ce marché périsse faute de combattants.

Le marché des changes : comment manipuler 5 billions de dollars par jour ?

C'est ensuite le marché des changes qui a été pris dans l'étau des régulateurs. Une douzaine de banques dominent un marché où s'échangent des devises pour 5 billions de dollars par jour.

L'impact va au-delà de la finance dans la mesure où ces manipulations peuvent avoir influencé les conditions auxquelles se réalisaient des opérations de commerce et des investissements en devises.

Les amendes pleuvront sur les institutions concernées. Nous sommes en 2013 : cinq ans après la chute de Lehman. C'est toute l'activité de commerce international qui a été ainsi manipulée à l'avantage des institutions financières qui ont rendu les activités de change opaques et cartellisées.

À la différence du Libor, ce n'est pas le résultat d'un système institutionnel, mais d'une prise de pouvoir par les banques capables d'absorber des montants de cette magnitude. C'est le plus pur procès de la mondialisation. Pour être concurrentiel dans les marchés du Libor et des changes, la taille est un atout majeur. Depuis ces deux scandales, on voit émerger des initiatives dans tous les sens.

Sur le marché des changes, les amendes n'ont fait qu'écorner la domination des grandes banques. Certes, de nouvelles plateformes électroniques se sont mises en place, mais leur volume est infime. Il sera difficile de se substituer aux grandes banques dans un marché où 1 cent peut faire la différence sur des milliards.

Après le Libor, le marché des changes risque-t-il d'imploser ?

PUBLIÉ LE 1er DÉCEMBRE 2013

Depuis plusieurs mois, des nuages s'assombrissent sur le marché des changes. Des indices ressemblant furieusement à ceux qui avaient préludé au scandale du Libor ont coûté des milliards d'amendes à travers toutes les grandes banques mondiales. Des poursuites pénales et civiles et des démissions ont défrayé la chronique et amené une réforme profonde de ce marché autorégulé.

Les autorités s'inquiètent

Très discrètement, sous l'égide de la Banque centrale européenne, banquiers et autorités de contrôle se sont réunis la semaine dernière. Cette réunion a même fait l'objet d'un document qui permet de se rendre mieux compte de cette préoccupation. En toutes lettres, les participants font état d'une possible « collusion » entre certaines banques et une manipulation des taux de change juste avant les *fixings* qui caractérisent ce marché. Le comité spécialisé de la Bank of England, qui supervise 40 % du marché sur la place de Londres, n'a pas fait allusion à ce problème dans ses minutes du 27 septembre 2013.

Le volume quotidien dépasse 5 000 milliards de dollars dont 25 % pour le seul marché du dollar US en euro, suivi par dollar US en yen et en livre sterling. Au total, ces quatre devises représentent 50 % du marché, d'après l'étude triennale de la Banque des règlements internationaux, la banque des banques centrales située à Bâle.

Des remous récents

Certains traders ont été mis « en congé » pendant l'enquête. Les banques ont interdit l'utilisation des *chatrooms* spécialisées qui permettaient aux traders de communiquer librement entre eux. C'est la dénonciation par un *whistleblower* de ces pratiques de *chatrooms* entre concurrents qui a été à l'origine, depuis mai dernier, d'une vague d'investigations. Une question à soulever dans les débats sempiternels sur le bon usage des médias sociaux. Les *chatrooms* les plus connues ont été baptisées de doux noms de « The Cartel » et « The Bandits' Club ». Pas besoin de traduction.

Des similitudes avec le Libor

Le *fixing* est un mécanisme semblable à la fixation du Libor qui a lieu à 11 heures, heure de Londres, une fois par jour, et influence les taux d'intérêt de 360 milliards de dollars de crédits et obligations.

Ce marché est largement dominé par une quinzaine de banques dont la Société générale, BNP Paribas, la Deutsche Bank, Citibank, JPMorgan, HSBC, Barclays et quelques autres. Le problème est en effet mondial et affecte en plus des grands marchés, la Suisse, la Chine, Hong Kong, Bombay et d'autres.

Le marché est également autorégulé, et le rôle des banques centrales est plus discret qu'autoritaire. Face à plus de 2 000 milliards de dollars par jour, la Bank of England est de nouveau dans le collimateur. Son nouveau gouverneur (canadien) a du pain sur la planche.

À quoi s'attendre ?

Il est trop tôt pour savoir si des actions aussi brutales que celles qui ont affecté le marché du Libor sont à prévoir. Les sanctions atteindront-elles des licenciements ou des milliards d'amendes ? Il sera difficile aux banques de faire semblant de « ne pas savoir », leur excuse favorite pour sanctionner les exécutants.

L'impact sur les particuliers est minime, mais les institutions et les entreprises (petites et grandes) dépendent souvent de ce marché pour acquérir les devises nécessaires à leurs dépenses, ou convertir des devises étrangères dans leur monnaie locale. 80 % du marché à terme s'exécute *via* des *swaps* ou des options.
En attendant, la concurrence est brutale et un bon *forex trader* vaut 2 millions à Londres, selon des vétérans interrogés par le *Financial Times*.

Le bitcoin n'a jamais été une monnaie : chronique d'un marché manipulé

L'apparition d'alternatives à la monnaie sous forme numérique est le fruit naturel de la méfiance qui s'est instaurée envers les institutions financières jugées responsables de la crise, de la monnaie et des banques centrales. La forme que cette réaction a prise, les « crypto-devises », a donné l'illusion qu'il s'agissait d'une forme alternative de la monnaie. Même la Federal Reserve est tombée dans le piège en utilisant cette terminologie, octroyant une légitimité et augmentant la confusion.

La guerre entre « les anciens et les modernes » a pris la forme d'anathèmes et le marketing agressif du bitcoin a culminé à un prix qui lui donnait une valeur de 360 milliards de dollars. Il a fallu atteindre ces montants pharamineux pour que les autorités prennent de manière chaotique leurs responsabilités tout en se défendant de toute négligence.

Il m'est apparu rapidement que les fluctuations du bitcoin et de ses suiveurs ne pouvaient s'expliquer que par des opérateurs dont les intentions étaient soit manipulatrices (le schéma de Ponzi), soit criminelles (le blanchiment d'argent), soit irrégulières (réglementation des changes). Cette mise en garde me paraissait essentielle face à la naïveté des thuriféraires de la « nouvelle monnaie ». S'attaquer aux dogmes du Vatican de la technologie consiste incontestablement à ramer à contre-courant.

Le bitcoin s'apparente à une pyramide de Ponzi

Publié le 9 février 2014

Les autorités de l'État de Floride, aux États-Unis, viennent d'arrêter le fondateur et un des dirigeants d'une « Bourse » de bitcoin pour blanchiment d'argent. Le Trésor et le Sénat américains ont exclusivement focalisé leur analyse sur le risque d'utilisation du bitcoin à des fins de détournements de capitaux liés au crime organisé ou à la fraude. Cette motivation est certes importante, mais elle ignore le risque de manipulation qui menace les investisseurs crédules.

Pyramide de Ponzi

Le bitcoin est, depuis novembre 2013, victime d'une manipulation qui s'apparente à une pyramide de Ponzi. On se souviendra que Bernard Madoff avait monté de toutes pièces une activité qui lui avait permis de récolter 50 milliards de dollars qui se sont effondrés comme un château de cartes. Il n'y avait pas d'actifs derrière ces fonds.

Le mécanisme est simple : une performance exceptionnelle qui ne repose sur rien. Il faut que les investisseurs continuent à remplir le gouffre, jusqu'à ce que la musique stoppe. Mais, dans ce cas, ce n'est pas une chaise qui manque, elles tombent toutes ensemble. Il n'y a aucune réalité économique ou financière derrière le bitcoin : seulement une valeur de convenance entre parties.

Trois mois de manipulation

Ce week-end, une des plus anciennes « Bourses » de bitcoin, la japonaise Mt. Gox, a interrompu ses livraisons de bitcoin, Apple a mis fin à sa dernière application bitcoin.

Si la chose s'était produite sur le marché des changes, des taux d'intérêt ou des titres, la cotation aurait été immédiatement suspendue. Une enquête aurait été diligentée et on aurait tenté de savoir par quel miracle une telle évolution brutale était possible, et surtout qui est derrière.

La raison fondamentale de cet envol, qui différencie le bitcoin des moyens de paiement comme PayPal, est que des acteurs financiers ont commencé à organiser un commerce du bitcoin, non pour un troc de marchandises, mais contre des devises réelles. Devenant lui-même monnaie de réserve, le bitcoin est totalement manipulable.

L'absence de régulation

La Réserve fédérale (Fed) a probablement commis la plus grave erreur. Elle a déclaré que « des monnaies virtuelles comme le bitcoin étaient légitimes ». En utilisant le terme « monnaie », la banque centrale américaine se tire une balle dans le pied. Elle a en effet la responsabilité de la « monnaie » aux États-Unis. Or elle n'a émis aucune forme de régulation de cette création monétaire, qui ressemble à un gigantesque casino.

Plusieurs banques centrales, dont la Banque de France, ont été plus prudentes. « La Banque de France met en garde contre l'utilisation du bitcoin, soulignant que ce genre de devise n'est pas régulé, et réclamant une intervention des autorités pour mettre un terme à certaines transactions illicites[25]. »

Mais qui sont les autorités dont elle parle ? Ne serait-ce pas le rôle de la banque centrale ? Seraient-ce les autorités de marché ? Serait-ce la division financière du parquet ? Qui a la mission d'assurer la protection des investisseurs ?

Dans cette grande cacophonie, personne n'agit vraiment. Seuls les Chinois ont interdit l'usage du bitcoin. Les Russes ont déclaré le bitcoin illégal. Les Indiens vont suivre. Il est cependant important qu'une vraie concertation internationale soit organisée, maintenant que les montants concernés ne sont plus marginaux. Quelles seraient en effet les conséquences d'un effondrement du bitcoin et d'une perte de valeur supérieure à 10 milliards de dollars ? Qui seraient les victimes ? Les rumeurs les plus fantaisistes circulent, y compris que le FMI est à l'origine du bitcoin ou que le bitcoin vise à détruire le FMI. Ce que tout cela nous apprend, c'est que, comme dans les crises précédentes, la volonté des autorités de prendre le taureau par les cornes et d'appliquer des mesures préventives n'existe pas.

25. BPR France, « Mise en garde de la Banque de France contre le bitcoin, une monnaie virtuelle qui affole le net », décembre 2013, www.bprfrance.com/en/mise-en-garde-de-la-banque-de-france-contre-le-bitcoin-une-monnaie-virtuelle-qui-affole-le-net/.

De quoi les autorités ont-elles peur ?

Au fur et à mesure que la valeur des crypto-actifs a explosé, la question de manipulations frauduleuses est devenue d'autant plus importante que le total de la valeur commençait à frôler le billion de dollars.

Les autorités de régulation financière, les banques centrales et, les diverses polices financières s'y sont intéressées de plus près et, au fur et à mesure de leurs découvertes et de leurs interventions, le sommet de 20 000 euros a fait place à une valeur en baisse de 70 %. La volatilité de ces mouvements démontre que les crypto-actifs ne sont pas des devises et ne représentent qu'eux-mêmes. En 2018, une manipulation de 826 millions de dollars allait être découverte. Ce n'est que le début d'une correction qui est inévitable.

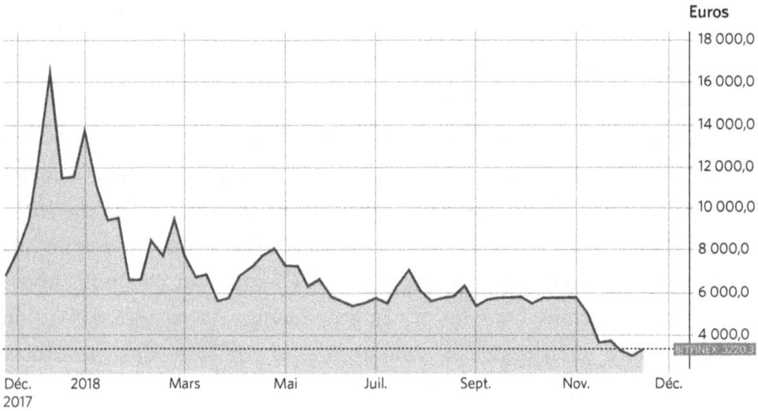

Figure 2[26]**.**

26. Source : www.tradingview.com/symbols/BTCEUR/.

Le bitcoin dans la tourmente : la fraude est de plus en plus évidente

Publié le 7 octobre 2017

Le bitcoin a augmenté de 605 % depuis un an. Inutile de dire que les commentaires vont bon train. Les thuriféraires du bitcoin et les apôtres des monnaies parallèles s'en donnent à cœur joie. Pour ceux qui ont été assez malins (ou pervers) pour investir dans le bitcoin, il y a un an, l'avenir s'annonce radieux.

Depuis deux ans, nous nous sommes efforcés de tenter d'expliquer pourquoi le bitcoin est une fraude. Je me sens rassuré dans cette affirmation par le chairman et CEO de la plus grande banque américaine, Jamie Dimon, qui a dénoncé le mois dernier le caractère frauduleux de cette pseudo-monnaie.

À près de 100 milliards de dollars en circulation au prix actuel, les régulateurs complaisants qu'ont été les banques centrales et les autorités de marché commencent à se réveiller.

Tentons d'y voir un peu plus clair.

Le bitcoin à 10 000 ou à 100 dollars ?

Dans l'euphorie du moment, les promoteurs de cette évolution à 10 000 dollars se cachent derrière le fait que nous, les vieux croûtons, ne comprenons pas que la technologie est en pleine évolution et que nos schémas de référence sont dépassés : nous sommes repartis dans le « changement de paradigme » qui a précédé l'explosion de la bulle des *dot coms* à la fin du siècle dernier. Trop vieux pour comprendre la technologie peut-être, mais pas pour reconnaître une fraude.

Leurs arguments sont difficiles à soutenir. Tout d'abord, ils tentent de surfer sur la vague du populisme et de la méfiance face aux banques centrales, gouvernements et autres monnaies. Hélas pour eux, en tant que monnaie d'échange, l'acceptation du bitcoin ne dépasse pas quelques milliers d'entreprises, et elles constatent que moins de 1 % de leurs ventes sont payées en bitcoin. L'échec de la monnaie de paiement est assourdissant.

L'argument de l'unité de compte est également fallacieux. On cherche en vain des produits dont le prix est affiché en bitcoin, et la prétention de voir cette fonction se développer a échoué. Ce sont les devises locales qui gardent ce rôle.

Reste la monnaie de réserve. C'est là que se situe la fraude : faire croire que le bitcoin aurait plus de valeur que le coût de production d'une pièce est un mensonge. Une fois l'investissement du software (quelques milliers de dollars), le coût de production est de moins de 100 dollars. Bonanza : chaque bitcoin créé donne une valeur de 4 500 % au prix actuel. Mais surtout il n'y a rien derrière le bitcoin : ni une économie, ni des réserves de banque centrale, ni une entreprise qui aurait une valeur.

Comme l'écrivait le *Wall Street Journal*, la volatilité même du bitcoin implique une valeur intrinsèque de zéro. Mais voilà : à l'heure des fantasmes technologiques et des marchés volatils, certain(e)s sont prêt(e)s à croire à n'importe quel miroir aux alouettes.

La réaction des régulateurs est en route

La Chine a longtemps été considérée comme l'un des pays les plus actifs en bitcoin : l'interdiction de vendre et d'acheter et même de produire des bitcoins le mois dernier fait suite à de nombreuses réactions des autorités monétaires. Après la définition absurde par la Federal Reserve du bitcoin comme « devise alternative », la confusion s'était en effet installée et les banques centrales, toujours à l'écoute des marchés plutôt que d'assumer leurs responsabilités, ont refusé de prendre position.

Le Japon a pris ses responsabilités et une réglementation restrictive est maintenant en application. La grande muette est, comme toujours, la Banque centrale européenne. Sans que ce soit une position officielle et une réglementation qui assure une discipline de marché, Vítor Constâncio, le vice-président de la BCE, a dit le 22 septembre 2017 que le bitcoin n'était pas une devise, mais une tulipe, faisant référence à la ruée sur les tulipes au XVIe siècle.

Ce sont cependant les autorités de marché qui sont les plus coupables. Il eût suffi qu'elles décident que les mêmes règles qui s'appliquent aux produits dérivés s'appliquent au bitcoin : transparence, publicité des positions *short*, réglementation des teneurs de marché et traitement sur des Bourses réglementées. Au lieu d'agir, elles ont laissé se développer des « Bourses » de bitcoin qui n'avaient de Bourses que le nom, et ont connu l'une après l'autre des scandales, et mêmes des emprisonnements. Derrière le bitcoin se cache un mécanisme facile de blanchiment d'argent qui, lui, est sanctionné pénalement. Nous sommes en pleine confusion et les réglementations sont de plus en plus urgentes. Pour cela, il faut avoir le courage de confronter les modes financières.

Cette fois, les banques ne sont pas au centre de cette gigantesque manipulation : elles sont pour la plupart restées à l'écart. C'est le monde des « innovateurs de la finance », entendez, maraudeurs, *hedge funds*, fausses Bourses, qui a été à l'origine de cette gigantesque bulle. Mais les autorités de marché n'ont pas voulu ou osé réagir en temps et heure.

Cette expérience qui n'a heureusement pas fait trop de dégâts auprès des investisseurs particuliers continue à poser la question de la psychologie des régulateurs et de leur peur panique d'être perçus comme des ennemis de l'innovation.

C'est ignorer que la finance est un terrain de jeux où les milliards sont parfois légitimes, parfois frauduleux, souvent dénués de toute colonne vertébrale sociale. Il est essentiel que les autorités de marché tirent les leçons de leur gigantesque faillite.

DEUXIÈME PARTIE

Les banques centrales en perdition ?

Les banques centrales ont connu une transformation fondamentale de leur rôle à la fois en ajoutant à leur politique monétaire des moyens non orthodoxes qui limitaient leur indépendance et en exerçant un rôle de plus en plus prégnant comme régulateur des institutions financières et de soutien des gouvernements dont elles n'ont pas eu le courage de se distancer.

Confrontées à un ouragan financier en 2008, les banques centrales ont fait face et tendu un filet de sécurité qui a évité un effondrement de la finance et de l'économie. Les lenteurs des procédés d'intervention publique dans cette crise ne permettaient pas d'intervenir à temps. Ce faisant, elles ont, au fil des dix dernières années, mis le doigt dans l'engrenage d'une politique monétaire qui allait entraîner une perte d'indépendance, des bilans gonflés et des conflits d'intérêts.

Elles ont fait le jeu des États qui les ont amenées de manière plus ou moins oppressive à devenir le principal détenteur d'emprunts d'État de la planète, triplant la taille de leurs bilans et devenant effectivement le bras financier de gouvernements en pleine indiscipline budgétaire. Cette politique a permis un surendettement des États à travers les *quantitative easing* qui ont eu lieu dans toutes les économies importantes de la planète à des degrés divers.

À l'aube de 2018, les banques centrales se trouvent confrontées à une situation qu'elles ne semblent pas en mesure de maîtriser. Comment réduire leur bilan de 15 billions de dollars d'emprunts d'État ? Face à la probabilité d'une crise de la dette souveraine, elles seront directement affectées en tant qu'investisseurs et limitées dans leur capacité d'intervenir pour éviter une déconfiture du marché des emprunts d'État et du secteur bancaire.

Ce qui a changé depuis la crise de 2008, c'est qu'elles sont maintenant une partie intégrante du triangle des Bermudes qui ne leur permettra plus de sauver la planète financière. Elles l'ont fait en connaissance de cause, même si les conséquences de leurs politiques n'étaient pas « intentionnelles ». Elles ne parviendront pas à sortir de ces investissements en emprunts d'État en raison de la taille de leurs actifs.

Alors que la Fed n'a que 21 % de son bilan en emprunts d'État, la BCE atteint 41 % et la Banque du Japon… 80 %. On remarquera que la Fed commence à se désengager tandis que l'Europe et le Japon continuent à accroître leur dépendance par rapport à ce type d'actifs. La situation du Japon est dramatique. Même si la Chine, les États-Unis, l'Europe et le Japon ont approché ce défi de manière différente en raison de leurs situations spécifiques, les banques centrales ne font plus partie de la solution mais du problème de surendettement.

C'est pour cette raison que je prône une scission, sinon juridique au moins fonctionnelle, entre le fonds d'investissement en emprunts d'État qu'elles ont inutilement créé en leur sein et les parties du bilan nécessaires pour conduire la politique monétaire. Les banques centrales détiennent en moyenne un cinquième de la dette des gouvernements.

CHAPITRE 1

La Federal Reserve Bank aux prises avec un double mandat

Le graphique référencé en note de bas de page donne une image colorée de la manière dont la Federal Reserve s'est engorgée d'actifs hypothécaires et d'emprunts d'État bien au-delà de 2008[1].

Comment la Fed en est arrivée là ?

La Federal Reserve porte une lourde responsabilité dans la crise financière de 2008. Son rôle d'autorité de contrôle des banques a échoué au profit de théories économiques et d'une méconnaissance des mécanismes de marché. Elle avait les données lui permettant de voir venir l'orage, mais en a sous-estimé l'ampleur et la concentration.

Elle a été au centre de l'errance de la finance de ces dix dernières années. Son rôle essentiel et incomparable dans le sauvetage de ce qui aurait pu devenir une crise systémique mérite notre reconnaissance. C'est le cœur même de sa fonction : la stabilité

1. Graphique d'Alex Dryden, « Fed balance sheet : will it cause an inflation problem ? », JPMorgan, octobre 2017, https://am.jpmorgan.com/us/en/asset-management/gim/adv/insights/fed-balance-sheet-implications.

Avait-elle le choix ?

Le fait est que l'augmentation spectaculaire de son bilan lui a enlevé la flexibilité et l'indépendance de décision dont elle a besoin. Elle est devenue un « allié objectif » du pouvoir exécutif.

Ce faisant, sa capacité de décider indépendamment a été également écornée par les responsabilités croissantes qu'elle a prises comme autorité de contrôle des banques. Un conflit d'intérêts qu'elle n'est pas disposée à gérer avec transparence.

Un nouveau modèle de banque centrale doit être mis en place qui substitue des zones d'autonomie à une indépendance institutionnelle perdue. Le modèle actuel conduit à des pertes spectaculaires lorsque les emprunts d'État verront leur valeur baisser.

Derrière ce phénomène, la responsabilité ultime revient au gouvernement. Le Trésor américain est devenu une CIA financière plus occupée à mettre en place des sanctions qu'à définir une politique fiscale qui fait de plus en plus défaut aux États-Unis.

Le mea-culpa d'Alan Greenspan

PUBLIÉ LE 24 OCTOBRE 2008

Lors d'une déposition devant la très puissante commission du budget du Congrès américain[4], Alan Greenspan a admis des erreurs idéologiques responsables, en tout cas pour partie, de ce qu'il a appelé le « tsunami financier » que représente la crise des services financiers et des marchés de capitaux aux États-Unis. Cela ne signifie pas que l'héritage très riche de ce président de la banque centrale américaine soit pour autant considéré comme nul.

À l'heure où se dit, se déclare ou s'écrit tout et n'importe quoi sur le rôle des banques centrales, cette admission met en lumière le rôle complexe joué par ces banques centrales. Responsables de la politique monétaire et de la stabilité économique, les banques centrales ont des

4. Edmund L. Andrews, « Greenspan concedes error on regulation », *New York Times*, octobre 2008, www.nytimes.com/2008/10/24/business/economy/24panel.html.

moyens importants, mais jouent essentiellement sur deux paramètres, les opérations de marché de capitaux à travers la vente et l'achat de bons du Trésor et les prêts et dépôts de banques. Cette fonction permet de contrôler la liquidité des marchés financiers en intervenant directement sur ceux-ci.

L'autre est l'arme des taux d'intérêt qui a pour objectif principal de juguler l'inflation. Dans ce domaine, Alan Greenspan a été un orfèvre et un très grand banquier central, tout comme son prédécesseur, Paul Volcker. Son successeur, Ben Bernanke, est un homme plus discret, plus théorique : un académique n'a pas nécessairement des instincts de marché très développés. Il vient de subir le baptême du feu, et s'en sort avec les félicitations du jury.

Mais la Federal Reserve a également une mission, qu'elle partage avec l'autorité de marché, la Securities and Exchange Commission (SEC), et le secrétaire au Trésor (ministre des Finances) : maintenir la stabilité des institutions et des marchés financiers. Ce rôle, que l'on voudrait aujourd'hui étendre à toutes les banques centrales, peut créer de redoutables conflits d'intérêts. Faut-il privilégier en ce moment la lutte contre l'inflation pour éviter une récession avec hausse des prix (ce que fait admirablement Jean-Claude Trichet, président de la Banque centrale européenne), ou des taux d'intérêt bas pour aider les institutions financières (ce qui est la priorité de la Federal Reserve) ? C'est sur ce sujet qu'est intervenu Alan Greenspan aujourd'hui.

L'erreur qu'il reconnaît, c'est d'avoir fait confiance aux données qui le confortaient dans la certitude qu'il n'y avait pas de risque systémique pour les institutions et les marchés financiers. C'est dans ce contexte qu'il s'est opposé à la réglementation des *hedge funds* et des opérations de *private equity*, alors même que cela signifiait que plus de la moitié des activités de la sphère financière demeureraient sans réglementation.

Il a particulièrement reconnu que son opposition à la réglementation des produits dérivés était basée sur une confiance excessive dans les opérateurs de marché et la capacité des marchés de s'autoréguler. Sa déclaration de mai 2005 constituait un vrai credo : « L'autorégulation est plus efficace pour éviter la prise abusive de risques que la réglementation gouvernementale. »

Même s'il le regrette, l'ancien président de la banque centrale américaine a dû admettre qu'il fallait imposer aux institutions de garder une partie significative des transactions qu'elles dirigent afin de s'assurer qu'elles prêtent attention aux risques que ces transactions génèrent.

Il y a une candeur surprenante chez cet homme, par ailleurs remarquable, quand il se déclare surpris de constater que les institutions financières ont failli aux règles de bonne gestion de leurs risques. N'a-t-il pas vécu plusieurs crises précédentes qui avaient en commun cette « faiblesse d'exécution » des banquiers ?

Le rôle de la Federal Reserve doit inévitablement être remis en question. La compatibilité des objectifs de politique économique, fiscale et monétaire dans un contexte de stabilité financière a soulevé des doutes sur la structure même de la banque centrale américaine, y compris sa gouvernance. Ce que Mohamed El-Erian décrit comme « *The Only Game in Town* », que je traduirais comme « le seul pouvoir en action », démontre bien l'impuissance des gouvernements face à laquelle les banques centrales se sont retrouvées au four et au moulin[5].

Redéfinir le rôle des banques centrales ?

Publié le 19 novembre 2009

La semaine dernière, le très puissant président de la Commission du Sénat pour les affaires bancaires, Chris Dodd, a adressé une proposition qui s'écarte sur un point fondamental de la proposition de l'administration Obama. Elle renvoie le système de la Réserve fédérale à son rôle initial, celui d'instrument de la politique monétaire et refuse notamment d'en faire l'instance suprême du contrôle des vingt-cinq institutions considérées comme présentant un risque systémique. Ce faisant, il ouvre un débat qui était de toute façon lancinant : les banques centrales sont-elles le meilleur régulateur des institutions financières ? Les arguments vont dans tous les sens, mais si l'on souhaite se limiter au fond du débat, quelques ingrédients explosifs rendent la discussion houleuse.

C'est un secret de polichinelle que les gouvernements ont une aversion profonde pour l'indépendance des banques centrales. Dans presque tous

5. Mohamed A. El-Erian, *The Only Game in Town*, Random House Publishing Group, 2016.

les pays développés, et en particulier dans les statuts de la Banque centrale européenne, de la Federal Reserve, de la Banque d'Angleterre et de la Banque du Japon, une série de pare-feu ont été créés pour empêcher une emprise sur la banque centrale qui nuirait à sa capacité de maintenir une forme d'orthodoxie financière dans les économies. Pour des politiques, ne pas pouvoir dominer ou manipuler cette institution importante du pays est vécu comme un affront personnel. On se souviendra notamment de la manière dont, en début de mandat, le président Sarkozy s'est attaqué à la Banque centrale européenne. Le Congrès américain n'aime pas cette indépendance non plus.

Mais les banques centrales ne sont pas parfaites. Gardiennes du temple de l'orthodoxie financière, elles ont complètement échoué, Alan Greenspan en tête, dans leur rôle d'anticipateurs des crises systémiques, et en particulier du tsunami qui a déferlé depuis l'été 2007 et qui, doucement mais sûrement, commence à reculer de nos plages. Cet aveuglement majeur, qu'elles partagent avec le Forum de stabilité financière de Mario Draghi, a des explications plus ou moins sincères. Mais cet échec a incontestablement entamé leur crédibilité et est à l'origine de la hargne avec laquelle certains sénateurs s'acharnent sur la Réserve fédérale et de la raison pour laquelle les gouvernements européens n'ont pas voulu étendre les pouvoirs de la Banque centrale européenne.

[...] Les banques centrales ont démontré combien elles étaient indispensables à la gestion des crises. Sans leurs interventions, nous serions en faillite complète. Les gouvernements ont, pour ce genre de décision, une lenteur qui est à la mesure du système démocratique et, pour des interventions d'exception, doivent obtenir l'approbation du Parlement. On l'a vu de manière évidente lors du cafouillage d'un certain week-end d'automne à Washington lorsque les républicains ont refusé de voter le plan Paulson soutenu par George W. Bush. La Federal Reserve était intervenue pour des montants supérieurs bien avant que cette loi soit votée. Enfin, je crois à la responsabilisation : ce sont ceux-là mêmes qui devront intervenir en cas de crise qui doivent avoir les outils permettant de l'éviter. C'est donc vers un renforcement des pouvoirs des banques centrales que nous devons aller. Pour que cette réforme ait du sens, elle devra être soigneusement préparée et concertée au niveau mondial. Quel que soit le système mis en place, il faudra assurer qu'au sein de la Banque des règlements internationaux, du Fonds monétaire international et du

Conseil de stabilité financière, les mécanismes de coordination rendent possibles des actions concertées pour éviter et, en cas d'échec, amortir un éventuel prochain tsunami financier.

Les trois étapes du quantitative easing *n'ont pas réussi dans leur mission*

Pour comprendre l'enjeu du *quantitative easing* (QE), il faut savoir qu'il s'agit d'achats massifs de crédits hypothécaires (1,7 billion de dollars) et d'emprunts d'État (2,4 billions) pour aider les banques. Ces politiques ont injecté en dix ans des liquidités qui ont diminué les taux d'intérêt et effectivement favorisé les emprunteurs au détriment des investisseurs.

Si la première phase était justifiée par un soutien à des banques en difficulté, le QE2 et le QE3 ont suivi d'autres objectifs. En poursuivant une politique qui n'a pas produit les fruits désirés, la Fed a effectivement permis au gouvernement américain d'emprunter à des taux très inférieurs aux risques de crédit et de durée associés à ses obligations. Elle porte donc une part non négligeable de la responsabilité de l'explosion de l'endettement des États-Unis. Toutefois, il faut réaliser que l'encours des emprunts d'État de la Fed (2,1 billions de dollars) représente 10 % de la dette publique américaine. À titre de comparaison, celui de la BCE excède 20 % et celui de la Banque du Japon frôle les 50 %.

Le pari de la Fed menace l'économie mondiale

PUBLIÉ LE 8 NOVEMBRE 2010

La Federal Reserve vient de proposer ce qui est devenu le QE2 (QE pour *quantitative easing*). Il ne s'agit pas d'un paquebot de luxe, mais d'une injection de l'ordre de 600 milliards de dollars dans l'économie sous forme de rachats aux investisseurs de bons du Trésor américain. De Pékin à Brasilia, cette mesure a été critiquée comme menaçant l'économie mondiale.

> [...] Cette mesure-ci aura un impact immédiat : la baisse du dollar. En effet, l'injection de ces liquidités va continuer à maintenir les taux d'intérêt américains à un niveau indécemment bas. Ils ne couvrent plus la prime de risque que les investisseurs exigent face à un pays surendetté.
> Le but de cette mesure est de stimuler l'économie et de relancer l'emploi. Mais les États-Unis souffrent de problèmes économiques structurels. Contrairement à ce que l'on pourrait attendre, les investissements directs aux États-Unis sont négatifs de 200 milliards de dollars. Cela veut dire que les investisseurs étrangers ont « rapatrié » leurs investissements aux États-Unis qui ne sont plus perçus comme productifs, vu les problèmes structurels de l'économie américaine.
> En matière d'investissements financiers, la situation risque de se détériorer également. À la recherche de rendements, les investisseurs vont être amenés à acheter des *junk bonds*, à savoir des obligations à haut risque. Le profil de risque des marchés financiers va donc se détériorer. Il en sera de même des banques qui vont, à nouveau, se fragiliser.
> Certes, les entreprises vont se financer sur les marchés de capitaux à des taux avantageux, mais le secteur n'est pas emprunteur net pour le moment. Il émet des obligations et rembourse les banques. Cela veut donc dire, en clair, que l'économie pourrait ne pas être stimulée du tout.
> Paul Volcker vient de rappeler à Séoul lors d'une conférence qu'au niveau actuel des taux américains, une telle injection de liquidités n'aura pas d'effet. Deux au moins des gouverneurs de la Federal Reserve sont en désaccord avec son président.
> [...] L'irresponsabilité américaine menace l'économie mondiale. Compte tenu de sa taille, la Federal Reserve, comme l'écrivait Pierre-Antoine Delhommais dans *Le Monde*, « est notre banque centrale et votre problème ». Pour tous les avantages que les États-Unis retirent de leur position dominante, ils ont des devoirs. En une semaine, deux mesures ont mis en valeur l'irresponsabilité internationale des autorités américaines. Leur silence, ces derniers jours, est assourdissant.

La Federal Reserve a lancé son programme de *quantitative easing* bien avant les autres pays. Depuis l'élection de Donald Trump, la hausse des taux à long terme a permis à la Fed d'augmenter ses taux à court terme. Elle a par ailleurs clos son programme dès le début de l'année 2015, alors que le Japon et l'Europe n'y ont toujours pas mis fin. La baisse des actifs de la Fed reste modeste, 150 milliards de dollars.

Alors que les taux à dix ans du Japon (0 %) et de l'Allemagne (0,5 %) restent proches de zéro, les taux américains dépassent maintenant 3 %, ce qui permettra aux États-Unis de prendre des mesures en abaissant les taux, là où ses deux grandes contreparties se trouveront impuissantes.

Les attaques en règle de la Maison Blanche contre le nouveau président de la Federal Reserve, Jay Powell, se trompent de cible : si les taux augmentent, c'est en raison de l'endettement public et privé, et la banque centrale américaine tente de maintenir une forme de stabilité financière.

CHAPITRE 2

La BCE au four et au moulin

> « La BCE est prête à faire tout ce qui est nécessaire pour préserver l'euro. Et croyez-moi, ce sera suffisant. […] Si les primes de risque sur la dette souveraine handicapent la transmission de la politique monétaire, elles entrent dans le cadre de notre mandat. »
>
> Mario DRAGHI,
> président de la BCE, 26 juillet 2012[1]

Dès 2008, la BCE a dû intervenir pour faire face à une double crise, Industrie Kreditbank en Allemagne et la suspension de remboursement de fonds de la BNP Paribas.

Pour juger objectivement la performance de la Banque centrale européenne, qui regroupe l'ensemble des banques centrales de l'Union européenne, il est indispensable de souligner sa difficulté d'être. D'une part, au lieu de dépendre d'un seul gouvernement, elle doit tenir compte des avis de 25 États membres. Ce ne serait rien si ne s'y ajoutait le fait qu'elle fut créée sans que l'Union européenne se soit dotée d'une politique budgétaire commune. Il n'y a pas de ministre des Finances, ni de pouvoir de taxation au niveau

1. *L'Express L'Expansion*, « La BCE est prête à faire tout ce qui est nécessaire pour préserver l'euro », juillet 2012, https://lexpansion.lexpress.fr/actualite-economique/la-bce-est-prete-a-faire-tout-ce-qui-est-necessaire-pour-preserver-l-euro_1372451.html.

européen. Dans la gestion de l'euro, elle en réfère à 19 pays pour une population de 340 millions d'habitants, équivalente à celle des États-Unis.

Pour cette raison, ses statuts ne lui permettent pas de financer les déficits des États membres, même si elle détient plus de 2 billions d'emprunts d'État des pays de l'Union. Elle est donc devenue responsable, *de facto*, de la politique monétaire et de la coordination d'une politique budgétaire éclatée. Depuis la crise financière, la Commission européenne s'est dotée d'un pouvoir de contrôle des budgets des États membres. Elle s'est trouvée confrontée à des pays comme la Grèce qui ont atteint des sommets d'endettement. Plus récemment, elle se trouve en face d'un gouvernement italien dont le budget excède les paramètres autorisés. Osera-t-elle s'y opposer ?

Il faut lui rendre justice : la BCE a crié sur tous les toits qu'il était indispensable que les gouvernements de l'Union européenne suivent une politique budgétaire disciplinée et ce sont les États membres qui ont encouragé une politique monétaire qui les intéressait. Les interlocuteurs des autorités européennes étaient les grands argentiers (emprunteurs) de l'Union européenne dont l'objectif était de réduire le coût de leur endettement. C'est au niveau des États membres que la responsabilité de la situation actuelle se situe.

Enfin, elle est devenue le régulateur des banques dites « systémiques ». Pour ce faire, elle a incité la zone euro à créer une Union bancaire indispensable au dispositif de l'euro.

Mais, en se lançant dans le *quantitative easing*, la BCE a fait fausse route, prétendant le faire pour promouvoir l'emploi et la croissance qui ne furent pas au rendez-vous. S'obstinant à racheter des dizaines de milliards d'euros chaque mois, elle s'est gonflée comme la grenouille de la fable. Risque-t-elle d'éclater ?

Avec un bilan de plus de 4 000 milliards d'euros, elle est maintenant devenue fragile et sa capacité de faire face à ses obligations en cas de crise est réduite. S'y ajoute le fait qu'elle ne peut pas se permettre de réduire son bilan sans créer un risque systémique, qu'elle a elle-même nourri.

La crise de liquidité qui s'ensuivra se transformera en une crise de crédit européen en moins de temps qu'il ne faut pour le dire. La BCE a-t-elle vraiment envisagé ce risque lorsqu'elle s'est lancée dans l'aventure des *quantitative easing* ?

La BCE prête aux banques 1 billion d'euros en deux mois

Utilisant un de ses instruments de politique monétaire, la BCE a décidé à la fin 2011 de lancer un programme connu sous le nom de son acronyme LTRO (*Long-Term Refinancing Operation*). Les banques pouvaient emprunter sans plafond à un taux de 1 % à trois ans.

Ce faisant, elle prenait un risque de montant et de taux. Mais elle effaçait les différences de risques entre les banques de pays en difficulté (particulièrement les banques d'Europe du Sud) qui ont été les principaux bénéficiaires de cette facilité et les banques des pays plus disciplinés. En clair, elle effectuait un transfert des banques les mieux gérées en faveur des banques les moins stables.

Contrairement à ce que la BCE a prétendu, elle ne pouvait ignorer que cette facilité serait utilisée par les banques, non pas sous forme de crédits aux entreprises (qui n'en avaient pas besoin en période de récession) mais pour rembourser des emprunts plus chers et pour souscrire… des emprunts d'État[2].

J'ai pour Mario Draghi, que je connais depuis longtemps, une admiration réelle : sa remarquable intelligence est couplée à une capacité de monter une forme de *commedia dell'arte* qui lui a permis de bluffer ses admirateurs, les gouvernements et les marchés

2. Luisa Carpinelli, Bank of Italy et Matteo Crosignani, Federal Reserve Board, « The effect of Central Bank liquidity injections on bank credit Supply », octobre 2016, www.frbatlanta.org/-/media/documents/news/conferences/2016/1201-impact-of-extraordinary-monetary-policy-on-the-financial-sector/papers/carpinelli-crosignani-effect-central-bank-liquidity-injections-on-bank-credit-supply.pdf.

en leur faisant avaler des couleuvres sous forme de déclarations définitives.

La Banque centrale européenne prend-elle un risque exorbitant ?

Publié le 21 décembre 2011

Financer les banques européennes à trois ans à un taux de base de 1 % est une absurdité. Cette mesure a d'ailleurs rencontré un succès de 489 milliards d'euros en quelques heures auprès de plus de 500 banques de la zone euro. Connaissant Mario Draghi, son président, comme un homme prudent et ayant trouvé ses interventions pour défendre l'intégrité du rôle de la BCE courageuses et conformes aux principes qui régissent le rôle des banques centrales, j'avoue être tombé à la renverse en découvrant l'annonce de ces mesures.

Nous revoilà donc partis dans un sauvetage des banques sur le compte du contribuable.

• Ce dont les banques ont besoin, ce ne sont pas des prêts à des taux bradés, mais des fonds propres. Cela ressemble à un cadeau pur et simple. En effet, les banques européennes empruntent à trois ans à des taux plus élevés.

• Ce cadeau ne reflète pas les primes de risque entre les pays de la zone euro. Ainsi des banques italiennes emprunteront au même taux que les banques allemandes alors que l'écart entre l'Italie (qui vient d'emprunter à 6,49 % à dix ans) et l'Allemagne est de plus de 5 %. Cela favorise donc les banques mal gérées ou provenant de pays ayant une dette exorbitante.

• Le rôle d'une banque centrale n'est pas de subsidier des banques ou des gouvernements mais d'adopter une politique monétaire conforme aux conditions du marché et à l'évolution de l'économie. Sa principale mission est de lutter contre l'inflation. Cette mesure-là est inflationniste. On fait marcher la planche à billets.

• Une banque centrale fonctionne dans l'horizon de la politique monétaire, à savoir au plus loin à un an. Prêter à trois ans est du domaine des marchés de capitaux et non des marchés monétaires. Qui plus est, la BCE n'emprunte pas à moyen terme. Elle sera donc structurellement en risque de taux et de duration sur ces prêts.

• La Banque centrale européenne a déjà un bilan de 2 400 milliards d'euros, elle vient de l'augmenter de 20 % en huit heures. Il va falloir rapidement trouver l'argent nécessaire pour injecter des fonds propres dans la BCE elle-même. Où va-t-on trouver cet argent ? Sur le compte du budget des États membres ?

• Cette opération lance une forme de SOS par son ampleur et sa durée : quelques banques européennes avaient besoin de 110 milliards de fonds propres. Pourquoi brusquement 489 milliards de prêts à court terme sont-ils octroyés ?

• Cette mesure favorise les banques au détriment d'autres détenteurs d'obligations de la zone euro, comme les compagnies d'assurances ou les fonds de pension. Que feront-elles de ce cadeau de Noël ? Prêter à l'économie ? Arrêter de vendre les obligations des États de la zone euro ? À 1 % de taux d'intérêt, elles ne peuvent que gonfler leurs profits. Que les banquiers et les gouvernements se frottent les mains n'est pas surprenant. La BCE, ne pouvant pas acheter en direct d'obligations des États membres, use d'un subterfuge : elle prête aux banques qui mettent en gage les obligations de ces États. En clair, la BCE vient de racheter indirectement 500 milliards d'emprunts des pays de la zone euro par banques interposées à des conditions inférieures au fonds européen de stabilité financière. On est dans le désordre absolu. Les prochains jours permettront de voir si cette injection massive de liquidités dans le secteur bancaire européen aura un effet durable.

Comme l'écrit *Le Monde* : crédibilité oblige, son président, Mario Draghi, s'est employé à nier toute volonté d'aide aux États devant le Parlement européen, en invoquant les « limites » du traité européen, qui « interdit le financement monétaire » des États de la zone euro.

Le traité qui institue la BCE lui donne les pouvoirs d'intervention d'une banque centrale. Il y a une raison impérative pour laquelle la BCE ne peut pas intervenir : elle n'est pas au service d'un État mais de vingt-huit d'entre eux. Ni plus ni moins. Ce que fait la BCE, c'est prendre un gigantesque pari qui n'est pas de son ressort et qui va raviver les doutes sur la zone euro et sur la solidité de la banque centrale de l'euro.

Mario Draghi vient-il d'ouvrir une boîte de Pandore qu'il ne pourra peut-être pas refermer ? Cela semble être un risque exorbitant. Cette stratégie de l'électrochoc peut réussir sur un corps sain. Dans le contexte européen, c'est un pari redoutable. On ne peut que lui souhaiter de réussir : ce serait bon pour l'Europe et pour le monde. Il aura au moins eu le courage de faire la seule chose utile : agir.

Les attentes des investisseurs et des marchés peuvent se résumer dans un rôle : le sauvetage des États. Outre que cela ne fut jamais la fonction d'une banque centrale, dans le cas de l'Union européenne, les statuts de la BCE excluent ce type d'opération. La raison en est simple : alors que, typiquement, les banques centrales sont le produit d'un État, la BCE a vingt-huit États actionnaires. Elle ne peut prendre en charge les errances de la politique budgétaire de chacun de ces États. Elle justifiera son intervention au sein de la zone euro par sa fonction de gardien de l'euro : cet argument ne passerait pas le test de sa constitutionnalité européenne. Tout au cours de ces dix années, il a été impossible de contester la BCE sans courir le risque de déstabiliser l'euro. Cela ne rend pas légitimes ses interventions.

La Banque centrale européenne n'est pas le dépotoir des États

Publié le 2 octobre 2014

« La BCE déçoit » et les marchés boudent à la suite des déclarations du président de la BCE, Mario Draghi, ce jeudi. La belle affaire. Laissons les traders à leurs illusions. Il semblerait cependant que la BCE soit prête à augmenter son bilan de 1 000 milliards d'euros, retournant au niveau de 2012, soit plus de 3 000 milliards d'euros. L'histoire ne dit pas d'où viendront ces fonds : de dépôts bancaires ?

Ces dernières semaines ont été le théâtre d'initiatives en tous genres autour de la Banque centrale européenne. Au moment où la transition des pouvoirs à la Commission européenne se déroule, la BCE est la seule entité européenne qui puisse intervenir de manière immédiate. Cela ne signifie cependant pas que ces interventions soient utiles ou nécessaires.

- Qui comblera le déficit des banques ? Ce ne peut évidemment pas être la BCE. Ce seront soit des augmentations de capital, soit des réductions d'actifs, soit des injections de capitaux par... les gouvernements. La Chine vient d'injecter 81 milliards de dollars dans son système bancaire pour lui permettre de faire face à ses engagements. Comme le fonds de garantie n'est pas encore en place, sur qui pourra-t-on compter ?

- La BCE n'est pas génératrice d'emplois. En Europe, comme aux États-Unis, la même fiction prévaut et satisfait le discours des responsables politiques. Si la BCE et la Fed baissent leurs taux, l'emploi reprendra. L'évidence est contraire : les taux de la Fed ont monté et le chômage a baissé de 9,5 à 5,9 % avec 245 000 chômeurs en moins. Les taux de la BCE baissent et la création d'emplois est en panne. Il y a pour cela une raison évidente : une baisse de 0,50 à 0,25 % des taux de la BCE ne changera pas la décision des entreprises de créer des emplois ou d'investir. Seule la croissance stimulera l'emploi. Elle existe aux États-Unis, pas en Europe.
- La BCE ne doit pas intervenir pour soutenir l'endettement des États. Comme l'endettement des États fragiles (France, Italie) continue à augmenter, et que la croissance n'y est pas, la dette/PIB augmente. La France s'approche de 100 % et l'Italie a atteint 134 %. Ensemble, elles représentent plus de 4 000 milliards d'euros. Qui plus est, les déconfitures de la Banco Espirito Santo (Portugal) et de l'HypoBank (Autriche) ont été financées sur les budgets des États. On comprend mal dans ce contexte pourquoi Mario Draghi insiste sur l'acceptation de prêts risqués sur la Grèce et Chypre.
- La crédibilité de la Banque centrale européenne est essentielle à la stabilité financière de l'Europe. Son bilan s'accroît, la qualité de ses actifs diminue, elle pilote l'euro, fait tout ce qu'il faut pour les dettes souveraines, régule les banques et influence les taux d'intérêt.

L'explosion du bilan de la BCE : de 2 à 4 billions d'euros

Le bilan d'une banque centrale ressemble à s'y méprendre au bilan d'une banque. Elle dispose de fonds propres et emprunte. Elle reçoit elle-même des dépôts d'autres banques centrales, mais la source principale, ce sont des dépôts à court terme de banques.

À son actif, elle détient des titres de dettes ou des prêts directs aux banques. Dans les deux cas, ses débiteurs sont le secteur public et le secteur privé. C'est cette partie des actifs qui fait exploser le bilan des banques centrales : les titres acquis s'accumulent. Ils sont

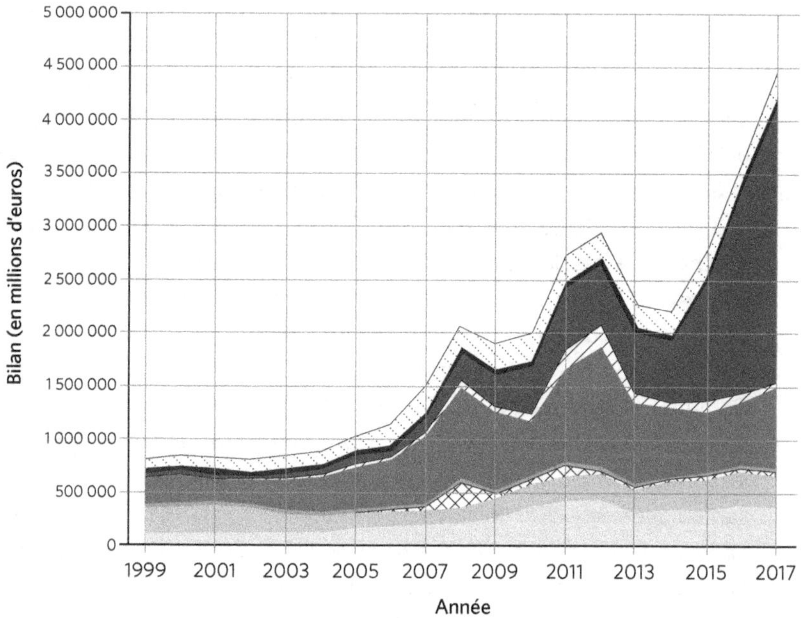

Figure 3[3].

généralement à moyen et long termes alors que le financement est à court terme.

Les banques centrales prennent donc un risque de crédit sur les débiteurs (même si les banques déposent des titres en gage de leurs emprunts) qui sont en grande majorité des États et des institutions financières.

La BCE s'est lancée dans une politique dont il faut bien reconnaître l'ampleur. Dix ans après la crise financière, elle continue à accumuler 60 milliards d'euros par mois, essentiellement en obligations d'État. Ce faisant elle lie son sort à celui des États émetteurs de ces obligations. Dans le cas de l'Europe, ce sont des débiteurs de qualité très inégale avec des pays comme l'Italie qui sont eux-mêmes surendettés.

Ce tableau donne une image claire des investissements mensuels de la BCE dans le cadre du *quantitative easing*.

3. Source : Banque centrale européenne, www.ecb.europa.eu/pub/annual/balance/html/index.en.html.

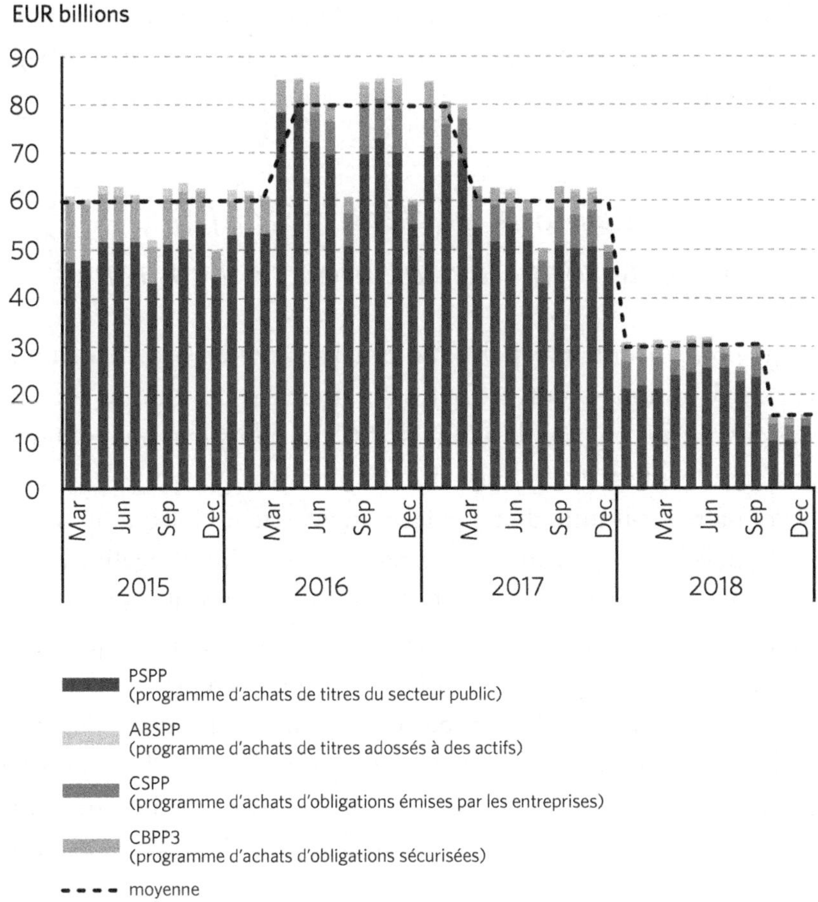

Figure 4[4]**.**

Force est donc de reconnaître que la crédibilité de la BCE repose sur son actionnariat, à savoir les vingt-huit membres de l'Union européenne. C'est pour cela que les banques européennes sont disposées à déposer leurs liquidités auprès de la BCE. Encore faut-il qu'il y ait une stabilité financière et que les banques, sous pression d'une crise de liquidité ou une crise de crédit (ou les deux), ne soient pas incitées à retirer ces dépôts pour faire face à des appels de fonds.

4. Source : Banque centrale européenne, www.ecb.europa.eu/mopo/implement/omt/html/index.en.html.

Dans un tel scénario, ce seront inévitablement les contribuables des États membres de l'Union européenne qui devront soutenir leur banque centrale.

Les taux d'intérêt négatifs sont une forme de taxation de l'épargne

En poursuivant une politique qui l'a amenée à acheter pour près de 3 billions d'euros d'actifs financiers alors que le secteur financier n'était plus en difficulté, la BCE a poursuivi une politique monétaire « alternative » ou « non orthodoxe ».

Peut-être est-il utile de rappeler une évidence : lorsque les actifs sont achetés, leur prix monte. Lorsque le prix des obligations augmente, le rendement baisse, et les nouveaux emprunts se font dans des conditions favorables. Cela est donc éminemment propice aux emprunteurs, que ce soient des États ou des entreprises.

Les investisseurs, à travers ce mécanisme, se trouvent dépouillés d'une rémunération adéquate pour leurs actifs. Plus question de rémunération sur les dépôts bancaires, tandis que les emprunts d'État de première signature se retrouvent proches ou en dessous de zéro.

Comme cet achat affecte des obligations à moyen et long termes, la prime de risque due à l'investisseur pour couvrir la durée de son investissement diminue et dans le cas d'espèce a pratiquement disparu.

Que ce soient les compagnies d'assurances, les fonds de pension, les actifs des institutions religieuses, caritatives ou éducationnelles, tous se retrouvent devant une baisse drastique des revenus de leurs investissements, même si la valeur de leurs actifs monte[5].

---

5. Apref, « Impact de la variation des taux dans un monde de fortes incertitudes sur les politiques financières, enjeux pour la réassurance », avril 2017, https://www.apref.org/sites/default/files/espacedocumentaire/2017-04-13_note_apref_taux_dinteret__0.pdf.

C'est ce biais en faveur des emprunteurs qui constitue le cœur de l'accusation que je partage de comportement non éthique des banques centrales. Expropriation ou taxation déguisée, il s'agit de faire payer les épargnants pour favoriser les emprunteurs, et particulièrement nos États gloutons. Cette politique a des limites, comme le précise le FMI[6].

S'il est une chose que nous sommes nombreux à ne pas pardonner à la BCE, c'est la manière dont elle a entraîné ses taux d'intérêt en dessous de zéro. Personne ne nous convaincra que l'économie avait besoin, pour pouvoir reprendre son activité, de financements à taux d'intérêt négatifs. Qui plus est, c'est aux épargnants que cette manne a été expropriée par la BCE pour favoriser les plus importants emprunteurs : les États. En équité, c'est inacceptable.

L'effet pervers des bas taux d'intérêt constitue un risque social pour l'Europe

PUBLIÉ LE 8 JUIN 2015

Les banques centrales, comme un seul homme, ont artificiellement baissé les taux d'intérêt dans toutes les grandes juridictions. Si encore cette politique avait vraiment produit des fruits mesurables sur l'emploi et l'économie, on pourrait - sans pour autant justifier ces mesures - comprendre ces décisions représentant des billions d'euros à travers le monde.
Le président de la BCE, Mario Draghi, nous annonce que « nous devons nous habituer à la volatilité ». La BCE serait-elle une des sources de la volatilité dans la mesure où elle réduit la liquidité des obligations européennes ? La faiblesse des taux rend la volatilité encore plus grande. Le moindre changement de quelques points entraîne des conséquences dramatiques révélatrices du manque de liquidité sur ces marchés en temps de stress. Comme le disait Andrew Milligan, chef de la stratégie mondiale de Standard Life Investments, la combinaison du QE, de la mauvaise lecture de la croissance à court terme et des effets de l'inflation a entraîné l'éloignement trop important des obligations de leur juste valeur.

---

6. Andy Jobst et Huidan Lin, « La politique des taux négatifs de la BCE a été efficace mais fait face à des limites », FMI, août 2016, www.imf.org/external/french/np/blog/2016/081016f.htm.

Une taxe sur les investisseurs et les épargnants

La baisse des taux d'intérêt bien au-delà de celle de l'inflation constitue une forme perverse de taxation de l'épargne. En réduisant le rendement des obligations de manière brutale, les banques centrales ont fait payer aux investisseurs les avantages que les banques, les emprunteurs et les gouvernements ont pu retirer d'un financement à des taux qui avaient *de facto* éliminé le coût du risque.

En refusant aux investisseurs le légitime rendement de leurs actifs, ce besoin s'accroît jour après jour. Il est, d'une certaine façon, révoltant de constater le désintérêt des têtes dirigeantes face à ce problème. La France, pour ne citer qu'elle, a une économie fragile et ne parvient pas à enclencher le cercle vertueux de l'investissement. D'autre part, et plus tristement, les investissements de long terme et de faible risque se retrouvent bien souvent dans des fonds de retraite, les assurances vie, etc., qui représentent une part bien réelle de la finance. Près d'un tiers des obligations souveraines à court et long terme présente des rendements négatifs. Le FMI estime qu'une persistance en ce sens mettrait en danger 24 % des assurances vie européennes de taille moyenne.

CHAPITRE 3

L'Union bancaire européenne pourra-t-elle décoller ?

Les autorités politiques et financières ont tenté de créer une structure européenne de réglementation basée sur des intentions excellentes, mais il existe des faiblesses inhérentes à leur démarche.

Au départ, il s'agissait d'éviter que les gouvernements aient à intervenir. Malgré cela, en 2017, le gouvernement italien a injecté 20 milliards d'euros dans quelques banques en difficulté, en totale infraction des règles mêmes de l'Union bancaire européenne. Au lieu d'entamer une mise sous tutelle européenne de Monte dei Paschi di Siena, les autorités européennes ont réussi à éviter que la mise sous résolution soit entamée alors que ce mécanisme aurait dû être enclenché. Elke König, la présidente du SRB, était d'ailleurs favorable à une solution privée[1].

La réglementation financière ne créera la stabilité que si elle est basée sur une analyse rigoureuse des risques. Aujourd'hui, ce risque est constitué d'abord par des portefeuilles en emprunts d'État et les crédits au secteur public qui dépassent en moyenne 100 % des fonds propres des banques[2]. Au lieu de gérer ce risque, l'Europe

1. Ferdinando Giugliano, « Srb's Konig backs private solution for Monte dei Paschi », *La Repubblica*, août 2016, www.repubblica.it/economia/2016/08/05/news/_srb_s_konig_backs_private_solution_for_monte_dei_paschi_-145436080/.
2. BCE, données disponibles sur http://sdw.ecb.europa.eu/reports.do?node=10000028.

a opté pour une politique qui sera probablement à l'origine de la prochaine crise. La Commission a choisi de considérer, comme les règles de Bâle III le lui ont permis en décembre 2017, que les emprunts d'État des pays de l'Union européenne ne devaient pas faire l'objet d'une pondération de risque en fonds propres.

En clair, la réglementation financière a décidé de favoriser les emprunts d'État au détriment de la prise en compte de risques d'autant plus substantiels que l'Italie à une notation de BBB, à une encablure du *junk*. La stabilité financière n'a jamais été vraiment l'objectif de la réglementation. Les nouvelles règles ont tenté d'atténuer le risque sans pour autant mettre en question le privilège exorbitant des États.

L'ensemble des gouvernements, pas seulement européens, s'est ainsi assuré que les banques continueront à avoir un appétit immodéré pour les emprunts d'État qui alourdissent leurs risques mais leur permettent des rendements immédiats faciles et comptables.

Lorsque la crise éclatera, ces mêmes autorités diront que telle n'était pas leur intention. Mais ce risque est maintenant totalement prévisible. Qu'elles en aient l'intention ou non, peu me chaut ! Elles ont pris leurs décisions en connaissance de cause et mis en route un tsunami qu'elles ne pourront plus arrêter.

Le projet le plus ambitieux pour consolider la zone euro reste la création d'une Union bancaire européenne. C'est une symphonie inachevée, et son accouchement tout comme sa réalisation se sont déroulés dans la douleur.

Il manque le troisième pilier : un système de garantie mutuelle des banques au niveau européen. Les Allemands, tout en se montrant favorables, y mettent des conditions qui ne se réaliseront probablement jamais. Mais là n'est pas le débat : les gouvernements voudraient que ce mécanisme couvre les risques de future crise bancaire. Il y a une raison pour laquelle même les États-Unis ont accepté un mécanisme de recapitalisation du FDIC par le Trésor public. Le faire exclusivement au niveau des banques est illusoire.

L'accouchement douloureux d'une réglementation financière européenne

Mettre en place une réglementation européenne n'a pas été aisé. Trois questions de base se posaient :

- Quels sont les rôles respectifs des autorités de contrôle européennes et nationales ? La question du principe de subsidiarité a effectivement été éludée. Il fallait donc obtenir l'accord des États membres sur une forme de dévolution de juridiction au niveau européen.
- Quelle partie de la réglementation devait être l'objet de directives s'imposant à l'ensemble des pays membres ? Les systèmes financiers nationaux étant différents, et parfois divergents, il fallait trouver un terrain d'entente.
- Comment s'organisera l'autorité de l'Europe dans la gestion de crises affectant des institutions bancaires de la zone euro ? C'est l'objet de l'Union bancaire européenne.

Dans un tel contexte, on comprend que l'accouchement de cette réglementation ait été difficile.

L'Europe veut renforcer la réglementation financière

PUBLIÉ LE 24 FÉVRIER 2009

Les orientations prises sur le besoin de réglementation par les pays européens membres du G20 (Allemagne, France, Grande-Bretagne et Italie) accompagnés comme à Washington de l'Espagne et des Pays-Bas sont importantes dans la mesure où elles constituent la plateforme commune pour la réunion des ministres des Finances du G20 à Londres le 2 avril.

1. La lutte contre les paradis fiscaux – une revendication française et britannique : on retrouve là une obsession du moment. Les paradis fiscaux sont une engeance, mais ils sont à l'extérieur de l'Europe, et il s'agit donc de mesures qui ne constituent pas un changement de réglementation financière et n'affecteront pas la manière dont les marchés financiers opèrent. C'est donc un bon sujet à débattre

puisqu'il ne fâchera pas (sauf bien sûr si l'on commence à montrer du doigt Monaco, Andorre, ou pire, le Luxembourg qui a le tort de n'être pas présent parmi les « Grands »). Je puis paraître cynique, mais je persiste et signe : ce ne sont pas les paradis fiscaux qui sont à l'origine de la crise financière qui s'est déroulée chez nous, au nez et à la barbe des autorités de régulation.

2. Quant aux *hedge funds*, ils ne sont pas réglementés pour le moment. Lorsqu'on parle d'un « meilleur contrôle », on semble ignorer qu'il faudra l'instituer. Et, pour ce faire, la coopération des États-Unis, où des milliers d'entre eux ont élu domicile, sera difficile à obtenir. Ce blog a toujours milité pour une réglementation spécifique et uniforme, et il est heureux de voir que ce sujet est considéré comme important. Il est cependant dommage que la nature de cette réglementation ou « supervision des marchés » (pour ne pas heurter les Britanniques) ne soit pas précise. Cela semble une source de désaccord.
3. Une surveillance accrue de la rémunération des traders, voire des dirigeants de banque, s'impose en effet. Toutefois la référence aux décisions du président Obama ignore que celui-ci les limite aux entreprises faisant l'objet d'aide gouvernementale. Ce sujet est cependant crucial et n'a de solution que sur le plan mondial. Et c'est pour cette raison que la position européenne insiste sur le fait que les rémunérations des traders ou des dirigeants de banques soient basées sur les performances à long terme, et non à court terme. C'est en effet cette perspective qui est indispensable.
4. Le contrôle des agences de notation est un sujet important, et le fait que l'Europe décide de le mettre sur la table du G20 est un signe encourageant dans la mesure où il évite que des mesures sur ce sujet délicat soient prises au niveau mondial, plutôt que localement.

Les premiers pas de l'Union bancaire européenne

Il aura fallu neuf mois pour accoucher d'un concept de réglementation européenne. C'est le désaccord entre la France, trop heureuse de satisfaire ses banquiers, et l'Allemagne, dont la rigueur budgétaire était un élément essentiel de sa politique, qui retardait cet accord. Sur la plage de Deauville, lors d'un sommet européen, est né un projet qui a servi de base à la nouvelle réglementation européenne.

« Le volet relatif à la supervision restait cependant à définir et à organiser. C'est ce qui a été acté en juillet 2013 avec la définition du "Mécanisme de supervision unique" (MSU) qui vise à transférer à la [...] BCE la responsabilité de la supervision des principales banques européennes.

L'instauration d'un système harmonisé de gestion des défaillances bancaires, qui permet à la fois de préserver la stabilité financière du système bancaire en cas de crise et d'assurer que les finances publiques nationales ne seront pas mises à contribution dès qu'une situation de fragilité est constatée.

La mise en place d'une garantie des dépôts uniformisée au sein de l'Union européenne n'est pas acquise. Cet élément est central pour assurer la confiance des épargnants et des déposants dans la solidité du système bancaire européen et notamment leur garantir qu'en cas de défaillance de la banque dans laquelle ils ont ouvert un ou plusieurs comptes, leurs économies ne seront pas affectées[3]. »

À ce jour les deux premiers piliers ont été mis en place. Le troisième pose encore des problèmes de principe et financiers.

Angela Merkel et Nicolas Sarkozy réclament une réforme financière

PUBLIÉ LE 2 SEPTEMBRE 2009

La chancelière allemande et le président français ont adressé une lettre au président de l'Europe, le Premier ministre suédois, en préparation du sommet du G20 à Pittsburgh, les 24 et 25 septembre. Ils y indiquent clairement leur souhait de construire un consensus au niveau européen. Plus l'Europe travaillera en harmonie pour changer les règles du jeu, mieux nous nous porterons. C'est absolument indispensable.

---

3. « Le portail de l'économie, des finances, de l'action et des comptes publics », www.economie.gouv.fr/facileco/trois-piliers-union-bancaire-europeenne.

Sur quoi ces deux leaders européens se sont-ils mis d'accord ?

Encadrer le secteur financier pour éviter de retomber dans une crise semblable ? Ne sommes-nous pas tous d'accord ? La différence, c'est qu'aux États-Unis, cet encadrement commence à prendre place à un rythme accéléré. La dernière proposition émanant de l'administration Obama concerne les produits dérivés sur crédits et fait déjà hurler les financiers. En Europe, il n'y a pas encore la moindre proposition commune à soumettre aux chefs d'État et de gouvernement et au Parlement européen. Ce qui sera probablement chose faite à la fin de l'année aux États-Unis n'existe même pas actuellement au stade de projet en Europe.

Sur les bonus, les grandes lignes - à savoir payer les bonus sur une plus longue période ainsi que la pondération des bonus des traders par les risques qu'ils assument - semblent évoluer vers un consensus. La France et l'Allemagne ont déjà pris des mesures dans ce domaine. Lesquelles ? Y a-t-il une législation qui ait été proposée, voire votée, par le Parlement allemand ou français dans ce domaine ? Quant à l'idée d'un plafonnement des bonus, si louable qu'elle soit, elle aurait les mêmes effets pervers que les contrôles des prix dont l'inefficacité est largement reconnue.
L'attaque frontale sur la City de Londres assure une négociation malaisée avec le gouvernement britannique en préparation du G20. Que faudra-t-il pour que nos dirigeants comprennent que c'est avec la City et non contre elle que l'on parviendra à réformer le système ? Pour le moment, elle croît et embellit, elle recrute et prospère. Et si nous voulons transférer ce qui reste d'activité du continent vers la perfide Albion, il suffit d'agiter le spectre de la taxe « Tobin » de sinistre mémoire : elle n'a jamais rien rapporté et a eu des effets catastrophiques sur les pays qui l'ont imposée, à commencer par les États-Unis qui ne seront jamais d'accord avec cette approche.

La réglementation financière européenne est-elle efficace ?

Pour être efficace, une réglementation financière doit tenir compte des réalités concrètes qu'elle entend réguler, des produits financiers et de leur rôle dans les marchés de capitaux et les conséquences prévisibles de son action.

L'Europe a confié à Jacques de Larosière le soin de mettre sur pied un groupe qui a réfléchi à ces aspects[4]. Erkki Liikanen fut ensuite en charge d'un collège d'experts. Ce furent des exercices utiles qui créèrent le cadre institutionnel de l'Union bancaire européenne[5].

Réglementation financière européenne : le rapport de la commission Larosière est une occasion manquée

PUBLIÉ LE 5 MARS 2009

Le rapport de la commission présidée par Jacques de Larosière est important, dans la mesure où il tente d'améliorer la réglementation financière en Europe.

Publié la semaine dernière, il rassemble les conclusions d'une série d'acteurs de la scène financière. On ne peut nier que d'avoir mis Jacques de Larosière, ancien directeur général du FMI, de la Berd et ancien gouverneur de la Banque de France, à la tête de cette commission permettait d'espérer des conclusions robustes et dérangeantes.

Le principal sujet de ce rapport est le cadre institutionnel de réglementation financière de l'Europe. S'il est une chose que la crise financière nous a apprise, c'est que l'absence de rôle fiduciaire de la Banque centrale européenne sur les banques et l'absence d'une autorité de marché en

4. Trésor. « Le rapport de Larosière », octobre 2008, www.tresor.economie.gouv.fr/Ressources/3895_Le-rapport-de-Larosiere.

5. Commission européenne, « High-level Expert Group on reforming the structure of the EU banking sector », octobre 2012, https://ec.europa.eu/info/system/files/liikanen-report-02102012_en.pdf.

Europe avaient sérieusement déforcé l'Europe, condamnée à des sommets louables mais sans moyens d'action. On aurait pu espérer que la gravité de la crise financière que nous avons traversée serait suffisante pour mobiliser les énergies et doter l'Union européenne d'une autorité commune assurant une application et une exécution des règles financières plus cohérentes au niveau de l'Europe.

Malheureusement, le rapport n'ose pas, ne peut pas ou ne veut pas suggérer la seule chose qui aurait du sens : l'établissement d'une autorité européenne de contrôle des marchés, dotée d'une capacité d'intervention, voire de poursuites contre les fraudes à l'intérieur de l'Union européenne. Elle lui a préféré un « Conseil européen de surveillance du risque systémique » qui eût été mieux placé à la Banque centrale européenne.

N'avons-nous donc rien compris en dix ans ? Le problème n'est pas dans la définition de règles communes : les mécanismes des directives européennes existent. Il s'agit d'une capacité d'intervention, d'une application commune des directives, et surtout d'un organisme permettant de traquer les fraudes et autres irrégularités à travers l'Europe, avec droit d'intervention. Les ministres des Finances des pays membres vont se réunir à Londres pour mettre en application les impulsions du G20. L'Europe a publié sa position commune qui est précise sur les convergences, et vague sur les sujets qui fâchent.

L'Union bancaire européenne consolide la zone euro

Réclamée à cor et à cri par les gouvernements de la zone euro et par les autorités européennes, l'Union bancaire européenne est en principe devenue réalité juridique. Six ans après, cependant, elle continue à se heurter à une quasi-impossibilité de créer un système d'assurance-crédit mutuel au niveau européen.

L'Union bancaire européenne est-elle réaliste ?

PUBLIÉ LE 17 DÉCEMBRE 2012

Il est à la fois dangereux et nécessaire de démystifier l'Union bancaire. Elle est devenue un cri de ralliement, une sorte de slogan politique qui rassure. Certaines déclarations à l'issue du sommet de Bruxelles de la semaine dernière donnent froid dans le dos. Telle qu'elle est présentée, l'Union bancaire européenne est vouée à l'échec parce que son ambition dépasse les frontières du réalisme. Cela ne condamne pas un effort d'intégration bancaire européenne, mais il est urgent d'ajuster le tir sous peine de voir une ambition légitime sombrer aux oubliettes des utopies.

La supervision par la Banque centrale européenne doit être limitée

À un moment où la BCE est le seul pilier de référence de la crise européenne de l'endettement, lui ajouter une responsabilité d'une telle ampleur et d'une telle complexité semble extraordinaire.

La BCE a ajouté à son rôle de banque centrale celui de soutien financier des pays surendettés, principalement l'Italie et l'Espagne, et de financer des banques. Ce rôle fragilise son bilan et, au nom de l'intérêt de l'euro, contredit ses propres statuts.

Ce qui choque, c'est l'ampleur du mandat de supervision. Autant s'il semble essentiel que la BCE puisse jouer un rôle de régulateur des banques considérées comme systémiquement importantes, on voit mal pourquoi sa juridiction s'étendrait à six mille banques à travers la zone euro.

Laisser les régulateurs nationaux agir pour les banques non systémiques et investir la BCE d'une fonction de supervision des vingt ou trente banques européennes les plus importantes de la zone euro paraissent amplement suffisants et, de surcroît, essentiels à sa stabilité financière.

Les gouvernements ne veulent pas donner à la BCE les pouvoirs nécessaires

En admettant que la BCE se concentre sur les banques systémiques, encore faudra-t-il qu'elle ait le droit d'imposer les mesures nécessaires aux régulateurs nationaux dont le lobby avait déjà torpillé l'Autorité bancaire européenne et ses *stress tests*.

La responsabilité sans l'autorité de pouvoirs statutaires d'intervention est un leurre dangereux : il donne l'illusion d'une régulation européenne mais laisse les pouvoirs nationaux en place.
La sacro-sainte subsidiarité et le respect des souverainetés vont mettre la BCE dans la pire des situations : si tout va bien, elle n'y sera pour rien, mais si une crise se passe, ce sera sa responsabilité. Juridiquement, et politiquement, c'est périlleux. Le SSM est en effet composé de la BCE et des régulateurs nationaux : une belle garantie de discussions sempiternelles de juridiction.

L'idée d'un fonds de garantie des dépôts est inapplicable

Une garantie des dépôts émanant des banques à travers la zone euro pour les banques en difficulté aurait du sens si elle était limitée aux activités bancaires classiques (dépôts et crédits). Y a-t-il une seule banque, un seul gouvernement, qui soit prêt à couvrir le risque du portefeuille de produits dérivés de la Société générale ou de la Deutsche Bank ?
Mario Draghi a, fort heureusement, précisé les limites de l'épure en ajoutant que les systèmes de garantie de dépôts nationaux ne devront pas être fusionnés.

L'Europe n'est pas d'accord sur une structure bancaire

La lecture attentive du rapport Liikanen fait clairement apparaître la complexité de la problématique structurelle : quel traitement pour le négoce de titres sur fonds propres (*Volcker Rule*) ? Quel type de séparation entre l'activité de *trading* et celle de la banque de dépôts ? Quel traitement des risques sur produits spéculatifs ? Mettre en place une union bancaire sur des structures hétérogènes est un emplâtre sur une jambe de bois.
De surcroît, comme l'Europe se paie le luxe d'avoir des actifs bancaires représentant 350 % des PIB nationaux alors que les États-Unis sont à 75 % (rapport Liikanen), les montants dépassent la capacité d'intervention mutuelle et gouvernementale.

Remettre le projet à une dimension réaliste

Les pistes de solutions sont les suivantes :
- limiter le rôle de la BCE aux banques systémiques ;
- donner à la BCE un rôle de régulateur primaire, avec droits statutaires sur les régulateurs nationaux, pour les banques systémiquement importantes ;

- mettre en place un système de mutualisation des risques de dépôts exclusivement au niveau des banques de détail, et exclure les banques globales dont la nature des risques est insoutenable ;
- orienter les travaux sur le rapport Liikanen de telle manière que les structures soient clairement différenciées ;
- plafonner les couvertures de risques ;
- limiter les activités de négoce sur fonds propres à des actifs non spéculatifs et allouer les fonds propres de l'activité de négoce pour compte de clients de manière séparée ;
- mettre en route un processus fondamental de développement des marchés des capitaux européens de manière à diminuer la part des actifs bancaires dans le PIB européen.

Après six ans de création de l'Union bancaire, il est impossible de dire si une crise bancaire dans la zone euro pourra être résolue selon les principes de l'Union bancaire. Les exemples italiens ont démontré la difficulté d'enclencher le mécanisme de résolution des crises. Les mécanismes de blocage politique de la zone euro ne sont pas compatibles avec une gestion de crise.

Le seul exemple d'une réussite dans ce domaine est le sauvetage de Banco Popular en Espagne qui a suivi la procédure de résolution. Son efficacité est due notamment au fait qu'une autre grande banque espagnole, BBVA, était disposée à racheter Banco Popular, ce qui n'a pas permis de gérer en temps réel cette procédure « sans filet[6] ».

Comme le dit la Commission en 2014 : la crise de la zone euro a mis en lumière le cercle vicieux pouvant lier les banques aux dettes souveraines. La nécessité d'une union économique et monétaire plus aboutie et mieux gouvernée pour assurer la pérennité de la monnaie unique est devenue évidente. Pour briser ce cercle vicieux, il ne suffit pas de rendre le secteur financier plus solide. Il est nécessaire, en particulier pour les pays qui partagent la même

---

6. *La Libre*, « Un rapport controversé sur le sauvetage de Banco Popular publié à Bruxelles », février 2018, www.lalibre.be/economie/libre-entreprise/un-rapport-controverse-sur-le-sauvetage-de-banco-popular-publie-a-bruxelles-5a74794ecd70f924c7ccb567.

monnaie, d'adopter une approche plus aboutie et plus intégrée, en d'autres termes, de veiller de manière centralisée à l'application des règles par les vingt-huit États membres[7].

L'Union bancaire européenne est née

PUBLIÉ LE 15 AVRIL 2014

Au cours de leur dernière séance avant les élections européennes, le Conseil européen et le Parlement sont arrivés à un accord sur l'établissement d'une Union bancaire européenne *in extremis*.

Ne pas reconnaître la valeur et l'importance de cet effort colossal, pilier essentiel de la zone euro, serait à la fois incorrect et injuste. Incorrect, car des avancées importantes ont été effectuées. Injuste parce que le consensus entre le Parlement, les États membres et la Commission, sous la houlette de Michel Barnier et de ses équipes, a été obtenu difficilement et douloureusement au cours de plusieurs années de négociations et de travaux sérieux. Je m'incline devant ce travail exceptionnel et sa portée historique pour l'Europe.

Même si une bonne partie des 30 actes législatifs européens visent les 28 États de l'Union européenne, le cœur de l'Union bancaire sera les 19 pays de la zone euro. C'est une première limitation.

La surbancarisation européenne crée un monopole de la finance

Le modèle de banque universelle qui caractérise l'Europe a conduit à une surbancarisation de l'Europe qui se traduit par un nexus banques-gouvernements continuant à menacer l'équilibre financier de l'Europe. Les banques ont gagné.

La dépendance bancaire de l'économie réelle et des États et pouvoirs locaux se traduit par deux chiffres : les bilans des banques européennes représentent 350 % du PIB européen, et 75 % au moins des financements passent par les bilans des banques. [...]

7. Commission européenne, « Une réponse exhaustive de l'Union européenne à la crise financière : des avancées importantes en vue de la création d'un cadre financier solide pour l'Europe et d'une union bancaire pour la zone euro », mars 2014, http://europa.eu/rapid/press-release_MEMO-14-244_fr.htm.

La qualité des banques européennes dépend de celle des États

Ce sont les banques qui ont réussi à convaincre leurs gouvernements, et à travers eux la Commission, de ne pas rendre les *stress tests* de 2012 et 2013 trop contraignants. La chute de Dexia en a administré la preuve.

Mais la vulnérabilité des banques européennes se trouve d'abord dans leur portefeuille d'emprunts d'État. Alors que 75 % des fonds propres des banques européennes sont investis en obligations souveraines, le système bancaire européen reste fondamentalement vulnérable aux vicissitudes des budgets et des endettements.

C'est un paradoxe que la stabilité des banques européennes dépende principalement de l'endettement des États. Dans son dernier rapport sur la stabilité mondiale, le FMI met une fois de plus en exergue ce lien qui force les États à soutenir les banques et les banques à soutenir les États.

La complexité du sauvetage des banques

Les années à venir nous réserveront encore des moments de tension, et une crise bancaire n'est pas exclue dans les prochains mois.

Une analyse de la directive en matière de résolution et de sauvetage des banques continue à susciter des inquiétudes. Mario Draghi, le président de la BCE, qui sera aux premières loges de ce sauvetage, a exprimé son inquiétude sur la manière dont ce système sera appliqué. On peut le comprendre : il ne faut pas moins de trois comités pour déclarer qu'une banque doit être mise sous surveillance. Dans chacun des trois, la Commission et les États membres ont le contrôle de la décision qui sera probablement plus politique que technique. On imagine mal comment la France ou l'Allemagne accepteront des décisions européennes pour leurs principales banques. Elles ont cependant donné leur accord sur cette supervision.

Les stress tests : *pourquoi l'Europe est-elle laxiste ?*

Tout de suite après la crise financière en 2009, les États-Unis ont entamé et publié des *stress tests* dont l'effet a été immédiat. Ils ont redonné confiance dans les actions bancaires et leur crédibilité.

L'année suivante, le premier *stress test* a été lancé par l'Autorité bancaire européenne. À la différence des États-Unis, les *stress tests* de l'ABE ont été « encadrés » par le pouvoir politique et instrumentés par les banques qui refusèrent tout risque de crise de la dette souveraine de leurs États. Leur alliance objective portait sur un point critique : le refus par les autorités européennes d'envisager une crise de la dette souveraine qui représente une partie importante du bilan des banques (environ 10 %). La justification fut de prétendre que les États ne peuvent pas tomber en faillite.

En 2011, ce sont ces mêmes autorités qui ont forcé le secteur privé à diminuer de 50 % le montant nominal de la dette grecque sans pour autant participer à cette restructuration. Il fallait à tout prix éviter une déclaration de défaut de la dette grecque. En attendant, la fiction selon laquelle le risque souverain ne doit pas être pondéré s'est effondrée.

Cette théorie a continué et les hypothèses des *stress tests* européens sont fixées par la Commission européenne qui ne va certainement pas envisager un risque d'effondrement de la dette européenne, et en particulier de l'Italie.

C'est pour cette raison que les *stress tests* européens, acclamés par les États membres trop heureux de pouvoir prétendre à la bonne santé de leurs banques, n'ont jamais convaincu outre-Atlantique. C'est dès lors vers les *stress tests* américains qu'il faut se tourner pour découvrir les déficiences de la Deutsche Bank ou de Banco Santander[8].

---

8. *Les Échos*, « *Stress tests* : Deutsche Bank et Santander recalées par la Fed », mars 2015, www.lesechos.fr/11/03/2015/lesechos.fr/0204219504621_stress-tests-deutsche-bank-et-santander-recalees-par-la-fed.htm.

Quel stress bancaire l'Europe a-t-elle testé ?

PUBLIÉ LE 26 JUILLET 2010

Les déclarations officielles sur les *stress tests* auxquels les banques européennes ont été soumises ont une caractéristique : elles tentent de rassurer sur leur santé. Ayant souhaité dans ce blog qu'un tel *stress test* soit effectué il y a déjà plus d'un an et rendu public, je ne puis que me réjouir de voir qu'enfin s'instaure une forme de transparence.

Si les responsables politiques avaient précisé les limites de l'exercice sur la base duquel seulement sept banques grecques, allemandes et espagnoles devaient augmenter leurs fonds propres, cela eût été parfait. Malheureusement, tombant dans leur travers le plus complaisant, nos dirigeants avec une belle unanimité essaient de nous faire croire que l'on a testé la santé des banques européennes dans leur ensemble et qu'il n'y a désormais plus de doute sur celle-ci. Quant à prétendre, comme le fait le ministre français des Finances, que les « efforts » des autorités françaises lors de la crise de 2008 et 2009 « ont porté leurs fruits », ce n'est pas digne d'un des meilleurs grands argentiers d'Europe.

Deux paramètres ont été testés dans cet exercice : une baisse substantielle des obligations des États européens, allant de 4 à 23 %. Mais le portefeuille analysé est seulement le portefeuille dit de *trading*. Celui-ci est une fraction de l'ensemble des obligations détenues par les banques. En effet, si les banques déclarent qu'elles garderont les obligations jusqu'à échéance, elles font partie d'un portefeuille stable qui ne doit pas être évalué en fonction des prix des marchés.

Cela signifie implicitement que l'Europe a refusé de tester le cas d'une forme de faillite d'un État membre ou de restructuration importante de sa dette. L'excuse fait sourire : avec le fonds de 750 milliards d'euros, nous pourrons empêcher la faillite d'un État européen. On essaie donc de nous faire croire que les dettes du secteur public européen pourront à tout moment être comblées avec ce montant. Malheureusement, les dettes du secteur public de l'Union européenne atteignent plus de 10 000 milliards d'euros. C'est cette forme de déni dont les politiques nous ont abreuvés depuis le début de cette crise qui ne renforce pas leur crédibilité.

L'autre paramètre est une « récession » européenne en 2010 et 2011. Le pourcentage, lui aussi, est infime : - 0,2 % en 2010 et - 0,4 % en 2011. Aucune vraie récession n'a donc été testée. C'est se chatouiller pour se faire rire. Il est évident que les banques sont armées pour un scénario économique aussi peu... stressant. Quant à la valorisation des actifs toxiques, aux positions en portefeuille propre de produits dérivés ou de *hedge funds*, il n'en est pas question.

Au vu de l'importance des détentions d'emprunts d'État par les banques européennes, une des inquiétudes des marchés est de voir les banques entraînées dans la tourmente d'une crise de la dette souveraine de l'un ou l'autre (ou plusieurs) des États membres. Cette crainte est d'autant plus justifiée que l'Europe était aux prises avec les difficultés du sauvetage de la Grèce. Que parviendra-t-on à faire pour sauver l'Italie aux mains de dirigeants populistes irresponsables ?

Si je suis bien informé, les États membres ont refusé jusqu'à l'hypothèse d'une telle crise. Cette attitude continue encore. C'est le talon d'Achille de la réglementation financière. Ce qui va provoquer la prochaine crise.

Les *stress tests* des banques européennes constituent un faux

Publié le 16 juillet 2011

On croit rêver. Ainsi, il ne manque que 2,5 milliards d'euros répartis entre neuf banques européennes pour leur permettre de faire face à une situation économique plus grave. Bref, pas de quoi fouetter un chat. Ce sont des montants de pacotille.

Ainsi, seulement quelques « petites » banques grecques (2), espagnoles (5), autrichienne (1) et allemande (1) ont des manques de fonds propres, et les autres se portent bien alors qu'aujourd'hui plusieurs d'entre elles ne sont plus capables d'emprunter sur les marchés des capitaux à des taux concurrentiels. Les banques portugaises qui viennent de perdre trois niveaux de notation vont très bien, merci. Il en va de même pour les banques irlandaises. Ainsi, l'Europe a autorisé la Hessische Landesbank à ne pas faire connaître ses chiffres - qui ne peuvent être que très mauvais - parce que le Land de Hesse n'aime pas se voir déculotter en public pour mauvaise gestion ou pire. Helaba est la seule banque allemande dans le lot des banques en déficit de fonds propres.

Et on espère sincèrement que nous allons gober cela ? L'Europe vient de franchir un pas dangereux pour sa crédibilité : si au cours des premiers *stress tests* il y a deux ans elle avait refusé de voir la situation en face, l'Autorité bancaire européenne annonçait des tests plus sévères. Aujourd'hui, alors que la situation est infiniment plus grave, elle a accepté de camoufler une situation infiniment dangereuse pour une partie de son système bancaire. Les chiffres ? Il ne s'agit évidemment pas de 2,5 milliards d'euros : l'encours de la dette sur les trois pays les plus menacés - Portugal, Grèce et Irlande - représente environ 100 milliards d'euros pour les seules banques européennes, et au moins le même montant pour la Banque centrale européenne. L'amortissement à la valeur réelle de ces encours représenterait une charge de 50 à 70 milliards d'euros qu'on se refuse même à tester. Le lobby bancaire est passé par là.

Ce faisant, l'Europe vient de franchir un cap décisif dans la crise. Pour tenter désespérément de camoufler le coût de son indécision, elle vient de commettre un faux : les *stress tests* ne tiennent même pas compte des pertes de valeur actuelles, moins encore, d'une détérioration probable de la situation. Alors que l'Italie et l'Espagne entrent dans une phase critique qui pourrait en entraîner d'autres, on ne tient même pas compte des 300 milliards d'euros détenus par les banques européennes sur ces deux pays.

Les commentaires ne se sont pas fait attendre : ce résultat, selon le *Financial Times*, jette un doute sur un « exercice qui n'est pas assez dur pour restaurer la confiance des investisseurs dans le système financier de la zone euro ». Et de conclure que « l'Union européenne a failli à ses propres tests ».

Trois ans après, c'est la BCE elle-même qui effectue les *stress tests*, mais ils sont également manipulés par la Commission européenne et couvrent, pour des raisons politiques, des banques de chaque pays, qu'elles aient ou non un impact systémique.

Banca Piccolo Credito Valtellinese et le risque systémique bancaire de la zone euro

Publié le 29 octobre 2014

La banque du *piccolo credito* (petit crédit) Valtellinese se situe dans la charmante ville de Sondrio. Sa voisine, la Cassa Popolare di Sondrio, et elle figurent parmi les 130 banques qui ont fait l'objet d'une évaluation par la Banque centrale européenne. Charmante station au bord des montagnes suisses et du Tessin, elle ne semble pas, avec ses 21 700 habitants, devoir attirer l'attention de régulateurs pointus.

Et pourtant, Mario Draghi, le patron de la BCE, et celui de la supervision bancaire, Ignazio Angeloni, qui connaissent mieux que quiconque le panorama bancaire italien, ont trouvé normal que ces deux institutions figurent dans un échantillon où fleurissent la Banca Popolare dell'Emilia Romagna, la Banca Popolare di Vicenza, la Banca Popolare di Milano, la Veneto Banca, toutes en déficit de fonds propres pour un total de 3,36 milliards d'euros. Ce montant est inférieur à celui que devra mobiliser la Monte dei Paschi di Siena, qui a dû être renflouée l'année dernière pour sauver la face du Partito Democratico au pouvoir et de la Banca d'Italia qui n'avait pas osé s'opposer à l'acquisition de la Banca Antonveneta. C'est pour cette raison que neuf banques italiennes (sur vingt-cinq) créent une image d'une faible Italie bancaire.
Au total, ce sont 4 pays et 28 banques dont les actifs sont inférieurs à 10 milliards d'euros qui figurent sur la liste des 130 institutions évaluées. Qui plus est, parmi les banques déficientes, 10 ont un manque de fonds propres de près de 400 millions d'euros, et 6 d'entre elles ont déjà pris des mesures pour éliminer cette insuffisance. Au total, les banques de la zone euro ont 2 490 milliards de fonds propres. N'est-ce pas à Rome que ce dicton prévalait : « *de minimis non curat praetor* » ? Le préteur ne s'embarrasse pas des petites affaires.
À titre de comparaison, la Federal Reserve a examiné 30 banques pour les États-Unis.

L'Europe ne vise pas les risques systémiques

Il est plus que temps que l'Europe prenne au sérieux les vrais risques systémiques. Les pressions politiques décrédibilisent gravement sa capacité

à renforcer la solidité de son système bancaire. Il était inutile de choisir un critère de sélection basé sur les États membres. Quelle que soit la raison pour laquelle le Credito Valtellinese se retrouve dans l'échantillon des cent trente banques pseudo-systémiques, il n'y a que des politiciens qui ne voient pas que l'Europe a fait un exercice important mais largement futile.
Tout va très bien Madame la Marquise... Pourtant il faut que l'on vous dise, on déplore un tout petit rien : un incident, une bêtise... (air connu).

La BCE a exigé qu'avant la prise en charge de la réglementation bancaire européenne, elle effectue elle-même les *stress tests*. Mais les rigidités de l'Europe n'ont permis qu'une amélioration marginale des tests antérieurs : toujours le même dogme ! Cette attitude reflète parfaitement ce qui va nous conduire à une crise de l'endettement souverain. Entre la stabilité financière et la réduction des coûts de la dette publique, les régulateurs ont choisi de favoriser l'endettement.

L'évaluation des banques de la zone euro par la BCE : les limites de l'épure

Publié le 26 octobre 2014

Après des mois d'attente, nous venons de recevoir les conclusions de l'évaluation de la santé des banques de la zone euro par leur nouvelle autorité de contrôle : la Banque centrale européenne. Elles étaient prévisibles, mais l'exercice a des limites qui ont pour conséquence de ne donner qu'un bulletin de santé partiel.

Ce que les chiffres disent

Sur les 130 banques, 25 ont une insuffisance consolidée de fonds propres de 25 milliards, soit 1 % des fonds propres des banques de la zone euro. À cela s'ajoute une moins-value d'actifs de 48 milliards, soit 0,15 % des actifs des banques européennes.

Sur ces 25 milliards, les banques grecques (8,7) et italiennes (9,7) représentent près de 75 % des capitaux propres manquants. La France (0,1), l'Allemagne (0,1) et l'Espagne (0,0), les principaux pays de la zone euro (avec l'Italie) sont en santé quasi parfaite.

Aucune des vingt banques les plus larges et globales de la zone euro et qui sont sur la liste mondiale des banques à risque systémique ne figure dans la liste des banques souffrant d'une insuffisance de fonds propres. Cette lecture est rassurante, et, compte tenu de la méthodologie utilisée, les résultats sont incontestables.

Ce que l'évaluation ne dit pas

• Au moment où se mettent en place les trois ratios de Bâle III que les banques seront tenues de respecter (liquidité, levier et adéquation des fonds propres), l'analyse de la BCE ne vise que l'insuffisance de fonds propres. L'*Asset Quality Review* (examen de la qualité des actifs) se situe dans le contexte de l'adéquation des fonds propres.

• La revue de la qualité des actifs exclut toute forme généralement quelconque de réduction de valeurs des emprunts émis par les États souverains de la zone euro considérés comme valant leur valeur nominale lorsqu'ils sont détenus dans le portefeuille stable des banques. On feint d'ignorer que la zone euro a enfreint son propre dogme dans le cas de la Grèce et de Chypre. Malheureusement, c'est cette surabondance d'encours sur les États qui inquiète sur le plan systémique. Le risque pays est donc absent de cette évaluation et tous les emprunts d'État sont considérés comme aussi solides que ceux de l'Allemagne. Dont acte.

• L'absence des vingt plus importantes banques mondiales de la zone euro pose une question : le choix des banques. Ce sont ces vingt banques qui présentent un risque systémique. La Slovénie, le Portugal, la Slovaquie et autre Estonie ne présentent pas de risque en eux-mêmes. Leur présence dans un échantillon était purement politique et une question de fierté nationale. Seule Monte dei Paschi, qui serait tombée en faillite sans une intervention du gouvernement italien l'an dernier, peut être considérée comme systémique. Tout a été construit pour que seules les banques les moins signifiantes soient prises dans les filets de la BCE.

• Le risque systémique n'est donc pas pris en compte et la vulnérabilité des banques dans les pays où elles opèrent non plus. Or les encours sur les États représentent 115 % des fonds propres des banques de la zone euro.

• L'analyse de la qualité des actifs est également limitée par une méthodologie ne tenant pas compte du risque « exotique » qui figure dans les bilans des grandes banques mondiales, et en particulier le risque sur les produits dérivés. Il en va de même des produits structurés.

- Les risques associés au modèle de banque universelle et à la taille des grandes banques européennes ne font pas partie du débat. Or l'absence d'augmentation de fonds propres et de diminution des actifs des banques européennes continue à menacer la zone euro dont les actifs représentent 31 milliards d'euros.

L'explosion du bilan de la Banque centrale européenne qui a absorbé 2,5 billions d'emprunts d'État et ses *stress tests* qui ne pondèrent pas les détentions de ces emprunts dans les bilans des banques fragilisent le système bancaire européen. Cette politique monétaire favorise les États emprunteurs et défavorise l'épargne. La BCE sort de ces dix dernières années dans une situation de fragilité qu'elle nie.

La même attitude de la Banque du Japon et de la Federal Reserve en termes de détention d'emprunts d'État a provoqué une absorption d'environ 8 billions de dollars d'emprunts d'État dans leurs bilans.

Le *quantitative easing* ressemble de plus en plus à une machine favorisant le laxisme fiscal des États des pays développés. Par leur responsabilité face à une politique monétaire, intentionnellement ou non, une accumulation de dettes souveraines à bas prix permet partiellement un risque systémique que crée le surendettement des États.

En refusant de pondérer ce risque dans le cadre des accords de Bâle III, les régulateurs ont accepté un compromis sur le risque d'un tsunami financier dont ils partageront une grave responsabilité.

En attendant Godot : l'évanescente inflation ne sauvera pas l'endettement

L'inflation n'était pas au rendez-vous des opérations de *quantitative easing*. Elle ne sauvera pas le monde occidental de la crise de l'endettement. Il y a une raison fondamentale derrière cet échec : la baisse des taux d'intérêt était tellement faible en termes absolus qu'elle n'avait aucune chance de stimuler des investissements dans un monde sans croissance. C'est une question de bon sens et les marchés ne s'y sont pas trompés : c'est l'inflation des actifs qui a prévalu, pas celle de l'économie réelle.

Je ne souhaite pas entrer dans le débat théorique entre Milton Friedman, Francesco Modigliani (le maître à penser, directeur de thèse de Mario Draghi et inspirateur de l'école italienne d'économie) et John Maynard Keynes. Mais je sais une chose, c'est que l'utilisation des taux d'intérêt pour créer l'inflation a été un échec spectaculaire tant aux États-Unis qu'en Europe. En septembre 2018, Mario Draghi s'est montré particulièrement confiant sur l'évolution de l'inflation. Il a ainsi évoqué « un redressement relativement vigoureux de l'inflation sous-jacente » en zone euro. Une confiance qu'il a expliquée par « le resserrement du marché de l'emploi exerçant une pression à la hausse sur les salaires[9] ». Je présume qu'il avait oublié le taux de 10 % de chômage de l'Italie, la France et l'Espagne[10].

Dans le cas keynésien où le plein emploi n'est atteint que pour un taux d'intérêt négatif, la politique fiscale est le seul remède.

9. *Les Échos*, « Mario Draghi parle d'inflation vigoureuse et fait bondir l'euro », septembre 2018, www.lesechos.fr/finance-marches/marches-financiers/0302300165628-mario-draghi-parle-dinflation-vigoureuse-et-fait-bondir-leuro-2207868.php.
10. Eurostat data, https://ec.europa.eu/eurostat/web/exchange-and-interest-rates/data/database.

Mais, même alors, il n'y a pas de raison de rejeter le poids de la politique sur les générations futures. Dans une telle situation, il est préférable d'augmenter les dépenses d'investissement de l'État plutôt que de stimuler, par d'autres voies, la demande[11].

J'ajouterai que la guerre entre les économistes théoriques, qui dominent les banques centrales, et les économistes de marchés continue à faire rage. Nous ne pouvons pas isoler la finance de l'économie réelle, et le bon sens n'a pas place dans les banques centrales. Un ouvrage d'une économiste engagée par la Federal Reserve en raison de son expérience des marchés, Danielle DiMartino, judicieusement titré *Fed Up*, présente la vue d'une *insider* sur les raisons pour lesquelles l'action de la Federal Reserve est mauvaise pour l'Amérique. Elle explique comment les économistes ont sous-estimé les signes avant-coureurs de la crise de 2008[12].

Nous savons maintenant que les banques centrales ne sont pas, à elles seules, capables de provoquer l'inflation : elle évolue plus au gré des prix du pétrole que des taux d'intérêt à court terme, surtout, comme c'est le cas au Japon et en Europe, lorsqu'ils sont négatifs !

Il est indispensable qu'un équilibre soit trouvé entre les marchés et la théorie économique si nous ne voulons pas nous tromper dans la gestion de la crise qui nous attend. N'oublions pas que l'inflation aurait pour conséquence, une baisse du pouvoir d'achat et un appauvrissement de la population.

---

11. Alain Béraud, *Histoire de la macroéconomie : la synthèse entre la théorie néoclassique et l'analyse keynésienne*, chapitre 3 : « La reformulation de Modigliani », https://beraud.u-cergy.fr/index_fichiers/trois.pdf.
12. Danielle DiMartino Booth, « Fed Up : an insider's take on why the Federal Reserve is bad for America », février 2017.

TROISIÈME PARTIE

Le surendettement des États

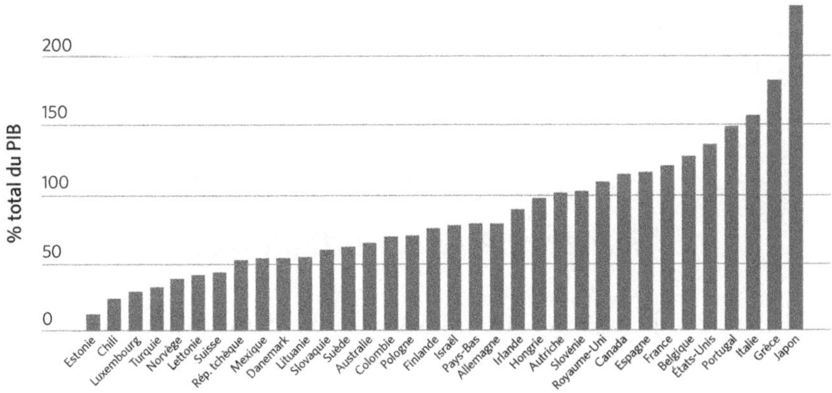

Figure 5[1].

L'endettement des États est une obligation contractée vis-à-vis de créanciers publics ou privés. Dans certains milieux populistes, on a tendance à faire croire qu'il suffit de ne pas rembourser, sans mesurer les conséquences d'une telle politique. Récemment, deux des pays les plus suspects de provoquer une crise de leur endettement qui pourrait à son tour déclencher un tsunami mondial, l'Italie et les États-Unis, ont élu des dirigeants qui ont, face à la dette, une attitude aussi négligente que dangereuse.

Cela veut dire que, si certains États deviennent impécunieux, l'impact sera immédiat sur les détenteurs de ces titres de créance,

1. Source : OECD (2018), General government debt (indicator). doi: 10.1787/a0528cc2-en, consulté le 21 décembre 2018, https://data.oecd.org/gga/general-government-debt.htm.

appelons-les des emprunts d'État. Avec 63 billions de dette à travers le monde dont un tiers par les États-Unis, un tiers, à parts égales, entre l'Europe et le Japon et le reste à travers cent vingt-six pays, on mesure immédiatement l'ampleur du risque.

Ce phénomène de boule de neige est d'autant plus risqué que les banques centrales et les banques en détiennent une bonne partie, le Japon en tête avec 47 % de la dette par la Banque du Japon.

Il est temps d'admettre la vérité. Minimiser ce risque est irresponsable.

Le poids des taux d'intérêt sur les déficits budgétaires

En 2020, la charge des intérêts sur la dette publique américaine atteindra le même niveau que le budget pantagruélique de la défense[2].

Même si le risque n'est pas celui d'un défaut de la dette, nous ne pouvons pas perdre de vue le fait que ces emprunts ne sont pas gratuits. Ils sont dotés d'un taux d'intérêt. Le doublement de leur encours ces dix dernières années aurait dû avoir pour conséquence un doublement des paiements d'intérêt. Ce ne fut pas le cas parce que les banques centrales ont maintenu le taux des emprunts d'État à des niveaux extrêmement bas dans le cadre de leur politique de *quantitative easing*.

Toutes les bonnes choses ont une fin. Les États-Unis ont déjà mis fin à leur *quantitative easing* et les taux d'intérêt ont doublé. L'Europe bénéficie d'une politique monétaire laxiste de la BCE qui permet aux États d'emprunter à des taux qui ne pourront

2. Louis Jacobson, « Will interest on the debt exceed defense spending by 2022 ? », PolitiFact may 2018, www.politifact.com/truth-o-meter/statements/2018/may/10/joe-manchin/will-interest-debt-exceed-defense-spending-2022/.

que monter mais elle prendra fin en 2018. Un risque exponentiel domine au Japon.

C'est donc de ce risque que nous parlerons. Tous les indices sont au rouge : la charge des intérêts et les déficits budgétaires vont augmenter et la qualité des signatures souveraines va diminuer. Cette spirale est le tsunami dont je parle dans ce livre et dans certains blogs. Il est à nos portes.

CHAPITRE 1

L'Europe s'enfonce dans la dette souveraine avec l'aide de la politique monétaire de la BCE

Pour comprendre la réalité de la crise de la dette souveraine, il y a lieu de distinguer deux types de crises de la dette publique. Cette distinction est importante pour évaluer les remèdes à apporter.

La première provient d'une mauvaise gestion des finances publiques, ce qui est le cas de la Grèce. La seconde est une crise bancaire induisant des interventions des États qui, par le fait même, sont en crise au niveau de la dette souveraine. C'est le cas de l'Irlande, de l'Espagne et du Portugal.

L'Italie s'approche dangereusement d'une crise souveraine qui, même si elle a été partiellement accrue par ses interventions dans la crise bancaire, est fondamentalement due à une gestion traditionnellement négligente des finances publiques italiennes. Si l'Italie devait faiblir, elle serait la première à en pâtir.

L'accumulation d'emprunts d'État par la BCE n'aurait jamais dû avoir lieu et ce sont les fonds européens qui auraient dû intervenir dans le cas des États. Ce sont cependant des mesures de politique

« monétaire » qui ont été utilisées pour engager plus de 1 billion d'euros de dette publique ces trois dernières années.

Quoi qu'il en soit de ces distinctions, le fait est que la zone euro a un taux d'endettement moyen de 100 % poussé par l'Italie et la France. C'est la raison pour laquelle nous traiterons séparément de la Grèce, de l'Italie et de la France.

L'Europe aux prises avec les risques de ses États membres

Mal équipée, l'Europe se bat avec les moyens du bord et le soutien du FMI pour éviter que sa propre notation ne soit affectée par les divers plans de sauvetage. La baisse de la notation de la France aura un effet domino dans le reste de l'Europe : plus de la moitié des pays de l'EU ne sont plus AAA[1].

La baisse de la note AAA de l'Europe semble inéluctable

PUBLIÉ LE 5 AOÛT 2011

Si les États-Unis ont réussi à sauver de justesse - mais peut-être pour un temps - la note AAA en augmentant le plafond d'endettement et en préparant la diminution des dépenses, peu d'attention a été octroyée à la notation du Fonds européen de stabilité financière (FESF).

Comme ce fonds est appelé à emprunter sur les marchés des capitaux (au-delà des fonds propres qui lui seront alloués par les États de la zone euro), sa notation revêt une certaine importance.

Déjà, lors de la première émission du fonds, ses obligations s'étaient vu octroyer une note AAA, mais celle-ci était fragile. Le taux d'émission de ces obligations était en effet supérieur d'un demi-pourcent à celui des obligations allemandes de même durée. C'est ce supplément de rémunération qui avait attiré les investisseurs et l'opération s'était bien placée.

1. *Les Crises*, « Perte du triple A : origine et conséquences », janvier 2012, www.les-crises.fr/perte-du-triple-a-france/.

Depuis le mois de février, les choses ont beaucoup changé, et la situation de la Grèce en particulier s'est détériorée de manière spectaculaire. Dans les dernières semaines, c'est au-delà de la Grèce, du Portugal et de l'Irlande que la situation se tend.

Les agences de notation ont envoyé des signaux négatifs sur les banques françaises et italiennes, et l'Espagne a vu sa note baisser d'un cran supplémentaire. Je passe sur les baisses de notation des trois pays en difficulté. La contagion qui se développe a amené les investisseurs à s'interroger sur l'Italie et l'Espagne.

Si l'on considère que les marchés ont des doutes sur la Grèce, le Portugal, l'Irlande, l'Espagne et l'Italie, on constate qu'environ 37 % des garanties sont émises par cinq pays vulnérables à des degrés divers. De plus, sur la base d'un montant initial de 440 milliards d'euros, ces garanties devront s'ajouter à leur endettement pour un montant collectif de 150 milliards d'euros environ.

Il y a donc un effet à double détente : les garanties accroissent l'endettement et réduisent la valeur de la garantie octroyée. Il n'y a, en effet, pas de solidarité entre les pays européens garants. En d'autres termes, en cas de défaut de la dette du FESF, la France ne sera pas appelable pour plus de 89 milliards d'euros et l'Allemagne de 119 milliards. Les investisseurs, dans ces obligations, sont donc en risque pour 37 % du montant des obligations sur des pays en difficulté plus ou moins sérieuse.

Dans ces conditions, on voit mal comment les agences de notation vont pouvoir rester inactives sur la note du Fonds européen de stabilité financière. Une détérioration de cette note amènerait le fonds à emprunter plus cher que, par exemple, la Banque européenne d'investissement.

Le déni de l'existence même d'une crise souveraine européenne, souvent attribuée à la crise financière américaine, a affecté négativement la réputation de l'Union européenne et donne l'impression d'une complaisance et d'un manque de sens de l'urgence coupables d'une détérioration additionnelle de la situation.

La crise de la dette européenne : la fin des illusions ?

Publié le 4 février 2013

L'Europe sort d'une période d'amélioration de sa situation financière qui a débuté au mois d'août dernier, lorsque le président de la Banque centrale européenne (BCE), Mario Draghi, a annoncé que la BCE ferait ce qu'il fallait pour soutenir les pays déficients dans la zone euro. Cette intention s'est ensuite traduite par un programme spécifique pour l'Italie et l'Espagne, visant à limiter le niveau de taux d'intérêt de leur dette.

Une accumulation de questions a inversé ce bel optimisme.

- le scandale politique en Espagne ;
- la catalepsie de Banca Monte Dei Paschi di Siena en Italie ;
- la nationalisation de la banque néerlandaise REAA ;
- la mise en question du projet d'union bancaire européenne ;
- les manifestations visant à diminuer les conditions de financement de l'Irlande.

Il n'en faut pas plus pour que les marchés internationaux réagissent à la baisse et que les investisseurs reprennent le chemin des obligations de l'Europe du Nord et se délestent de celles de l'Europe du Sud. À mi-chemin, la France perd du terrain. Que faut-il en penser ?

Une certaine complaisance s'est installée dans les allées de Bruxelles et dans les chancelleries. Il est relativement sain qu'un rappel à l'ordre comme celui des dix derniers jours nous fasse revoir la situation.

- L'endettement de la plupart des pays européens par rapport au produit intérieur brut est en hausse, malgré les efforts au niveau des déficits budgétaires des États membres. Avec un endettement moyen de la zone euro (8 000 milliards d'euros) à plus de 90 %, la moindre hausse des taux d'intérêt impacte les refinancements. La zone euro devrait refinancer environ 1 000 milliards d'euros en 2013. Des réformes des coûts et des revenus des pouvoirs publics continueront à s'imposer.
- La léthargie économique ne semble pas diminuer. Je préfère ce terme à celui de « récession » dans la mesure où la croissance du PIB européen se situe aux alentours de 0 %. Sans croissance, les recettes fiscales sont également léthargiques et les frais financiers des États continuent à être excessifs.
- Dans ce contexte, la plupart des économies européennes voient leur taux de chômage augmenter, particulièrement dans les secteurs en difficulté comme l'automobile et dans les pays déficients comme l'Espagne.

L'Irlande

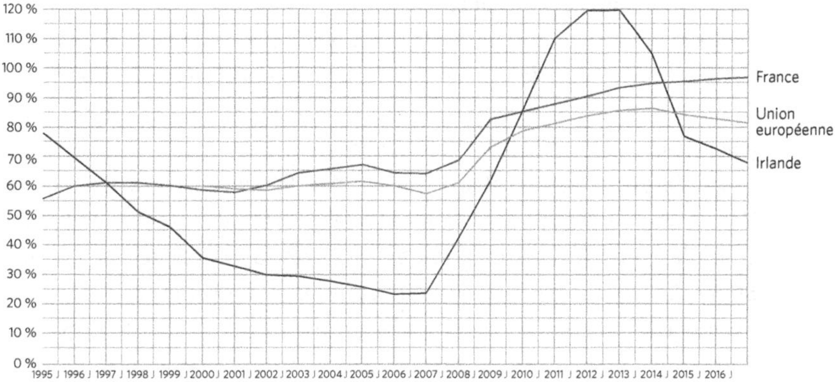

Figure 6. Dette publique par rapport au PIB[2]

La crise bancaire irlandaise a forcé le pays à soutenir ses banques. Au départ, il n'y avait pas de problème de dette souveraine. Mais l'Europe a dû prêter à l'Irlande pour lui permettre de recapitaliser son système bancaire. En fin de compte, le taux d'intérêt de ces emprunts a été abaissé tant il est vrai que l'Irlande a retrouvé son crédit et est maintenant hors de danger.

L'Irlande remet l'euro au pied du mur

Publié le 17 novembre 2010

C'est à désespérer de l'Europe, et de la zone euro.

[...] Que faut-il donc faire pour forcer nos dirigeants de se préoccuper des vrais problèmes : d'autant plus qu'après la Grèce, l'Espagne, le Portugal, le cas irlandais était connu ? Les Irlandais sont des têtus et se croient tout permis. Sous prétexte qu'ils sont capables de payer leurs factures pour six mois, le gouvernement a refusé de demander l'aide de l'Europe.

2. Source : Eurostat, www.google.com/publicdata/explore?ds=ds22a34krhq5p_&met_y=gd_pc_gdp&hl=en&dl=en#!ctype=l&strail=false&bcs=d&nselm=h&met_y=gd_pc_gdp&scale_y=lin&ind_y=false&rdim=country_group&idim=country_group:eu&idim=country:fr:ie&ifdim=country_group&hl=en_US&dl=en&ind=false.

Ce sont donc Dominique Strauss-Kahn et le Fonds monétaire international qui sont au chevet de l'euro, même si l'Irlande ne les a pas (encore ?) appelés à l'aide. C'est de Washington et non de Bruxelles que viendront les solutions et les contraintes.

Pendant ce temps, que faisaient donc nos ministres des Finances ? Ils ont débattu et, fort légitimement, refusé d'approuver le budget de la Commission qui se caractérisait par une *augmentation des salaires des fonctionnaires les mieux payés de l'Europe.*

La conférence du ministre irlandais des Finances il y a un mois à Washington à l'Institute of International Finance m'avait donné le frisson. C'est une fois de plus le déni qui prévaut. C'est ce que le *Wall Street Journal* décrit aujourd'hui comme le « drame de la famille dysfonctionnelle européenne ». Ce qui n'a pas empêché le président Barroso d'annoncer les problèmes que certains programmes communautaires risquent de subir avec des trémolos dans la voix. Seul dans ce concert absurde, le président de l'Europe, Herman Van Rompuy, a osé dire tout haut ce que nous pensons tous tout bas : c'est la question de la survie de l'euro qui est posée. À la quatrième fois, ce n'est plus une erreur, c'est une faute.

Le sauvetage de l'Irlande par l'Union européenne aura été l'une de ses belles réussites. Même si elle laissera un goût amer, cette crise provenant des errances du système bancaire a amené les autorités irlandaises à nettoyer les bilans de leurs banques et à remettre en selle leur dette publique.

Irlande : un sauvetage qui laisse un goût amer

Publié le 22 novembre 2010

L'« appel » de l'Irlande au FMI et à l'Union européenne et la réponse « positive » de l'Europe font sourire, mais il est important qu'un accord ait été conclu. Cette fois, les leçons de la crise grecque ont été tirées : l'action a été rapide et les moyens ont été immédiatement déployés pour éviter le pire. C'est, à ce titre, un progrès « sur chemin montant, sablonneux, malaisé, et de tous les côtés au soleil exposé », comme le dit cette superbe fable du *Coche et la Mouche* de Jean de La Fontaine.

Ce qui gêne le plus, c'est l'attitude du gouvernement et du Parlement irlandais. Se drapant dans les pans de sa souveraineté nationale, la République d'Eire nous a donné un bien piteux spectacle. Les déclarations du gouvernement et du Parlement semblent faire oublier à la population irlandaise que ce pays a bénéficié de subsides européens représentant jusqu'à 3 % de son produit national brut. Aucun pays n'a reçu une telle manne européenne. L'Irlande a massivement bénéficié de l'Europe.

Lors de la crise elle-même, les membres du gouvernement ont tenté d'utiliser la seule arme qui leur restait : le déni de la gravité de la situation. Leurs déclarations au Parlement avaient un côté surréaliste. Depuis des mois, il ne faisait aucun doute que l'Irlande devrait intervenir pour soutenir ses banques. Celles-ci avaient joué massivement, non pas dans la crise des *subprimes* américaines, mais dans une spéculation immobilière dont chacun savait qu'elle provoquerait une bulle qui ne pourrait qu'exploser. En cas de doute, l'exemple de l'Espagne il y a un an aurait dû servir de signe prémonitoire.

Malgré tout cela, les Irlandais n'ont pas eu à modifier un aspect de leurs finances publiques totalement douteux. L'impôt sur les sociétés en Irlande est de 12,5 % alors que celui de l'Europe est à 30 % et au-delà. En clair, l'absence de revenus de l'Irlande vient du fait qu'elle sous-impose les entreprises sur son territoire. Du coup, de nombreuses entreprises étrangères en ont fait leur quartier général. Pour être encore plus clair : nous allons prêter l'argent dont ils ont besoin pour combler un trou qui est notamment creusé par une utilisation de l'impôt sur les sociétés désavantageuse pour les autres pays membres.

L'Espagne

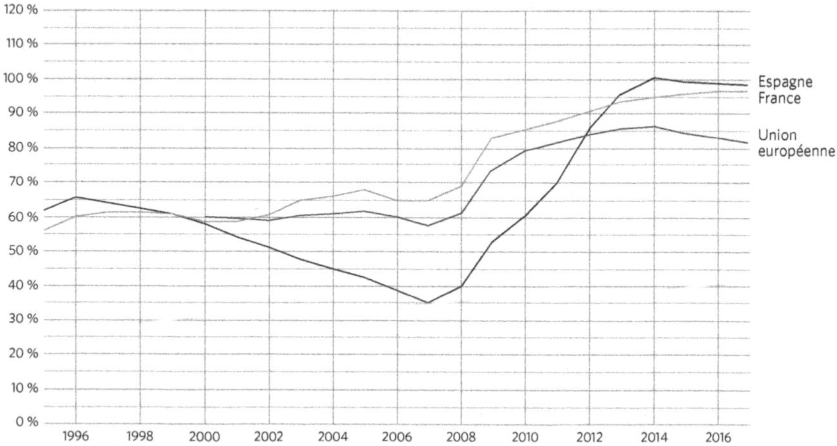

Figure 7. Dette publique par rapport au PIB[3]

L'aide de l'Europe à l'Espagne a atteint un niveau de 100 milliards d'euros. Mais ce n'est pas la gestion des finances publiques qui a imposé ce sauvetage, de courte durée. Il s'agissait de permettre à l'Espagne d'effectuer la restructuration de son système bancaire dont nous avons vu plus haut les difficultés.

L'Espagne est capable de relever son défi financier si ses citoyens le décident

Publié le 17 novembre 2011

Lorsque nous parlons des PIIGS sous une forme ou sous une autre, nous succombons à la tentation de l'amalgame. Cette erreur d'analyse nous amène souvent à la conclusion que la thérapie nécessaire est fondamentalement la même. Certes, ces pays ont en commun un niveau d'endettement par rapport au produit national brut qui va bien au-delà

3. Source: Eurostat, www.google.com/publicdata/explore?ds=ds22a34krhq5p_&met_y=gd_pc_gdp&hl=en&dl=en#!ctype=l&strail=false&bcs=d&nselm=h&met_y=gd_pc_gdp&scale_y=lin&ind_y=false&rdim=country_group&idim=country_group:eu&idim=country:fr:es&ifdim=country_group&hl=en_US&dl=en&ind=false.

des 60 % requis et un déficit budgétaire très supérieur à 3 %. La question cependant est d'analyser la source de ces déficits.
L'endettement espagnol est excessif, mais pas aussi critique que pourraient le laisser sous-entendre les propos dramatisants de certains dirigeants et médias.

Cela veut-il dire que l'Espagne pourra s'en tirer à bon compte ?
Il y a encore des mesures d'urgence qui doivent être mises en place et que le gouvernement Zapatero n'a pas pu ou voulu exécuter. Il s'agit principalement d'une relance de l'emploi. Les taux sont astronomiques avec notamment 40 % de chômage pour les moins de 30 ans. Il faut regarder ces chiffres avec une loupe. Une des caractéristiques des pays « méditerranéens » est l'organisation d'une « économie souterraine » importante. Ici comme dans d'autres pays voisins, la remise en ordre des horaires du travail devra être mise en place.
La crise aura au moins permis de donner au gouvernement fédéral les moyens de restructurer, fusionner et recapitaliser des institutions financières qui manquaient largement de discipline. C'est ce sauvetage qui est responsable pour une bonne partie de la croissance de la dette espagnole.

Le Portugal

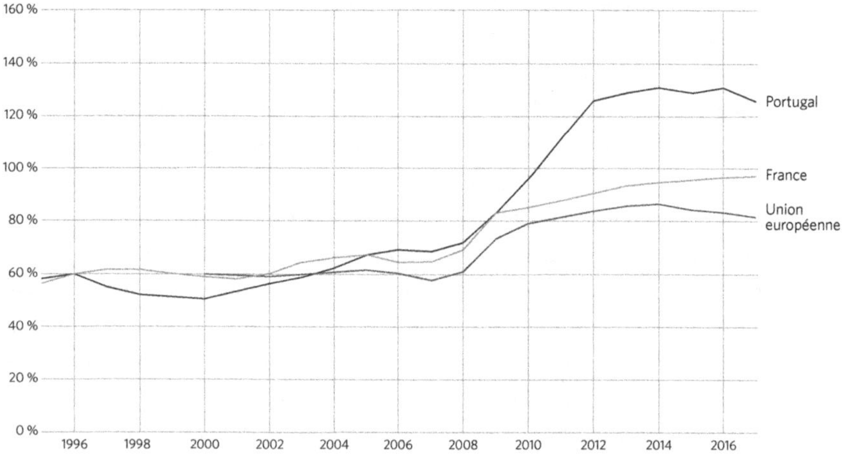

Figure 8. Dette publique par rapport au PIB[4]

Lors de l'introduction de l'euro, les taux d'intérêt portugais avaient atteint 30 % en 1992, pour se retrouver au niveau des taux en euros, à savoir 5 %. Il s'est ensuivi une vague immobilière qui a été financée à des taux très bas. Le résultat a été l'augmentation des prix de l'immobilier qui ont explosé. Une fois cet effet de taux d'intérêt amorti, la bulle a éclaté.

Il a fallu que l'Europe vienne au secours du Portugal pour lui permettre de recapitaliser ses banques. Au cours de cette période, la faillite frauduleuse de la Banco Espirito Santo devait ajouter aux difficultés de l'État portugais.

4. Source: Eurostat, www.google.com/publicdata/explore?ds=ds22a34krhq5p_&met_y=gd_pc_gdp&hl=en&dl=en#!ctype=l&strail=false&bcs=d&nselm=h&met_y=gd_pc_gdp&scale_y=lin&ind_y=false&rdim=country_group&idim=country_group:eu&idim=country:fr:es&ifdim=country_group&hl=en_US&dl=en&ind=false.

Le sauvetage portugais nous interpelle tou(te)s

Publié le 6 mai 2011

Les 78 milliards d'euros que l'Europe et le FMI alloueront au Portugal vont bien au-delà d'une assistance financière. Il s'agit d'une mise sous tutelle drastique qui épouse les méthodes du Fonds monétaire international.

Le plan de sauvetage passe en effet par une série de mesures qui mettront probablement le Portugal en récession. C'est également le cas de l'Irlande et de la Grèce. Est-ce justifié ? Les bailleurs de fonds en sont convaincus, et il ne fait aucun doute que, sans des conditions drastiques, ce serait un prêt à fonds perdus qui ne ferait que gagner du temps.

L'autre aspect est l'identification précise d'une série de secteurs qui auront besoin de restructuration et qui seront suivis par les prêteurs qui ne mettent les fonds à disposition que par étapes, et à condition que les réformes soient engagées.

Enfin, la maturité politique portugaise se traduit par un vote du Parlement où opposition et majorité acceptent les conditions associées au prêt. Il y a quelques mois elles avaient fait tomber le gouvernement. On parle déjà d'un gouvernement de coalition.

Une telle restructuration allégerait la charge des réformes qui serait partagée entre gouvernement, banques et entreprises et leur personnel. Elle diminuerait le poids social et assurerait un partage des souffrances inévitables dans ces plans d'austérité. Les autorités européennes décrivent le plan comme *pénible et juste*. Pénible, sans aucun doute. Juste ? On se perd en conjectures face à l'opposition de Jean-Claude Trichet, président de la Banque centrale européenne, à une restructuration de la dette grecque : l'ancien secrétaire du Club de Paris sait mieux que quiconque qu'il n'y a pas plusieurs manières de sortir un pays du trou de l'endettement. Il a lui-même négocié la première crise de l'Amérique latine.

CHAPITRE 2

La Grèce ou comment aggraver une crise souveraine

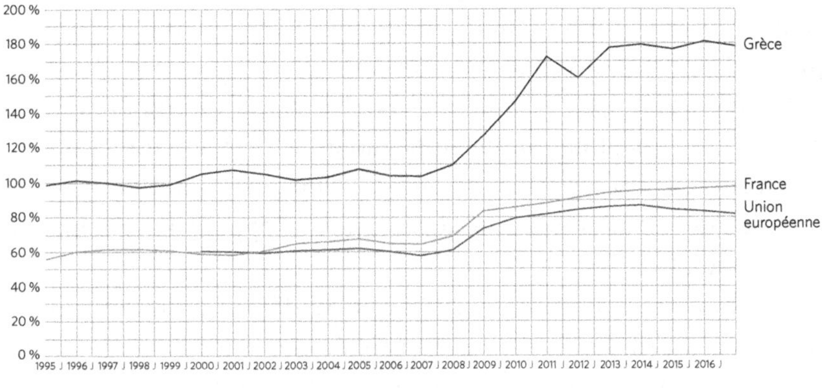

Figure 9[1].

La crise de la dette souveraine grecque a éclaté en décembre 2009 comme une bombe. La manipulation des encours de la dette grecque avait permis de l'accepter dans la zone euro.

Elle aura été révélatrice de l'immaturité de la zone euro. Certes, nous savions tous qu'il faudrait, une fois l'euro établi, créer un cadre

1. Source : Eurostat, www.google.com/publicdata/explore?ds=ds22a34krhq5p_&met_y=gd_pc_gdp&hl=en&dl=en#!ctype=l&strail=false&bcs=d&nselm=h&met_y=gd_pc_gdp&scale_y=lin&ind_y=false&rdim=country_group&idim=country_group:eu&idim=country:fr:el&ifdim=country_group&hl=en_US&dl=en&ind=false.

qui permette une discipline budgétaire cohérente, s'atteler à une tâche difficile et expérimenter la monnaie unique.

C'est la raison pour laquelle, en 1997, l'établissement de l'euro était accompagné d'un Pacte de stabilité et de croissance, ou PSC, désignant un ensemble de critères que les États de la zone euro se sont engagés à respecter vis-à-vis de leurs partenaires. C'est l'instrument dont les pays de la zone euro se sont dotés afin de coordonner leurs politiques budgétaires nationales et d'éviter l'apparition de déficits publics excessifs. Il impose aux États de la zone euro d'avoir à terme des budgets proches de l'équilibre ou excédentaires[2].

La crise a également permis de mesurer les limites de l'appui de la Banque centrale européenne qui ne pouvait constituer la roue de secours de la Grèce et n'était pas équipée pour gérer ce type de crise. Il fallut faire appel aux capitaux et à l'expertise du Fonds monétaire international pour une situation microscopique que l'Europe ne parvenait pas à gérer.

Ce n'est donc pas le traité de Maastricht qui est responsable de la dérive grecque, mais sa non-application. Dans les mailles du filet, la Grèce s'est insérée dans la zone euro en produisant des chiffres trafiqués de ses finances publiques qui ont apparu au grand jour à la fin de 2009.

L'annonce en novembre 2009 que le déficit budgétaire de la Grèce dépassait 15 % (la règle européenne est 3 %) a créé une stupéfaction au sein de l'Europe et au-delà. En huit mois, la dette grecque atteignait également 126 % du PIB. La règle européenne est de 60 %.

---

2. Forum de la Performance, « Le Pacte de stabilité et de croissance : première étape vers la coordination des politiques budgétaires des États membres de l'Union économique et monétaire », mai 2017, www.performance-publique.budget.gouv.fr/finances-publiques/cadre-europeen-finances-publiques/essentiel/s-informer/pacte-stabilite-croissance-premiere-etape-vers-coordination-politiques-budgetaires-etats-membres-union-economique-monetaire#.W409n-hKjD4.

L'errance devant la surprise

Angela Merkel était sincère lorsqu'à la fin 2009 elle a déclaré que le problème de la dette souveraine grecque devait être résolu par les Grecs. Mais elle était mal informée de ce que signifiait la construction d'une zone monétaire européenne. À partir du moment où un pays entre dans une telle zone, la zone euro, il perd la capacité d'utiliser sa devise lorsque sa balance des paiements ou son endettement deviennent excessifs.

Le seul facteur de différenciation est donc les taux d'intérêt qui reflètent les risques de crédit de l'emprunteur et la durée des emprunts. Mais, au-delà de ce principe, il n'était pas possible de laisser la Grèce s'enfoncer dans un endettement massif à des taux d'intérêt élevés qui allaient inévitablement la conduire à un défaut de paiement.

C'est là que la surprise démontre à quel point nos dirigeants politiques sont insuffisamment informés des conséquences de décisions financières qui influencent nos économies[3].

La Grèce révèle les faiblesses de l'euro

PUBLIÉ LE 15 DÉCEMBRE 2009

Les déficits records de la Grèce émeuvent l'Europe, et en particulier la zone euro. 300 milliards d'euros de dette représentant plus de 90 % du PIB et un déficit budgétaire de 9 % font exploser les critères de Maastricht, respectivement de 60 % et de 3 %. On s'en doutait et la Grèce n'aurait pas dû être intégrée dans l'euro tant que ses problèmes structurels n'étaient pas résolus : corruption massive, économie parallèle et fraude fiscale sur une grande échelle ont toujours rendu l'économie grecque inefficace. Même les chiffres émanant d'Athènes sont sujets à caution et Eurostat (l'entité en charge des statistiques européennes) vient d'envoyer une équipe pour en avoir le cœur net.

---

3. Katie Allen, « Greek debt crisis : the 20 key moments », *The Guardian*, juin 2015, www.theguardian.com/business/2015/jun/25/greek-crisis-20-key-moments-eurozone.

Comme d'habitude, la Grèce demande l'aide de l'Union européenne qui, tout en soutenant les efforts du gouvernement Papandréou, a fort justement décliné cette demande. La Grèce, n'aimant pas les contraintes du Fonds monétaire international, a refusé l'aide de celui-ci. Elle refuse toute conditionnalité et considère que la baisse de sa notation par Fitch Ratings est une « atteinte à sa souveraineté ». Elle promet de rentrer dans les critères budgétaires en... 2013.

Il est temps pour les fondateurs de la démocratie de devenir adultes : nous savons tous que l'entrée de la Grèce dans l'Union européenne était due à la peur du régime des colonels. Jamais un pays n'a rejoint l'Union européenne dans une telle position de faiblesse. Un exemple à ne pas renouveler lorsque la zone euro envisagera de nouveaux membres.

Mais si tout cela est plus ou moins connu, et que les déficits se sont accumulés au cours des années au vu et au su de tous les membres de la zone euro, le problème est l'impuissance de l'Europe. Certes, Jean-Claude Trichet, président de la Banque centrale européenne, a « exhorté la Grèce à prendre des mesures », et chaque gouvernement est allé dans le même sens, mais la réalité est beaucoup plus inquiétante.

L'Europe a refusé de se doter des moyens de faire respecter les critères de Maastricht et en fait une négociation politique. Comme plusieurs pays (Irlande, Italie, Portugal, Espagne et France) ont à un moindre degré un déficit au-delà des critères de Maastricht, la Grèce a profité de ce laxisme fiscal et financier pour passer entre les gouttes.

Maintenant, la réalité rattrape l'Europe : l'euro, pourtant à un niveau très élevé, ne sera crédible sur le long terme que si la Banque centrale européenne et la zone euro se dotent des moyens d'action indispensables au respect de leurs propres critères. Décidément, où que l'on se tourne, la faiblesse des institutions européennes semble évidente. Mais la responsabilité de l'euro est là pour nous rappeler que la zone euro n'a pas le choix.

Sauf à exclure la Grèce de l'Union européenne, ce que ses statuts ne lui permettaient pas, la zone euro n'avait pas le choix. Le sauvetage de la Grèce n'était pas facultatif, quoi qu'en pensaient ses dirigeants.

La zone euro doit-elle venir au secours de la Grèce ?

PUBLIÉ LE 7 JANVIER 2010

Qu'en est-il des remèdes ? L'économiste en chef de la Banque centrale européenne, Jürgen Stark, a précisé hier que les pays européens n'avaient aucune intention de mettre la main à la poche pour soutenir la Grèce. Quelles qu'aient été les intentions de cette déclaration, elle aura eu un effet contraire en Grèce : « Erreur ne fait pas compte. »

La question que cette situation pose est celle de la réponse européenne. L'euro est un mécanisme solidaire entre les pays qui ont été admis à en faire leur devise. Que l'entrée de la Grèce dans l'Europe se soit faite d'une manière peu glorieuse n'empêche que c'est un fait. Il est donc indispensable que la zone euro dispose d'un mécanisme d'intervention en cas de crise à l'instar de ceux du Fonds monétaire international, à savoir des prêts assortis d'obligations de réformes et déboursés au fur et à mesure de la mise ne place de ces mesures.

Compte tenu de sa responsabilité originelle, la zone euro ne peut pas se contenter de se laver les mains. Lorsque les choses se calmeront, il me paraît évident que la Banque centrale européenne et les fonds européens joueront un rôle indispensable au maintien de la réputation internationale de l'euro.

Un an et demi après, l'ampleur du drame grec devait apparaître. Comme toujours, c'est la population qui allait faire les frais du déficit et de l'endettement grecs. Il n'y avait cependant aucune solution alternative.

Grèce : la semaine de tous les dangers

PUBLIÉ LE 19 JUIN 2011

La situation grecque a franchi une étape décisive dans le mauvais sens. En une journée, ce vendredi, la prime de risque sur la Grèce a augmenté de 12 %. Nous sommes sur la pente glissante qui mène à la perdition.

La Grèce est en faillite

Elle a perdu tout crédit auprès de ses créanciers. Elle ne survit que par la perfusion des avances du FMI et du Fonds européen. La seule chose qui peut la sauver, c'est l'organisation au niveau européen d'une « implosion nucléaire souterraine » qui nous éviterait un tsunami européen, et probablement mondial. Les ministres des Finances se réunissent ce dimanche et un sommet européen est prévu.

Troublé par la manière dont l'information a été diffusée ces derniers jours dans les médias, annonçant la capitulation d'Angela Merkel et l'amélioration des conditions de marché, je vais tenter de préciser ce que sont les enjeux de la situation actuelle, avec sobriété et détermination.

1. *La participation du secteur privé est indispensable.* Sur le plan politique, la brève annonce d'un alignement d'Angela Merkel sur la position de Nicolas Sarkozy, qui aurait conduit la chancelière à ne plus insister sur une participation du secteur privé, était à la fois fausse et mal renseignée. Elle n'a pas empêché la glissade des cours. Le Parlement allemand n'a en effet donné son accord sur les avances allemandes à la Grèce qu'à la condition expresse d'une participation du secteur privé. De surcroît, une écoute attentive de son message est que cette participation privée ne sera pas « obligatoire ». Celui de ce samedi est sans ambiguïté. Ne prenons pas nos désirs pour des réalités.
2. *Le rééchelonnement de la dette grecque semble être acquis.* C'est une forme douce de restructuration. Elle consistera probablement à « proposer » aux détenteurs d'obligations échéantes d'ici à fin 2014 d'étendre leur échéance. Il y en a pour 80 milliards d'euros. L'impact de cette mesure, si elle était appliquée à 100 %, serait important. Au lieu de rembourser 80 milliards en trois ans, le remboursement se ferait en moyenne sur neuf ans. Cela permet de réduire le déficit budgétaire grec d'environ 50 milliards au cours des trois années 2011-2014.
3. *Les banques grecques sont en faillite virtuelle.* En effet, 140 % des fonds propres de ces banques sont investis en obligations souveraines helléniques. Elles ne peuvent donc pas amortir cette dette sans déposer leur bilan. Cette faillite aurait des répercussions dramatiques, notamment sur les particuliers grecs qui y perdraient une grosse partie de leurs économies. Il faudra trouver une formule permettant d'augmenter le capital des banques grecques pour qu'elles puissent participer à l'effort commun et à la reconstruction de leur situation financière.
4. *Les banques européennes peuvent faire face à une forme de rééchelonnement de la dette grecque.* Elles en ont les moyens. Leurs bénéfices

récents leur permettent d'absorber cet impact sur un ou deux trimestres. Elles ne peuvent cependant pas absorber ce choc si on y ajoute l'Irlande et le Portugal. L'Espagne ou l'Italie mettraient l'ensemble du système bancaire européen en dépôt de bilan. Or Moody's vient d'annoncer une révision de la note italienne. Il faudra donc mesurer les concessions indispensables des banques privées de manière à éviter de jeter le bébé avec l'eau du bain. C'est un équilibre difficile à trouver et les lobbies bancaires sont de plus en plus actifs pour se protéger. Elles participeront, *volens nolens*, à l'effort commun, non par sentiment de solidarité, mais pour se protéger.

5. *La notation de la Grèce ne peut pas descendre.* L'arrangement risquerait de mettre le pays en « défaut spécifique », ce qui empêcherait une série de banques, et surtout la Banque centrale européenne, de participer à l'échange. Ici également, il faudra beaucoup de talent pour assurer un effort substantiel sans pour autant provoquer une catastrophe plus grave que le mal.
6. *Le peuple grec est dans la rue.* Son langage est clair. Une austérité est inévitable, mais elle ne peut pas être instaurée aux seuls dépens des particuliers. La cession d'actifs se met en place. Aucune réduction des forces armées pléthoriques de la Grèce n'est prévue. Les recettes fiscales n'ont pas augmenté et les contribuables fortunés sont encore protégés. L'ensemble des mesures se doit de toucher toutes les couches de la population et toutes les institutions de manière équitable. Le remaniement ministériel est de la poudre aux yeux : personne n'est dupe. Il fallait « écarter » le ministre des Finances qui, à plusieurs reprises, a tenté de mettre son Premier ministre devant ses responsabilités. Cela ne pardonne pas.
7. *Un défaut de paiement de la Grèce serait une catastrophe.* Il s'étendrait à l'ensemble de l'endettement privé et public de la Grèce qui excède largement 1 000 milliards d'euros. Il provoquerait la faillite immédiate des banques grecques, et des banqueroutes à travers l'Europe. Il ne s'agit pas d'être complaisant mais de comprendre que le remède serait pire que le mal. Il n'en est pas question, et à juste titre.
8. *L'Europe et le FMI devront donc décider cette semaine de mesures* qui permettent d'atteindre un équilibre entre les « sacrifices » qu'un rééchelonnement de la dette grecque provoquerait. Cette forme d'implosion souterraine permettra de gagner du temps. Elle n'est cependant

pas le retour à meilleure fortune. Comme l'Europe a laissé la Grèce s'enliser et que les Grecs n'ont pas pris le taureau par les cornes, la situation impliquera des mesures qui rétablissent les équilibres à long terme.

Il vaut mieux laisser le FMI mettre en place ce processus auquel il est habitué. C'est une question de professionnalisme. La confiance dans les dirigeants européens a atteint des abîmes. Quelles que soient les erreurs commises, nous sommes devant une situation des plus explosives.

L'Europe au chevet de la Grèce

Après un an et demi d'hésitation, de déclarations contradictoires et de psychodrames politiques, un consensus s'était enfin établi. Le problème de la Grèce est le problème de la zone euro, et il n'y a pas moyen de ne pas assumer cette crise de la dette souveraine grecque.

Sauvetage européen : la perfusion ne résout rien, mais coûtera cher

PUBLIÉ LE 23 JUILLET 2011

Pour utiliser des comparaisons médicales, le patient a été mis sous perfusion, qui traite une hémorragie massive, mais n'attaque pas les causes de la maladie. Il est évident que la perfusion s'imposait, et que les décisions vont dans ce sens. Non seulement, l'accord de Bruxelles ne résout rien, mais il n'a jamais prétendu résoudre le problème.

De quoi sommes-nous certains ?

Les faits suivants semblent clairs :

• l'intervention grecque totalisera 165 milliards d'euros, soit près de la moitié du total de la dette souveraine du pays (340 milliards) ;

• le chiffre annoncé (109 milliards) s'ajoute à une tranche de 45 milliards non versés sur le programme originel de 110 milliards ;

• les moyens du Fonds européen de stabilité financière (FESF) ne sont pas augmentés, mais ses débours pour la Grèce sont accrus. Il est engagé pour environ 300 milliards d'euros en ce moment ;

- la réduction de la dette grecque par l'ensemble des interventions n'atteindra pas 9 % de la dette, selon le *Financial Times* ;
- la Commission européenne a annoncé que les interventions de sauvetage n'entreraient pas dans les calculs budgétaires et de dette publique.

Qui paie ?

L'ensemble des pays de la zone euro garantit les dettes du FESF selon des quotas prédéfinis. Le coût pour la France de 15 milliards d'euros s'ajoute aux 20 milliards déjà pris en compte. La France assume 20 % du risque du FESF et verra sa dette publique indirecte augmenter de *35* milliards d'euros pour la Grèce. À cela s'ajoutent les quelque 100 milliards pour l'Irlande et le Portugal, soit un encours supplémentaire de 20 milliards. Au total, la France s'est engagée pour 55 milliards d'euros sur l'ensemble des programmes de sauvetage.

Pour l'Allemagne, la garantie représente 27 % de l'encours, soit 75 milliards d'euros. L'Italie et l'Espagne sont les deux plus importants garants après l'Allemagne et la France. Elles sont elles-mêmes en difficulté budgétaire.

Le coût pour les banques et les compagnies d'assurances est symbolique, et principalement sous forme de réductions d'intérêts. Il ne semble pas qu'un amortissement quelconque de leur portefeuille obligataire soit à l'ordre du jour. Seules apparaîtront des conversions d'obligations volontaires pour 20 milliards d'euros.

C'est donc le contribuable qui assume l'essentiel du poids du sauvetage. [...] *La Grèce reste encore en salle d'urgences, et n'est pas près de sortir de la perfusion pour encore longtemps.* Au moindre accès de fièvre, ce sera le contribuable européen qui sera sollicité. « Calmer les marchés est essentiel. Mais les dirigeants européens leaders ont, au mieux, gagné du temps. On a besoin de beaucoup plus », écrivait ce matin le *New York Times*. Quant au *Financial Times*, il énonçait que « les banques européennes ont encore des montagnes à gravir ».

Une visite aux autorités concernées à Athènes laisse une impression chaotique et inquiétante. Il y a toujours quelque chose de surréaliste à se rendre dans un pays que l'on dit en catalepsie alors qu'Athènes donne les apparences d'une vie normale.

Athènes brûle-t-elle ?

Publié 4 octobre 2011

La décision de retarder le paiement de la tranche de 8 milliards d'euros va-t-elle compromettre le fragile équilibre qui règne en Grèce ? Elle ajoute certainement aux inquiétudes qui dominent les marchés internationaux et expliquent partiellement leur faiblesse récente.

Je rentre d'un court voyage à Athènes qui m'a permis de rencontrer des responsables gouvernementaux. Il est impossible de se faire une idée de ce qui se passe réellement dans un pays en quelques heures. Je voudrais faire trois observations, sans qu'elles soient pour autant péremptoires.

Tout d'abord, comme prévu, *le centre d'Athènes est sous haute surveillance*. Comme il y avait une manifestation de quelques dizaines de personnes, le quartier du Parlement était interdit au trafic. La manifestation elle-même était sérieuse, mais non violente. Cela contrastait avec les incidents du week-end quand les étudiants étaient descendus dans la rue.

La deuxième est que *l'activité de la ville a gardé toute son intensité et son énergie*. Ce n'est pas du tout une ville à l'abandon où donc les activités sont en berne. Cela ne veut pas dire qu'il n'y a pas de dommage infligé aux affaires qui se déroulent à Athènes. Ce qui frappe en revanche, c'est que les touristes n'ont pas déserté la Grèce. Les avions sont pleins. La « classe affaires » est parfois réduite au strict minimum, mais cependant les touristes continuent d'affluer, alors que nous sommes en période basse. C'est une part importante des revenus de la Grèce.

La troisième est plus sérieuse. La Grèce vit depuis longtemps dans un modèle où se côtoient les entreprises publiques et les entreprises privées. *Les actifs publics, selon le plan proposé à l'Union européenne, sont amenés à être cédés sous une forme ou une autre de privatisation*. Il y en aurait pour 50 milliards d'euros. Mais l'État grec est aussi un grand propriétaire terrien : pas des immeubles, mais d'importants terrains. La rumeur circulait que le site de l'ancien aéroport d'Athènes serait cédé à l'émir du Qatar. La cession d'actifs immobiliers a l'avantage de ne pas entraîner de réductions d'emplois et d'être une manière de réduire la dette qui n'a pas de conséquences sociales. L'immobilier représente près de 50 % des actifs qui devraient être cédés. C'est dire qu'il joue un rôle important.

Le second secteur est le pétrole, l'eau et l'électricité. Il ne devrait pas y avoir de problèmes pour trouver des acheteurs européens.

Les entreprises françaises et européennes du secteur ont déjà fait part de leur intérêt.

À la fin de 2011, les rendements de la dette publique grecque explosent et dépasseront 30 % en mars 2012. L'absence d'intervention de la zone euro a permis aux taux qui étaient de 5 % d'exploser, rendant tout sauvetage plus difficile et coûteux, et créant un risque accru pour les détenteurs de la dette grecque infiniment plus important. Cette leçon a-t-elle été tirée pour la prochaine crise[4] ?

Grèce : le défaut de paiement est-il inévitable ?

Publié le 1er novembre 2011

En annonçant, lundi 31 octobre, l'organisation d'un référendum en Grèce sur le plan de sauvetage européen, le Premier ministre Georges Papandréou risque de mettre son pays en défaut de paiement. En optant pour cette solution - avec ce qu'elle comporte d'incertitude (un euphémisme) et les délais qu'elle suppose pour organiser ce référendum -, il a pris le risque d'un vide politique, mais aussi financier, qui devrait durer environ deux mois. Je laisse à d'autres l'analyse politique de cette décision. Je crois que si Papandréou a joué son va-tout, c'est qu'il n'avait plus de cartes en main. Mais la responsabilité de cette crise est partagée : l'Europe, en demandant des mesures additionnelles d'austérité, exigeait du Premier ministre grec de retourner au Parlement pour la troisième fois. Avait-il une chance d'obtenir ce vote ? Georges Papandréou est loin d'être un kamikaze : il était probablement acculé, mais sa décision aurait dû être concertée avec l'Europe.

Sur le plan des finances publiques, la situation devient extraordinairement précaire. En effet, la Grèce ne peut pas faire face à ses obligations de remboursement et de paiement des intérêts pendant deux mois sans que des fonds d'origine européenne lui soient avancés. Les bailleurs de fonds que sont le Fonds européen de stabilité financière (FESF), la Banque centrale européenne (BCE) et le Fonds monétaire international (FMI) peuvent-ils avancer des fonds qui, en cas d'échec du référendum, seraient avancés à fonds perdus ?

4. Alkman Granitsas et Charles Forelle, « Greece gets strong demand for bond », *Wall Street Journal*, avril 2014, www.wsj.com/articles/greece-gets-strong-demand-for-bond-1397116195.

Le G20 de Cannes va se dérouler dans un climat de crise. Comment ces instances et les prêteurs privés pourraient-ils marquer leur accord sur les décisions de la semaine dernière avec cette nouvelle incertitude ? Le scénario de défaut de paiement aurait des conséquences catastrophiques sur la stabilité financière européenne et, par ricochet, mondiale : peut-il être évité ? À la recherche d'une proposition constructive, je me demande si la solution ne serait pas de mettre en place immédiatement l'accord du 21 juillet, qui a été approuvé par tous les Parlements et donne des moyens d'action supplémentaires au FESF. Il prévoit un sacrifice du secteur privé de 21 % et le paiement de l'avance des 8 milliards indispensables à court terme. La décision prise ce 2 novembre à Cannes de ne pas effectuer cette avance va mettre sous pression Georges Papandréou.

L'entrée du Fonds monétaire international

La meilleure façon de décrire le Fonds monétaire international (FMI), c'est qu'il est un gigantesque fonds d'intervention face à des déséquilibres de balances des paiements et de dette publique qui ne peuvent pas être résolus par les pays eux-mêmes. Créée en 1944 en pleine Seconde Guerre mondiale pour éviter un retour à des risques qui avaient provoqué des crises dans l'entre-deux-guerres, notamment en Allemagne, cette institution continue à remplir ce rôle à travers le monde.

Il a été amené à intervenir en Italie et au Royaume-Uni lorsque ces pays frôlaient la banqueroute, ce que les pays concernés ont vite oublié. Il fallut mettre en gage l'or de la Banca d'Italia.

Mais c'est essentiellement dans les pays émergents que le FMI a rempli ce rôle. S'il était légitime qu'il intervienne, la présence de la Grèce dans la zone euro allait inévitablement donner une responsabilité primaire aux institutions de cette zone monétaire.

L'Europe a demandé au FMI de prêter à la Grèce, comme le faisaient les États européens. Ce n'était pas nécessaire mais, sans le FMI, certains pays auraient refusé de participer à l'effort européen.

La principale raison est que le FMI, ayant une grande pratique de ces problèmes, disposait des experts et de l'expérience des résolutions des problèmes de dette publique. L'Europe ne s'était en effet pas dotée d'un Fonds monétaire européen dont il est seulement question en 2018.

L'accord européen est une bonne décision, mais c'est un échec

PUBLIÉ LE 1er DÉCEMBRE 2011

Le secours des États européens défaillants passera par le Fonds monétaire international. C'est un aveu d'impuissance de la zone euro qui, quoi qu'il arrive, apparaîtra comme ayant failli à sa tâche fondamentale : créer une zone monétaire stable autour de la devise commune qu'est l'euro. Deux ans de tractations ont fait d'un problème relativement marginal (la dette grecque) une bombe qui menace l'ensemble de l'équilibre mondial.

Il a été décidé que la Banque centrale européenne prêterait directement au Fonds monétaire international un montant à définir et que ce dernier à son tour viendrait au secours des pays de la zone euro. Ce qui apparaît dans les médias comme un artifice est en fait un abandon de responsabilité de l'Europe qui transfère son risque propre à l'ensemble de la communauté mondiale par FMI interposé. Le Fonds monétaire international n'a pas été créé pour cela : il devait venir au secours des États dont le commerce extérieur s'était à ce point détérioré qu'ils avaient besoin de prêts pour rééquilibrer leur balance des paiements. On est loin de cette vocation et le FMI est devenu le prêteur des États dont la dette extérieure n'est plus crédible.

La signification de cette opération est importante : la Banque centrale européenne prend le risque d'un prêt au Fonds monétaire international, c'est-à-dire le risque de l'institution mondiale en charge de ces problèmes. Autant dire que celui-ci est minime puisque, en cas de problème de financement, le FMI fait une augmentation de capital souscrite par ses 187 États membres.

Le Fonds monétaire international se substitue à une institution que les pays de la zone euro n'ont pas accepté de mettre en place : le « ministère des Finances » n'existe pas dans cette zone monétaire et est remplacé par un concert de 19 ministres des Finances dont la cacophonie a aggravé la crise.

On a bien sûr blâmé l'Allemagne pour cet échec. Cette solution permet de ne pas menacer la Banque centrale européenne, qui a plus que triplé son bilan pour soutenir la zone euro, face à des dirigeants politiques incapables de se mettre d'accord. Cette perte de réputation mettra au moins dix ans à se récupérer. Vu de New York, Pékin, Tokyo, Bombay ou Qatar, c'est toute l'Europe occidentale qui a failli à ses responsabilités. Le moment est venu de reconstruire.

Habituée aux compromis nocturnes, l'Europe entre en collision frontale avec le Fonds monétaire international qui gère les crises de manière rapide et musclée, peut-être douloureuse. Le fonctionnement de la troïka et les méthodes du FMI créent un conflit qui devient public.

L'Eurogroupe s'oppose au FMI et n'est pas au rendez-vous de la Grèce

PUBLIÉ LE 15 NOVEMBRE 2012

Le conflit entre le Fonds monétaire international et la zone euro est maintenant public. L'enjeu ? Une conférence de presse à laquelle Christine Lagarde et Jean-Claude Juncker participaient, et au cours de laquelle ce dernier a annoncé que l'Europe octroierait deux années de plus à la Grèce pour atteindre un niveau d'endettement n'excédant pas 120 % du produit intérieur brut hellénique. Juncker accorde 2022, alors que l'accord avec les Grecs prévoyait 2020.

Retarder l'échéance de l'endettement grec

Déjà, lors de négociations avec la Grèce, les membres européens de la troïka étaient chargés de suivre les progrès de la Grèce sur la voie de l'austérité, et leurs homologues du FMI. Tout cela aurait pu être évité si l'Europe n'avait pas fait appel au FMI, non seulement pour son expertise technique, mais aussi comme prêteur à la Grèce. Ce faisant, outre le fait que l'Europe se montrait incapable de résoudre les problèmes d'un pays qui représente 3 % de l'Union, elle signait un accord qui traiterait la Grèce selon les méthodes du FMI, qui s'appliquent aussi bien à l'Argentine ou à la Biélorussie.
Le Fonds monétaire est une structure complexe, mais surtout, il ne peut s'écarter de ses principes : les Américains qui le dominent, les Chinois

ou d'autres prêteurs ne le toléreraient pas. L'Europe n'a jamais accepté de méthodes « douces » lorsqu'il s'agissait de pays non européens. Un report de la date du retour à 120 % du PIB ne pouvait être décidé unilatéralement par la zone euro, et le Conseil du FMI aurait dû approuver ce changement. L'échéance de 2020 était une condition de la participation du FMI au deuxième programme de sauvetage de la Grèce. Christine Lagarde ne pouvait accepter cette déclaration, surtout dans le cadre d'une conférence de presse. [...]

Le Parlement grec a voté l'austérité et l'Eurogroupe n'est pas au rendez-vous

Malgré les manifestations parfois désespérées des Grecs contre l'austérité, le Parlement grec a pris (contraint et forcé) ses responsabilités en acceptant un programme difficile. Il est indécent de ne pas répondre « présent » lorsque ces dirigeants politiques courageux font ce que le FMI et l'Europe réclament d'eux, et ne parviennent même pas à se mettre d'accord.

Il n'y avait aucune raison de soulever maintenant le problème de l'échéance de 2022. Que savons-nous de la situation de l'économie mondiale, de l'Europe et de la Grèce dans huit ans ? Une fois de plus, les Grecs sont victimes de tergiversations alors qu'ils ont absolument besoin de cette intervention.

Entre le FMI et l'Union européenne, rien ne va plus. Les méthodes « soft » de l'Europe entrent en collision avec la pratique « musclée » du FMI. Dès 2013, la Commission tente d'éviter la participation du FMI, mais c'est trop tard : le FMI a déjà déboursé quelques milliards pour sauver la Grèce.

L'Europe peut-elle se passer du Fonds monétaire international ?

Publié le 21 août 2013

Depuis les allusions de Wolfgang Schäuble, le ministre allemand des Finances, envisageant une prise en charge des conséquences des crises européennes sans intervention du FMI, le débat sur le rôle du Fonds monétaire international est ouvert. Cette déclaration est à mettre dans un contexte électoral allemand : *Herr* Schäuble a reconnu ce mercredi, sous la pression de l'opposition, qu'une troisième tranche de financement de la Grèce était en préparation. Le FMI l'estime à 11 milliards d'euros. La Commission l'estime à 4 milliards d'euros.

L'avenir de la troïka serait compromis

Ce n'est pas la première fois que l'avenir de la troïka est remis en question. Il y a quelques mois, le FMI avait reconnu des erreurs commises par la troïka (FMI, Commission européenne, Banque centrale européenne) dans la gestion de la crise grecque. C'était honnête, mais pas du goût du commissaire européen en charge, Olli Rehn, qui défend l'approche des membres européens de la troïka. Si le ministre des Finances allemand devait être suivi par la zone euro, cela signifierait que les négociations sur les conditions et les interventions de sauvetage des pays surendettés se situeraient exclusivement dans un contexte intra-européen. Cela risquerait d'affaiblir considérablement la capacité dont disposait la troïka : celle de définir des mesures qui seraient approuvées par la communauté internationale et de s'appuyer sur l'expérience des équipes du FMI.

Le coût des interventions européennes augmenterait

Pour pouvoir assurer cette indépendance d'action, l'Europe devra se passer des interventions financières du FMI. La facture d'éventuelles interventions de soutien ou de sauvetage se verrait augmentée de 50 % (la part du FMI était d'un tiers). Si l'Italie ne doit pas être soutenue, il est probable que l'Europe soit en mesure de faire face à ces interventions. Mais, même si l'Europe est le seul bailleur de fonds de ses pays membres, il ne faudra pas oublier que le FMI gardera une voix au chapitre en raison de ses encours portugais, grecs et irlandais.

L'Europe n'a pas besoin des capitaux du FMI, mais de son expertise

Avoir fait appel au FMI est une des décisions les moins honorables qu'a prises le Conseil européen. De bailleur de fonds pour les pays émergents, l'Union européenne s'est transformée en emprunteur impécunieux. Ce fut, à l'époque, une condition imposée par l'Allemagne.

Il est heureux que l'Europe envisage de reprendre son autonomie et assume ses responsabilités et la solidarité intra-européenne. Le risque d'une telle décision réside cependant dans une forme de dilution de la discipline nécessaire au retour des pays à un équilibre financier. L'Europe n'a pas les structures décisionnelles qui lui permettent de forcer un emprunteur à accepter ses conditions. Il faudrait donc trouver un accord avec le FMI, qui reste partie prenante de la réforme européenne, pour que sa rigueur et son expertise soient disponibles à travers la troïka.

Faire payer le secteur privé : le rééchelonnement de la dette

Des accords intermédiaires de faible ampleur ont été négociés et ont permis de gagner du temps. La restructuration prévue en 2011 a échoué, notamment en raison de l'opposition de la BCE. Les banques devaient renoncer à 21 % de leurs créances. L'accord intervenu en 2013 augmente ce sacrifice à 50 %. Le premier projet de sauvetage permettait aux banques de n'amortir que 50 milliards. Les tergiversations de l'Europe ont triplé cette facture à 150 milliards auxquels il fallait ajouter une perte comptable de 75 milliards. Cela sans aucune concession financière du secteur public.

En fin de compte, c'est vers le secteur privé que se sont tournés tous les regards… des autorités publiques. L'encours de la dette grecque était cependant largement partagé entre le secteur public et le secteur privé. Selon le principe que les interventions publiques ont toujours la priorité, la dette grecque détenue par le secteur privé a été diminuée de moitié mais la perte encourue par les créanciers atteignait 75 %.

Cet accord fut obtenu à l'arraché dans des conditions qui ressemblent plus à du chantage qu'à un consensus. Certains créanciers, de surcroît, se sont vu remboursés à 100 % par les prêts de l'Union européenne.

Aujourd'hui, le dernier versement a été fait. Le secteur public n'aura pas dû verser au bassinet.

Grèce : une négociation périlleuse qui doit aboutir

Publié le 21 janvier 2012

Lors de la négociation de la « dernière chance » en octobre 2011, les dirigeants européens avaient obtenu des représentants du secteur privé un sacrifice de 50 % qui réduirait - paraît-il - la dette grecque de 100 milliards d'euros et lui permettrait d'avoir un ratio d'endettement de 120 % en... 2020 (au lieu de 160 %).

Nous avons eu abondamment l'occasion de poser des questions sans réponse sur cette opération, et entre autres de mettre en cause le montant de 100 milliards d'euros correspondant à une perte de valeur de 50 % des créances du secteur privé. Les détails devraient être connus en début de semaine.

Il ne fait aucun doute qu'une réduction de dette de la Grèce est un passage obligé à toute résorption du surendettement grec. Malgré tout, cela ne manquera pas de laisser des questions ouvertes, des interrogations qui risquent de renforcer la méfiance d'autres pays européens face à certaines solutions. Le plan de sauvetage de ces autres pays est, pour le moment, pris en charge par le secteur public. Ce choix est-il soutenable ?

Dans tous les cas de restructuration de dette des pays qui ont sombré dans le piège du double déficit insoluble, les créanciers - et singulièrement les institutions financières - ont accepté des sacrifices par réalisme : la perte qu'ils encouraient est supérieure au sacrifice qui leur est demandé. C'est du pragmatisme. Cette négociation ne peut pas échouer. Un échec mettrait en péril l'intégrité de la zone euro, et les conséquences se feraient sentir bien au-delà du continent européen.

Il est paradoxal que la BCE soit devenue le principal obstacle à un accord. La BCE s'était courageusement portée au secours de la Grèce et avait engrangé 40 milliards d'euros d'emprunts grecs pour parer au plus pressé. Ce faisant, elle assumait une responsabilité qui n'était pas de son ressort. Aujourd'hui, la BCE est absente de la table des négociations et ne participera pas à l'échange de dettes qui se négocie à Athènes. Elle ne veut en aucun cas enregistrer une perte sur ses obligations, et justifie cette abstention en invoquant la responsabilité des gouvernements. Pourquoi n'invoque-t-elle pas le même argument concernant le secteur financier ?

Quant au secteur privé, si le réalisme l'amène autour de la table, sa présence est le résultat de pressions politiques : les États refusant de prendre leur part dans cette négociation, ils ont poussé par leur inaction la dette grecque à des niveaux de prix qui ont rendu la restructuration plus pénible que nécessaire. En effet, le taux des emprunts grecs a augmenté de 10 à 34% en 2011 alors que la crise grecque a réellement éclaté fin 2009.

Il y a une forme d'immoralité dans cette négociation

Les politiciens européens ont affaibli leurs banques, non sans les accuser de ne pas faire leur devoir. Ils ont empêché ces mêmes banques de vendre (à temps) les emprunts grecs, et maintenant, ils font porter la perte au secteur financier privé qu'ils vont forcer à se recapitaliser pour faire face à ces pertes. Les conséquences de cette attitude profondément immorale pèseront longtemps sur l'Europe. Lorsque de nouvelles opérations seront proposées sur le marché, les créanciers, qui ont dû prendre la perte issue de l'incompétence des États, hésiteront à l'avenir à investir dans la dette européenne. La crédibilité du secteur public en ressort abîmée, et la confiance du monde financier dans les États européens mettra des années à se reconstruire. Inutile de dire que si l'Italie devait tenter le même genre d'exercice, une telle restructuration aurait peu de chances d'aboutir[5].

L'accord de Bruxelles sur la Grèce est-il crédible ?

PUBLIÉ LE 21 FÉVRIER 2012

Ne cherchons pas midi à 14 heures. Les dirigeants européens nous ont tellement annoncé des décisions qui ne soutenaient pas l'analyse et ne furent pas suivies d'effet que les marchés et les investisseurs y répondent par un grand scepticisme. Nous avons été trompés tant de fois que ce n'est qu'après analyse que nous connaîtrons la portée de leurs décisions. Or, une fois de plus, erreur ne fait pas compte.

1. La contribution du secteur privé est annoncée comme étant de 107 milliards. Comme l'annonce précédente était de 100 milliards et que le taux est passé de 50 à 53,5 %, cela semble arithmétiquement correct. Ce sont les 100 milliards qui posent un problème : le secteur privé détient-il 200 milliards d'euros de dette grecque ? À vrai dire, on n'en est pas certain.

5. ABC, « Timeline : Greek debt crisis », juin 2015, www.abc.net.au/news/2015-06-23/greek-debt-crisis-timeline/6564930.

2. N'oublions pas que cette contribution se fait sous forme d'une souscription à des obligations à trente ans à un taux d'intérêt plus bas que les conditions de marché. Le sacrifice s'étale donc sur la durée, et ne réduit pas la dette grecque de 107 milliards d'euros ! Le sacrifice des uns n'est pas un gain immédiat pour la Grèce.
3. En quoi consiste la contribution de l'Europe ? Quels seront les nouveaux créanciers de la Grèce qui est déjà débitrice du secteur privé à concurrence de 50 % de son endettement ? On annonce le Fonds européen de stabilité financière : pour ce faire, il faudra que le FESF soit en mesure d'emprunter ces 130 milliards d'euros. Il ne s'agit pas d'une institution qui reçoit son financement des pays, mais d'une institution qui emprunte sur les marchés de capitaux avec la garantie des pays de la zone euro. Le coût pour la France sera de 26 milliards d'euros sous forme de garantie. On ignore quelle sera la participation du Fonds monétaire international.
4. La Banque centrale européenne distribue ses bénéfices sur ses obligations grecques (49 milliards d'euros) aux États membres. Les banques centrales européennes détentrices de 12 milliards d'euros d'obligations grecques reverseront également leurs bénéfices à la Grèce. Ces gestes ont une valeur symbolique, mais pas financière.

Dans ce contexte, et compte tenu des conditions mises par les pays européens pour le prochain versement, la valeur de ce soutien n'atteindra probablement pas les montants annoncés. Mais un tel engagement a une vertu : il confirme que l'Europe ne permettra pas que la Grèce fasse défaut sur sa dette publique.

Il faut croire que les marchés en étaient déjà convaincus, puisque leur réaction a été peu enthousiaste. Cet accord mérite cependant d'être salué : il coûte beaucoup trop cher et vient trop tard, à cause des hésitations des dirigeants européens. Mais il a le mérite d'exister et de mettre fin à des spéculations absurdes sur la sortie de la Grèce de l'euro ou le défaut de sa dette.

L'Europe, dans ce contexte, acceptera que la Grèce rembourse à leur valeur nominale les obligations grecques soumises à la loi britannique détenues par des *hedge funds*. Elle n'a pas voulu aller au procès. L'équité en a été bafouée. La leçon allait être tirée et les nouvelles règles qui remplacent celles qui ont favorisé les *hedge funds* en Grèce et en Argentine sont revues. Mais le lobby des *hedge funds* ne garantit pas que cette tentative soit couronnée de succès.

Grèce : le gouvernement menace la reprise économique au profit des *hedge funds*

PUBLIÉ LE 11 JANVIER 2013

Qui est complice de cette opération absurde ? Qui l'a conseillée ? Que s'est-il passé à Athènes ? Comment Deutsche Bank et Morgan Stanley ont-elles géré cette opération ? Ces questions, je les ai entendues plusieurs fois de la part de ceux et celles qui, comme moi, se réjouissent de voir la Grèce améliorer sa situation financière, et espèrent qu'un début de reprise économique se pointera à l'horizon de 2013.

Qu'a-t-on fait des 34 milliards d'euros : 11 milliards pour rembourser la dette ?

L'espoir était que ces capitaux allaient progressivement être utilisés à des mesures de relance de l'économie grecque moribonde. Subitement, et sans préavis, une opération a été montée, visant à rembourser pour 32 milliards d'obligations souveraines grecques à un prix moyen de 34 %. L'entièreté de cette avance s'est donc retrouvée dans le coffre des... *hedge funds*, grands spéculateurs en dette souveraine. L'un d'entre eux, Dart Management, un *hedge fund* des îles Caïmans lors de l'opération du secteur privé, avait même réussi à se faire rembourser à 100 %.

Une opération bâclée par des banquiers pressés ?

Le 3 décembre 2012, le gouvernement grec a annoncé (par e-mail) à la Commission son intention d'utiliser 10 milliards d'euros en échange d'obligations. Il donnait cinq jours aux obligataires pour présenter des obligations au remboursement. Devant les hurlements des obligataires, l'opération a finalement été étendue de quelques jours et, le 12 décembre, 31,9 milliards de dette grecque ont été ainsi remboursés. Une catégorie d'investisseurs (les chacals) était postée depuis longtemps, attendant de prendre au passage un tiers de la manne européenne. Elle a obtenu gain de cause en utilisant une fois de plus son arme favorite : le chantage.

Un silence assourdissant et une opacité totale

Que les obligataires se réjouissent n'est pas mis en question. C'est grâce à cette opération que le rendement des obligations grecques à dix ans est descendu à 11 %, ce qui est une bonne chose. Mais c'est là que s'arrête l'amélioration : l'économie grecque est en lambeaux, relancer son outil et son emploi est une priorité essentielle. Le problème financier de la Grèce peut se résoudre non plus par des manipulations d'endettement, mais par une reprise économique qui fera baisser ses taux d'intérêt et lui permettra d'atteindre le seuil fatidique de 124 % du PIB, en 2020, imposé par le FMI.

La crise grecque et l'euro

Beaucoup de confusion a donné une crédibilité à l'idée que la Grèce quitterait l'euro et la zone euro. Outre que ce n'est pas possible dans les traités, il y a une autre raison pour laquelle même des prix Nobel se sont trompés de guerre.

Une crise monétaire est due à des déséquilibres macroéconomiques qui rendent la convertibilité de la devise impossible. Tel n'a jamais été le cas. C'est outre-Atlantique que le plus grand nombre d'erreurs d'analyse a été commis. On annonçait la fin de l'euro et de la zone euro.

L'Europe a fait face à une crise de l'endettement public. Certes, dans le cas d'une zone monétaire comme l'est la zone euro, le risque de contagion sur la devise existe. L'appartenance à une même zone avec une Banque centrale européenne émettrice de la devise crée une structure de solidarité que même Angela Merkel a découverte.

La crise de l'endettement grec n'a jamais menacé l'euro. Il n'y avait donc aucune raison pour la Grèce de quitter la zone euro, une position soutenue par la grande majorité des Grecs. Leur vote pour Tsípras n'était pas un vote sur son programme, mais contre les politiciens qui avaient plongé la Grèce dans la crise en raison de leur incapacité à se mettre d'accord sur le nom d'un nouveau président.

La Grèce restera dans l'Europe et dans la zone euro

PUBLIÉ LE 15 MAI 2012

Le déballage de grands esprits concernant la sortie de la Grèce de la zone euro ou de l'Union européenne ne les honore pas, et appartient plus à la science-fiction qu'à une analyse sérieuse.

Récemment, des économistes ont estimé que la Grèce devait accepter un retour à la drachme et une « sérieuse » dévaluation pour reprendre sa croissance. Ce sont des souvenirs d'histoire ancienne, mais surtout, c'est inexact.

C'est une chose d'avoir une devise nationale dans laquelle s'exprime une économie et que l'on dévalue par rapport aux devises des autres pays. Quand l'économie est entièrement exprimée en euro, l'abandon de cette devise, si elle a des avantages, a aussi un inconvénient majeur : toutes les dettes sont exprimées en euro.

Une baisse de la drachme aurait pour conséquence d'accroître l'endettement des ménages, des entreprises et de l'État hellénique. Eh oui ! Une économie est à la fois composée d'actifs et de passifs. Si on touche l'unité de compte, cela affecte immédiatement la valeur des deux, et pas seulement des actifs. Il y a aussi une dimension fondamentalement politique. Le jour où un seul pays quitte la zone euro, les investisseurs se poseront une seule question : À qui le tour ? Quel sera le pays suivant à quitter l'euro ? Une union monétaire doit par définition rester cohérente et stable ou se dissoudre.

Comme le dit Christine Lagarde, on imagine mal le désordre qui s'emparerait non seulement de la Grèce mais de l'Europe. La sortie de la Grèce de l'euro entraînerait la désintégration de la zone euro. Le signal qui nous vient de Berlin et de la rencontre Hollande-Merkel est clair. Aucun des deux pays n'a l'intention de lâcher la Grèce. Ils auraient tout à y perdre. Parviendra-t-on à convaincre les électeurs grecs que leur attachement légitime et largement majoritaire à l'euro implique de donner à leur gouvernement un mandat qui comprenne le respect des engagements pris ? Les partis politiques responsables auront un effort immense de pédagogie et de candeur à faire pour convaincre leur population. L'Europe devra inévitablement donner un coup de main, et peut-être éviter les déclarations allemandes incendiaires qui, pour légitimes qu'elles soient, ne peuvent que mettre de l'huile sur le feu.

Quant au nobellissime Paul Krugman, sa prévision de la sortie grecque de l'euro dans un délai qui pourrait être d'un mois a, une fois de plus, démontré combien les économistes sont ignorants en finance (et *vice versa*). Il a fait ressortir que la position de vedette lui sied mieux que le sérieux.

Les leçons de la crise grecque : la zone euro a besoin d'un Fonds monétaire européen

Après près de dix ans de crise, la Grèce vient enfin de recevoir le dernier paiement du plan de crise. C'est ce qu'il aura fallu pour faire face à une dette de 300 milliards d'euros. Qu'en sera-t-il si l'Italie est en difficulté avec 2 300 milliards d'euros d'endettement ?

En face d'une dette souveraine en danger, l'Europe a choisi des scénarios divers, mais ne s'est toujours pas dotée d'un mécanisme de gestion de crise. Or le risque en 2018 n'est plus celui d'une crise bancaire, mais bien d'un effondrement de la dette des États. La zone euro a-t-elle mis au point des termes d'intervention pour éviter le coût astronomique de l'improvisation ?

Certains pays ne sont peut-être pas capables de supporter la discipline qui accompagne le fait d'être membre de la zone euro. Comment peut-on les traiter ? Un Fonds monétaire européen permettrait-il de gérer ce qui va inévitablement se reproduire, surtout si nous parlons d'un pays comme l'Italie ? C'est une proposition d'Emmanuel Macron et Angela Merkel. Sans cet instrument, la zone euro sera constamment fragilisée par des vicissitudes et des mouvements à long terme.

CHAPITRE 3

La France endettée acculée à la discipline ?

Nicolas Sarkozy a fait exploser la dette publique française de 600 milliards d'euros. François Hollande a limité les dégâts à 400 milliards et Emmanuel Macron reste étrangement muet face à un héritage qu'il ne connaît que trop bien. La France est mal barrée. Elle a une forme de dédain pour ce genre de questions d'arrière-cuisine. Mais elle ignore le fait que les dettes doivent se rembourser et surtout qu'elles amènent des charges d'intérêt qui plombent le déficit budgétaire[1].

À la fin du deuxième trimestre de 2018, la dette publique française s'établit à 2,4 billions d'euros, soit 97 % du PIB. Ce n'est pas une mince affaire, même si les deux trimestres ont vu une amélioration de la situation des finances publiques. La Cour des comptes sonne le signal d'alarme[2]. Il y a deux ans, le taux des emprunts à dix ans était de 0,11 contre 0,76 % en 2018. Si ces taux ne sont pas inquiétants, la tendance n'est pas favorable. Le FMI presse le gouvernement de dévoiler sa stratégie pour réduire le déficit et

1. www.insee.fr/fr/statistiques/3303528?sommaire=3353488.
2. *Le Figaro*, « La dette de la France a augmenté à 97,6 % du PIB », juin 2018, www.lefigaro.fr/conjoncture/2018/06/29/20002-20180629ARTFIG00118-la-dette-publique-de-la-france-a-encore-augmente-a-976-du-pib.php.

la dette publique, dès la présentation du budget 2019. Malgré la publication du rapport Cap 22 par la presse, les détails manquent pour savoir comment Emmanuel Macron compte tenir sa promesse de quasi stabiliser les dépenses publiques à partir de 2020[3].

Le risque le plus important est celui de la charge d'intérêt qui augmentera dans les prochaines années en fonction de cette évolution : le resserrement de la politique de *quantitative easing* de la BCE s'ajoutera à cette situation.

C'est dire que le pays reste fragile face à des évolutions qu'il ne contrôle pas, tout en éprouvant des difficultés à diminuer son déficit budgétaire. Prononcer le mot « austérité » est une insulte en France.

La France est au pied du mur et ne peut pas continuer à augmenter sa dette. Elle sera, dès 2019, confrontée à une hausse des taux de sa dette, en raison notamment de la fin du programme de la BCE.

Avec les récentes manifestations des « Gilets jaunes », des lycées et autres avocats, on se demande de plus en plus s'il est possible de réduire la dette française sans que l'on brûle des voitures sur les Champs-Élysées. Faudra-t-il une crise pour que s'arrête cette course à l'endettement ?

Le déni de l'importance de la dette

Après avoir ignoré l'importance de sa dette souveraine, la France a tenté l'impossible pour rester un emprunteur AAA. Dans l'imbroglio politique sur le débat de l'austérité, elle n'y est pas parvenue et sa dette s'est encore accrue sous un gouvernement socialiste.

Au moment où se déroulent les manifestations plus ou moins subversives des Gilets jaunes, ce qui réémerge, c'est le déni des autorités et de la population face à une dette qui a maintenant

3. Marc Vignaud, « Le FMI incite Emmanuel Macron à poursuivre les réformes », *Le Point*, juillet 2018, www.lepoint.fr/economie/le-fmi-incite-emmanuel-macron-a-poursuivre-les-reformes-26-07-2018-2239375_28.php.

atteint 2,4 billions d'euros. À quand une opération vérité honnête et candide ? Quand il sera trop tard ?

La note AAA de la France ne vaut pas son pesant d'or

Publié le 22 août 2011

Depuis quelques semaines, la question de la notation AAA de la France a été au centre des préoccupations tant des milieux politiques que des entreprises et des médias. On en a même fait un enjeu de la réélection du président de la République.

C'est un jeu dangereux

Il semble que l'Élysée et Matignon considèrent cette notation comme essentielle, et justifiant des efforts supplémentaires. C'est confondre substance et apparence.

Le rôle des agences de notation est de publier une estimation de la qualité du crédit d'une entreprise ou d'un pays. Pour ma part, je n'y attacherais pas autant d'influence. Se battre pour une telle notation n'est pas un objectif qui se justifie socialement, politiquement, économiquement et financièrement.

C'est leur donner infiniment plus de légitimité qu'elles ne le méritent. La débâcle de la baisse de notation des États-Unis ne les a certainement pas grandies dans la mesure où l'essentiel de leurs arguments était de nature politique.

Face aux rumeurs, il est cependant apparu que la crédibilité d'un maintien de la note française n'était pas à toute épreuve. Ce jour-là, la question de la note de la France faisait l'objet de « rumeurs » plus ou moins bien intentionnées. Depuis, la faiblesse des banques françaises, s'est accrue en Bourse, et la chute de leur valeur boursière a atteint entre 35 et 45 % en un mois.

C'est un avertissement sérieux

Mais le vrai enjeu est ailleurs. Une baisse de notation a, en principe, un effet négatif sur un élément clé de la dette publique, à savoir un renchérissement du coût de financement du pays concerné.

La situation de la France est loin d'être rose. Son espoir de déficit budgétaire de 5,6 % pour 2011 est basé sur une croissance de 2 % qui semble irréaliste. Le budget 2012 s'inscrit dans une confusion dont nous devrions sortir cette semaine. La perspective d'un déficit de 3 % en 2013 paraît d'autant plus optimiste qu'elle devra être exécutée après les élections présidentielles. Comme l'endettement de la France a augmenté de près de 50 % depuis l'arrivée au pouvoir de Nicolas Sarkozy, la question des taux d'intérêt est cruciale.

Or la France a vu sa prime de risque (CDS) augmenter récemment. Elle est maintenant le triple de celle des États-Unis et le double de celle de l'Allemagne. La France est le pays AAA dont les taux d'intérêt sont les plus élevés.

La France est aussi un des pays AAA les plus endettés. Elle gagne sur l'apparence mais est de moins en moins bien positionnée sur ce qui compte vraiment : le coût de sa dette de 1 600 milliards d'euros.

Face à une situation de plus en plus inquiétante, les autorités françaises ont choisi le déni et lorsqu'un journal comme *The Economist* leur renvoyait une image critique de la situation du pays, le rejet de ce regard servait d'excuse pour ne pas poser les questions importantes que soulevait la situation.

La France et *The Economist* : un constat lucide et utile

Publié le 18 novembre 2012

Les réactions dans toutes les directions provoquées par l'étude de *The Economist* sur la France s'expliquent par une absence profonde de consensus entre les forces politiques, économiques et sociales sur un diagnostic objectif et, par conséquent, sur les remèdes qu'il faudrait prescrire au pays pour lui rendre une santé plus vigoureuse.

La France est-elle une menace pour la zone euro ?

La question mérite d'être posée. Ce n'est pas une attaque venant de la perfide Albion : d'une certaine manière, c'est le rôle central de la France qui lui vaut l'honneur de cette inquiétude. À quoi ressemblerait en effet la zone euro si la France venait à devenir un membre faible de la construction de l'euro ?

Mais cet honneur s'accompagne de responsabilités que la France n'a pas toujours exercées. L'absence de sérieux avec lequel les finances publiques de la France ont été gérées par le gouvernement de Nicolas Sarkozy constitue une menace pour la crédibilité du pays. C'est pour cette raison que la notation AAA a été perdue.

Ce 19 novembre, Moody's annonce la baisse de la notation de la France. Cette décision est d'autant plus significative que de nombreux investisseurs requièrent une notation AAA par deux des trois agences de notation.

Dans la crise de la dette souveraine de la zone euro, la France a été le héraut de l'austérité et le praticien de l'irresponsabilité. Il faut maintenant inverser l'ordre des facteurs, la France doit, et peut, remettre en ordre ses finances publiques, et les efforts du gouvernement actuel vont dans ce sens. Mais le consensus national est indispensable pour y aboutir.

Retrouver la compétitivité n'est pas facultatif

C'est en effet la perte de compétitivité de la France qui est le premier souci de *The Economist*. Il faut dire que le pays manque de pratique en la matière, puisque jusqu'à l'entrée dans l'euro il pouvait utiliser la dévaluation. Cela veut-il dire que la France ne devait pas faire partie de la zone euro ? Après tout, elle y est entrée sur la pointe des pieds.

Mais l'euro est aussi une source de compétitivité : le financement des entreprises françaises en franc se faisait à des taux d'intérêt proches et parfois supérieurs à 10 %. Que ce soit le ménage ou l'entreprise, la baisse des taux qui a accompagné l'euro a permis à la fois le surendettement des pouvoirs publics, mais aussi une augmentation du pouvoir d'achat des ménages, et une meilleure compétitivité des entreprises.

L'absence de mesures de correction du déficit budgétaire a retardé de 2003 à 2017 le moment où la France a enfin réussi à réduire son déficit budgétaire sous la barre de 3 %. L'inquiétude que le laxisme budgétaire du pays a créée était à la fois légitime et sincère. La deuxième économie de l'Union européenne était perçue comme instable mais, surtout, le discours des autorités, en plein déni, reflétait une forme de négligence collective face à l'endettement du pays.

La France inquiète le reste du monde

Publié à Londres, le 14 mars 2013

La reprise de confiance aura été de courte durée. La France inquiète de nouveau.

J'ai passé cette semaine dans la capitale britannique, et une bonne partie de ce temps dans la City. Les conversations avec les divers opérateurs, conseillers et investisseurs ont été, à plusieurs reprises, concentrées sur la situation de l'Europe. Ce qui m'a cependant frappé, ce sont les inquiétudes qui s'expriment de plus en plus ouvertement à propos de la France. Elles émanent d'interlocuteurs tant européens qu'asiatiques ou américains. Elles sont centrées sur plusieurs questions de fond.

L'absence de direction claire

Le déficit de leadership politique en France (tous partis réunis) est apparent, et il se traduit dans une communication qui traite de divers sujets, sans pour autant donner une indication de l'orientation stratégique. Les problèmes semblent se traiter au cas par cas, sans beaucoup de cohérence.

La visite du ministre des Finances, Pierre Moscovici, à Londres le mois dernier n'a pas réussi à dissiper une impression confuse, voire cacophonique, de la communication émanant des autorités publiques. Il faut dire que sa persistance à ne pas vouloir procéder à de plus amples coupures budgétaires alimente cette confusion.

La situation économique

Lors d'une émission économique à la BBC lundi dernier, j'ai été interrogé sur les chiffres négatifs du secteur manufacturier, en baisse de 1,4 % au trimestre dernier (chiffres de l'Insee). Cette statistique a frappé dans la mesure où la Banque de France tente désespérément de croire à une croissance de 0,1 % pour 2013 alors que les candidats à la présidentielle prévoyaient 2 %.

Comme ces dernières années, les nouvelles en provenance de France ont souvent été moins bonnes que les prévisions, les investisseurs se méfient. La combinaison d'un déficit budgétaire plus important que prévu et d'une croissance nulle, voire négative, pointe évidemment dans la direction d'une croissance de l'endettement.

L'absence de réformes et la position allemande

Les déclarations du patron de la Bundesbank, Jens Weidmann, stigmatisant la catalepsie du programme de réformes, ne laissent pas beaucoup d'espoir d'une réduction des dépenses budgétaires. Il confirme les vues du représentant allemand à la BCE, Jorgen Asmussen, qui pressait la France le mois dernier de prendre des mesures concrètes et mesurables. Le temps des discours est derrière nous.

La réaffirmation par la chancelière Angela Merkel de la nécessaire austérité ce matin renforce ce qui apparaît à beaucoup d'observateurs comme un divorce croissant entre les deux pays qui dirigent l'Union européenne, et singulièrement la zone euro. Le désaccord est profond et fondamental... Et pourtant, l'Europe doit apprendre à conjuguer croissance et discipline. Ce n'est pas impossible, mais demande du courage et de la transparence.

Comme le disent à la une cette semaine trois magazines, il y a des gaspillages et des dépenses inutiles qui sont intolérables en période de crise, et dont l'élimination ne remet pas en cause le modèle social. La moyenne des estimations des instituts spécialisés, analysées par *L'Expansion*, se situe autour de 60 milliards d'euros dans cinq ans. Peut-être la crédibilité passe-t-elle d'abord par le nettoyage des dépenses publiques ? Il faut balayer devant sa porte avant de faire des reproches aux autres.

À la demande de la France et de l'Allemagne, la zone euro s'est dotée d'un mécanisme de contrôle des budgets des États membres. Il s'agissait d'éviter de revenir à une situation où certains pays pouvaient mettre en danger leur endettement et leur stabilité. Chaque année, depuis cette mesure, les pays soumettent leur budget de manière à permettre cette discipline essentielle. Chaque année, les autorités, les médias et les financiers ont exprimé leur choc face à cette « ingérence » qui permettait à « Bruxelles » de dire à la France, pays souverain(iste), ce qu'il y avait lieu de corriger pour passer cette forme d'examen.

La France aurait tort de ne pas tenir compte des recommandations de la Commission européenne

Publié le 31 mai 2013

Non, il ne s'agit pas d'une incursion dans les affaires intérieures de la France. Les réactions contre le rapport que la Commission européenne publie chaque année sont une nouvelle démonstration de l'immaturité des gouvernements et des opinions publiques nationaux face aux efforts que la Commission déploie pour assurer une stabilité du développement économique de chacun des États membres de l'Union européenne.
« La Commission européenne a adopté aujourd'hui des recommandations aux pays de l'Union, qui doivent leur permettre de dépasser la crise et de renforcer les bases de la croissance. Ces recommandations sont fondées sur une analyse détaillée de la situation de chaque pays et donnent aux gouvernements des orientations pour stimuler le potentiel de croissance, renforcer la compétitivité et créer des emplois en 2013 et 2014 », précise le communiqué du 29 mai. Elle applique les décisions que les États membres ont approuvées. Cette procédure annuelle est utile et saine.

Des réactions impulsives... et déplacées

De là, comme le président français vient de le faire, à prétendre que « la Commission européenne n'a pas à dicter ce que nous devons faire », alors qu'elle ne fait que réagir aux propositions des pays concernés, déposées en avril 2013, il y a une marge à ne pas franchir. Le député socialiste Bruno Le Roux surenchérit : « L'Europe souhaite que nous réformions nos retraites mais nous avons prévu de le faire. Je trouve toujours très intéressant quand l'Europe nous dit qu'il faut faire ce que nous faisons. Et si jamais elle voulait que nous fassions autre chose, je lui dis que nous, nous avons pris l'engagement de redresser les finances du pays, de réformer nos systèmes dans la justice et en même temps de conserver le modèle français. »
Il suffit de cela bien évidemment pour que l'UMP, qui porte la responsabilité d'une augmentation de 50 % de l'endettement de la France, loue la qualité de ce rapport. Valérie Pécresse précise que les analyses « corroborent vraiment tout notre discours. Dire "attention la loi de décentralisation, ça doit être une loi qui simplifie le millefeuille et qui limite le nombre de collectivités", c'est exactement mon discours depuis toujours. Remonter

l'âge légal de la retraite, c'est aussi mon discours depuis toujours, parce que la durée de cotisation, ça ne suffit pas à rééquilibrer les régimes ».

Engager un débat intérieur

Plutôt que de s'adonner au jeu favori des partis politiques, la malhonnêteté intellectuelle transformée en jeu de ping-pong, pourquoi est-il inimaginable que ce rapport soit analysé et transformé en programme utile pour le pays ?

Quant aux six recommandations, elles n'ont rien de révolutionnaire mais soutiennent des efforts que la France doit faire pour atteindre ses propres objectifs.

- renforcer et poursuivre la stratégie budgétaire ;
- s'assurer que le crédit d'impôt réduit bien le montant envisagé du coût du travail ;
- prendre des mesures pour améliorer l'environnement compétitif des entreprises ;
- prendre des mesures pour renforcer la concurrence dans le domaine des services ;
- poursuivre les efforts de simplification du système fiscal.

Après avoir essayé, envers et contre tout, de fustiger les dirigeants de pays surendettés, j'ai choisi la tirade du nez de Cyrano de Bergerac d'Edmond Rostand pour tenter de donner un ton plus léger à ce que je continue à percevoir comme un risque auquel tous les gouvernements français ont refusé de se soumettre.

Et si François Hollande parvenait à redresser les finances de la France ?

Publié le 21 septembre 2013

Je sais, c'est carrément de la provocation que d'affirmer que le gouvernement de la France pourrait réussir à redresser les finances de la République. Si les quatre mousquetaires, Hollande, Ayrault, Moscovici et Montebourg avaient le talent d'Edmond Rostand en 1897, voici à quoi pourrait ressembler la tirade des nez.

« Moi, monsieur, si j'avais une telle dette, il faudrait sur-le-champ que je me l'amputasse. »

Ce n'est certes pas chose aisée, et toute amputation passe par des souffrances et le maniement difficile du bistouri. Seulement voilà, les chiffres sont très en faveur de François Hollande et de ses Gascons.

Comme le disait François Fillon, en septembre 2007 : « Je suis à la tête d'un État qui est en situation de faillite... cela ne peut pas durer. » Sarkozy le lui a vertement reproché. Entre 2007 et 2009, le gouvernement en a remis pour 300 milliards, soit une hausse de 20 %. Depuis l'arrivée de François Hollande, la hausse a été de 80 milliards seulement, soit 5 % (en dix-huit mois). La lutte contre la hausse de l'endettement est ardue, mais le gouvernement actuel semble acter de meilleurs résultats que son prédécesseur.

Curieux : « De quoi sert cet oblong endettement ? D'écritoire, monsieur, ou de boîte à ciseaux ? »

C'est vers la boîte à ciseaux que l'endettement nous pousse. Dans une situation où il n'y a pas de croissance, la seule manière de retrouver un semblant d'équilibre budgétaire est de s'attaquer aux déficits. Et les ciseaux ont deux lames : celle de la hausse des recettes (en français, la taxation) et celle de la baisse des dépenses (en français, la rigueur).

« Je me les sers moi-même, avec assez de verve, mais je ne permets pas qu'un autre me les serve. »

L'effort entamé par François Hollande et son gouvernement manque, certes, de verve gasconne. Mais le débat manque profondément de sérieux.

« François Hollande doit sortir de son déni de la réalité et regarder la réalité en face. C'est en réalité toute la politique économique et budgétaire du gouvernement qui est condamnée par la Cour des comptes et qui doit être revue », a conclu François Fillon dans une interview au *Monde*, en analysant le rapport de la Cour des comptes.

Il faudrait peut-être aussi revoir les absurdités économiques des dernières déclarations de Marine Le Pen. Il serait intéressant que le débat se déplace de l'idéologie vers l'économie. *Pour que la France reste une grande puissance économique mondiale, dans le concert des nations, nous devons abandonner ces politiques de rigueur terrifiantes. Le désendettement est un enjeu prioritaire*. Bref, on abandonne la rigueur et on diminue l'endettement. On nage dans l'utopie.

« La dette française va exploser tous les records en 2014 », nous annonce *Le Figaro*, comme si c'était la faute de « quelqu'un d'autre ». Ne serait-il pas utile que toutes les « forces vives » de la France se mettent autour de la table pour éviter cette explosion ?

Ce n'est pas insulter le pays que de lui dire combien, malgré ses richesses culturelles et économiques, la France s'enfonce dans un système fermé où il n'y a pas d'appel d'air et qui ne permet pas de prendre des mesures radicales. Cette paranoïa collective qui pousse les Français à ne jamais accepter « qu'un autre me les serve » leur évite de se regarder avec un regard extérieur. L'endettement de la France et son économie continuent à s'enfoncer face au déni de ses dirigeants. Encore faudrait-il que la France se « les serve elle-même avec assez de verve ».

Le déclin économique de la France s'accentue

Publié le 16 octobre 2015

Ce qui me frappe le plus, ce ne sont pas les conditions géopolitiques qui influencent le pays, mais des problèmes internes qui méritent une attention prioritaire.

L'endettement continue à augmenter dangereusement avec des taux d'intérêt croissants

La France devrait bientôt atteindre le seuil symbolique des 100 % du PIB. À 97,2 % à la fin juin, la croissance tant en chiffres absolus qu'en chiffres relatifs ne semble pas diminuer. Le chiffre de 2 104 milliards d'euros a de quoi effrayer. À cela s'ajoute une augmentation des taux d'intérêt de 0,4 à 1 % en six mois, qui rend cet endettement plus onéreux et accroît le déficit budgétaire. La baisse de la notation de la France le 15 septembre a encore augmenté ce risque.

L'enserrement syndical suffoque les entreprises

Couverts de privilèges qui coûtent des millions à chaque entreprise, les délégués syndicaux continuent à poursuivre des tactiques et un dialogue qui n'a plus de social que le nom. Il n'y a pas qu'Air France, et l'immobilisme syndical rend impossible la prise d'initiatives qui auraient du sens pour l'entreprise. L'absence de la CGT au dialogue social confirme qu'ils ne cherchent même pas le dialogue. Tout est bon pour faire la grève.

Le corporatisme syndical est incontestablement égoïste : le syndicalisme s'est transformé en une structure défensive de privilèges. L'exemple d'Uber et la violence des taxis restent dans toutes les mémoires. Chaque semaine nous apporte des exemples de cette recherche de la confrontation.

L'impuissance du pouvoir, qu'il soit de droite ou de gauche, est consternante. Il ne devrait pas être impossible de rendre les syndicats responsables de leurs actions.

Retrouver des appels d'air

Un séjour en France permet rapidement de se rendre compte du retard accumulé par l'industrie du tourisme. Pourquoi toutes les crêperies de Dinard ferment-elles le lundi ?

Pourquoi Hertz ferme-t-elle à la gare de Rennes le samedi à 15 heures ? Pourquoi la technologie télévisuelle et Internet continuent-ils à être du siècle dernier dans les chambres d'hôtel ou les avions ? Pourquoi les centres-ville sont-ils devenus déserts ?

Laurent Fabius, lors de son passage à New York, voulait que la vision du touriste par les Français soit plus positive : il devrait être possible de doubler la contribution de ce secteur si la notion de service pouvait se développer. Mais pour cela, le client ou le touriste doivent être bienvenus. L'hospitalité, c'est l'autre avant moi : utopie ?

Le regard sur l'immigration

La totalité du problème migratoire atteint des proportions importantes, mais gérables. Accueillir 1 % de population en plus ne devrait pas être dramatique. Encore faut-il avoir un sens de l'humanitaire.

Depuis cinq ans, la France trouve normal que les réfugiés à Calais soient traités de manière inhumaine, comme du bétail. Que les Roms soient reconduits aux frontières n'émeut plus personne. Qu'aucune structure d'accueil n'ait été mise en place depuis que Lampedusa est devenue l'entrée en Europe choque : fermer les frontières n'est pas une solution. La dernière initiative consistant à prendre les empreintes numériques des voyageurs venant du Royaume-Uni a quelque chose de pathétique. Ici, c'est le déclin des valeurs qui est en cause : il coïncide avec la multiplication des programmes de télévision sur le passé royaliste ou impérial et les châteaux ! La fuite en avant est bien médiatisée... quand les médias ne sont pas muselés par des actionnaires qui ne souhaitent pas la liberté de la presse.

Et pourtant...

La France a une richesse incroyable dans sa population : visiter une nouvelle entreprise de biotechnologie, voire la vie associative et les familles, nous ramène à ce que le pays a de meilleur. Sa fine intelligence et ses qualités humaines.

Faut-il que le monde politique ait abandonné son rôle pour que les luttes fratricides d'ego occupent les médias qui relaient plus les politiciens que l'économie réelle. Ce monde-là est source de dégoût et de découragement pour la population. La démocratie est en danger. C'est vers les moyennes entreprises que toute l'attention doit être portée. Les grandes entreprises ne donneront jamais à la France la croissance et l'emploi. Il suffit d'aller voir au-delà de la frontière : ce sont les *Mittelstand* qui font la croissance de l'Allemagne.

L'austérité doit être équitable

Le débat sur les mesures correctrices, qui inclut la diminution des dépenses publiques, est profondément affecté par la question de l'austérité. Le citoyen est convaincu que les riches parviendront à s'en tirer, avec ou sans l'aide des paradis fiscaux.

À un certain moment en France, on a parlé de la « TVA sociale », une de ces grandes illusions : la taxe sur la consommation n'est jamais sociale. La hausse de 1 euro sur un paquet de cigarettes touche un millionnaire ou un chômeur pour le même montant. C'est le plus pauvre qui est affecté. La taxation de la consommation est par nature asociale.

La capacité des entreprises de se soustraire à l'impôt sur les sociétés est, dans ce domaine, une inégalité criante. Lorsque le gouvernement français a offert 30 milliards d'euros de réduction d'impôts aux entreprises contre la création d'un million d'emplois, le Medef a refusé cet engagement. Le subside a, lui, été payé.

Il est impossible d'imaginer l'avenir de manière confiante sans accepter que les écarts de richesse et de revenus soient devenus, en France comme dans beaucoup de pays industrialisés, et en particulier aux États-Unis, intolérables non seulement socialement, mais même économiquement. On ne construit pas une économie sur l'injustice.

La dette de la France vient de franchir le cap de 2 300 milliards d'euros. Qui dit mieux ?

CHAPITRE 4

La dette italienne de 2,3 billions d'euros menace la zone euro et le monde

L'Italie est au bord du gouffre. La situation italienne, sur les plans économique, social et politique se détériore de jour en jour. C'est le troisième pays le plus endetté du monde occidental par rapport à son PIB, après le Japon et la Grèce. Au cours de l'été 2018, le changement de gouvernement et le budget irresponsable proposé par les nouveaux dirigeants ont commencé à semer une inquiétude qui s'est traduite par des ventes massives d'obligations d'État que le Tesoro italien tente en vain d'endiguer.

Oui, cela fait sept ans que j'attire l'attention des lecteurs sur le risque italien. Il y a pour cela plusieurs raisons.

À la base, l'immaturité politique italienne, qui se traduit par la succession de sept Premiers ministres en huit ans. Aucun pays ne peut résoudre ses problèmes sans un minimum de continuité politique. Ce n'est pas le seul pays instable de l'Union européenne, mais c'est le champion de l'instabilité. Le fantôme de Mussolini est-il de retour en Italie ?

Au-delà de cet aspect politique, durant ces années, la dette par rapport au PIB est passée de 119 à 134 %, faisant exploser tous les critères européens d'endettement. Ce qui, il faut le reconnaître, est comparable à la France qui est passée de 81 à 100 %. Face à ce déraillement contraire aux principes du traité de Maastricht, l'Europe n'a rien pu ou voulu faire. L'Italie ne s'est pas fait faute de rappeler que les premiers dérapages étaient venus de France et d'Allemagne.

Je me suis donc trompé sur le calendrier de la crise de la dette souveraine italienne, même si nous l'avons frôlée plusieurs fois. La raison doit être trouvée dans la politique monétaire de la Banque centrale européenne qui a indirectement favorisé l'indiscipline budgétaire. Je n'ai jamais cru que la BCE oserait se lancer dans une politique de *quantitative easing* qui donnerait un tel répit à l'Italie. Son effet principal a été de rendre la croissance des taux d'intérêt sur la dette inférieure à ce qu'elle aurait dû être. L'Europe a payé cette politique d'une augmentation du bilan de la BCE de 2 000 milliards d'euros. Le Professore Draghi méritera un mausolée en or pour les avantages que lui doit l'Italie. Mais, au-delà de cela, l'Italie a constamment remis au lendemain la réforme de son économie.

L'afflux de migrants aura consolidé ce qui ne pouvait plus être évité : un septième gouvernement de plus en plus imprévisible et irresponsable.

Dès 2011, les chiffres ont commencé à inquiéter.

Une crise de la dette italienne se profile-t-elle à l'horizon ?

Publié le 7 mars 2011

Je crains que les prochaines semaines puissent faire apparaître une crise de confiance dans la dette souveraine de l'Italie. Il y a pour cela plusieurs raisons convergentes, et un climat difficile.

Mario Draghi, un des plus éminents dirigeants européens, gouverneur de la Banca d'Italia et président du Conseil de la stabilité financière (et probablement candidat à la succession de Jean-Claude Trichet à la Banque centrale européenne), a envoyé aux banques italiennes un sérieux signal d'alarme sur leurs besoins de fonds propres additionnels. La banque Monte dei Paschi di Siena semble être spécifiquement visée. Il demande aux banques européennes en particulier d'augmenter leur capital ou de faire connaître leurs plans dans ce sens avant que les *stress tests*, dont on nous annonce qu'ils seront plus sévères que les précédents, soient effectués. Les banques semblent elles-mêmes en état de déni face à ces besoins, et en particulier Dieter Rampl, le patron de... Unicredit.

Mais la situation de la dette publique est inquiétante. Avec un ratio de 119 % du produit national brut, l'Italie est dans des zones proches de ses voisins méditerranéens. À cela s'ajoute une situation inquiétante de près de six cents municipalités italiennes qui ont spéculé en s'endettant en devises, qui se sont appréciées par rapport à l'euro, en particulier le yen. Fabio Saccomani, l'adjoint de Mario Draghi, n'a pas mâché ses mots : même s'il ne croit pas que l'Italie aura besoin d'une intervention du Fonds européen de stabilité financière, il en demande l'augmentation. On comprend l'enjeu : la dette italienne atteint 1 800 milliards d'euros, soit six fois celle de la Grèce. La marge au-dessus de l'Allemagne a longtemps été supérieure à celle de l'Espagne et reste trop élevée pour donner une marge de manœuvre à l'Italie.

L'impossible rééchelonnement de la dette

Parmi les remèdes qui auraient pu aider l'Italie, une consolidation de sa dette par le lancement d'un grand emprunt à long terme aurait pu stabiliser son endettement et réduire ses obligations de remboursement, diminuant son recours aux marchés et les risques qui y sont associés. Une telle opération a été considérée comme un aveu de faiblesse que les Italiens n'ont pas voulu accepter pour des raisons politiques. L'Italie emprunte environ 750 milliards d'euros par an, fragilisant le coût de cette dette.

Urgent : désamorcer la grenade italienne en rééchelonnant la dette dès 2012

PUBLIÉ LE 20 NOVEMBRE 2011

Il est encore possible d'éviter le pire : une crise qui mette l'Italie en défaut de paiement.

Maria Cannata, directrice du Tesoro, prévoit une émission de 440 milliards d'euros en 2012. Ce sont des échéances insupportables dans la situation actuelle. La mauvaise gestion de la dette italienne accumulerait au cours de l'année prochaine des montants représentant en moyenne le double des années suivantes. Utilisant l'artifice que tous les pays en crise ont utilisé avant elle, l'Italie, pour diminuer sa charge d'intérêts, a récemment emprunté à court terme. C'est un piège dont on se demande comment un expert avisé comme le nouveau président de la Banque centrale européenne, Mario Draghi, ancien président du Conseil de stabilité financière et de la Banca d'Italia, et son collègue ministre des Finances ont pu y tomber. En attendant, ce risque est insupportable pour l'Italie et cette grenade pourrait exploser dès les prochains mois : l'Europe doit donc agir immédiatement pour éviter que cette explosion ne remette en cause tous les efforts faits pour la Grèce et crée une contagion immédiate qui atteindrait par ricochet la France et, en fin de compte, l'Allemagne elle-même.

La solution est évidente et relativement aisée : le rééchelonnement de la dette italienne

Il ne s'agit pas ici d'une négociation musclée du type de celle qui a préludé à l'accord du 26 octobre sur la Grèce. Il n'est pas question de réduction de dette ou de sacrifice des banques. Il s'agit tout simplement d'échanger les obligations italiennes venant à échéance l'an prochain contre des obligations plus longues. Pour ma part, je proposerais un grand emprunt d'au moins 100 milliards d'euros à l'échéance 2017. Les remboursements en principal s'échelonneraient par tiers à la fin des troisième, quatrième et cinquième années. Le taux ne serait pas pénalisant, sans être généreux : 5 à 6 % devraient faire l'affaire.

Il est important que non seulement le secteur privé, mais également le secteur public participent à cet échange volontaire. Il n'y a en effet aucune perte à acter pour les obligataires. Les obligataires concernés ne devraient pas rechigner à une telle opération qui n'implique pas de « sacrifice » et consolide la position de la dette italienne dans son entièreté. De surcroît, une telle mesure aurait un effet salutaire sur les cours des obligations à plus long terme qu'ils détiennent en portefeuille et dont ils ont sauvagement vendu une partie ces deux dernières semaines.

Pour l'Italie, c'est un ballon d'oxygène qui lui permettrait de diminuer de ce montant (ou plus) les remboursements et donnerait du temps

> au gouvernement de Mario Monti, un vrai homme d'État, de restructurer et réformer ce qui doit l'être. La majorité dont il dispose depuis la confiance massive des députés italiens lui donne la légitimité et les marges de manœuvre nécessaires. Sans qu'on le lui demande, il s'est mis à l'ouvrage et a remis les programmes d'austérité italiens sur le métier. C'est un homme compétent et surtout courageux qui n'a pas froid aux yeux, ce qui manque terriblement en ce moment. On se souvient de la manière dont il a tenu tête à de grands groupes comme General Electric lorsqu'il était en charge de la direction de la concurrence européenne.
>
> Enfin, une fois n'est pas coutume, le bénéfice politique qu'en retireraient l'Europe et ses dirigeants serait considérable. Ils se positionneraient sur un scénario préventif d'une crise annoncée et inéluctable plutôt que de traîner les pieds et d'alourdir les solutions curatives comme ils l'ont fait sur la Grèce. Cela pourrait avoir un effet vertueux qui affecterait l'entièreté de la zone euro. La confiance qui en résulterait serait essentielle.

Faut-il le dire, cette recommandation n'a pas été suivie tant le syndrome du rééchelonnement avait acquis une dimension dans le contexte grec. Il eût cependant été possible d'éviter l'explosion de la dette publique italienne qui devait suivre. Nous avons vécu plusieurs années dans la crainte d'une réaction de méfiance et de panique des investisseurs.

Mais le déni de l'Europe face à la situation des finances publiques de l'Italie a constitué une préoccupation au moins aussi grande que le problème lui-même. Car il faut faire face à la réalité : l'accumulation de changements de gouvernement, l'arrivée au pouvoir de partis « extrêmes », la crise bancaire et l'accumulation de l'endettement font de l'Italie le plus important risque systémique de la zone euro et de l'Europe.

L'arrivée de Mario Monti à la tête du gouvernement italien a rassuré pendant quelque temps, mais son impuissance à faire face aux défis de son pays et son absence d'expérience politique ont rendu la tâche du Professore presque impossible. Son projet de créer un parti politique de plus en Italie s'est effondré.

L'Italie au pied du mur : le déni et le défi de Mario Monti

PUBLIÉ LE 12 JUIN 2012

Ainsi, M. Monti affirme que *le Fonds européen de stabilité financière (FESF) ne devra pas intervenir en Italie*. Nous le souhaitons tous. Mais cette affirmation fait sourire. D'abord parce que le FESF n'existera plus à la fin de cette année. Ensuite parce que les montants sont en dehors de la capacité d'emprunt du FESF qui a perdu son AAA lorsque la France a perdu le sien et fait basculer la majorité des garants sous la barre du AAA. Ensuite, parce que ses moyens sont dérisoires par rapport à l'endettement italien. Pour 1,5 milliard d'euros, le FESF a dû payer 1,3 % au-dessus du « taux sans risque ».

Bien sûr, il nous harangue en nous conseillant de ne pas croire aux clichés et préjugés. Mais c'est précisément là que se trouve le risque. Avec 450 milliards de (re)financement dans les douze prochains mois, un accident est vite arrivé. Cher Professore, si d'aventure, comme ils en ont hélas le secret, les investisseurs et les marchés devaient subitement cesser de croire aux clichés et préjugés, la crise de confiance serait une déferlante. Nous savons combien ces réactions sont brutales et immédiates. La contagion, que Mario Monti nie, est à ses portes.

N'aimerions-nous pas tou(te)s croire que votre gestion sera exemplaire et que, rationnellement, il n'y a rien à craindre. Seulement voilà : « Notre pays paie, à travers sa contribution financière proportionnelle (à l'UE), pour aider la Grèce, le Portugal, l'Irlande et à présent l'Espagne. Et maintenant, il paie aussi à travers des taux d'intérêt extrêmement élevés à cause des tensions sur les marchés », prétendez-vous. Tout se passe donc comme si l'Italie n'avait aucune responsabilité dans la structure de la dette. C'est ce déni qui me fait peur.

Il est plus courageux et plus honnête de dire que l'Italie doit prendre le taureau par les cornes, qu'elle n'est pas satisfaite de la situation de sa dette, mais met tout en œuvre tant au niveau budgétaire qu'à celui de la dette, pour éviter des tensions inutiles. J'ai eu à plusieurs reprises l'occasion de vous rencontrer : soyez simplement vous-même, honnête, intègre et candide. Vous êtes maintenant en première ligne. Soyez crédible, et vous en sortirez avec la confiance des investisseurs. C'est tout le bien qu'on vous souhaite.

L'Italie menace la zone euro

L'Italie a atteint des niveaux stratosphériques qui la rapprochent de la situation grecque dont on notera qu'elle reste à un niveau très élevé malgré les interventions européennes et du Fonds monétaire international. Il en va de même du Portugal.

Ce qui fait de la menace italienne un danger pour la zone euro, c'est la taille de l'endettement qui représente 2,3 billions ou 23 % de la dette de la zone euro (10 milliards). Si l'on estime la part de la dette italienne qui est détenue par la BCE à 20 % de cette dette, ce serait un montant de 500 milliards d'euros qui serait à risque dans la banque centrale.

Dans ce contexte, on voit mal comment la zone euro ferait face à une crise de la dette italienne. Une des grandes surprises de ces dernières années aura été le déni. Nous l'avons vu dans plusieurs crises, mais l'Europe n'a pas osé mettre l'Italie devant ses responsabilités. C'est cette complaisance coupable qui explique que l'Italie est maintenant au bord du gouffre.

Le risque italien contient-il une menace européenne ?

PUBLIÉ LE 25 FÉVRIER 2013

Depuis des mois, la société de mutuelle admiration européenne ne manque pas une occasion de faire l'éloge de Mario Monti. Tout le monde minaude autour du Super Mario, qui est un « ancien » de la Commission et de Goldman Sachs, condition *sine qua non* pour une carrière européenne transalpine. Le Premier ministre Mario Monti aura échoué : il n'a pas réussi à mettre en place l'austérité et a laissé filer la dette. Il aura à son actif une augmentation de 100 milliards d'euros.

Dans ce contexte, c'est l'aveuglement qui règne face à un endettement excessif ou l'absence de contrôle par le gouverneur de la Banca d'Italia, Mario Draghi, face aux manœuvres de Monte dei Paschi, soutenue par... le Partito Democratico. Celui-ci vient en tête des élections. Les problèmes sont d'une gravité qui menace l'ensemble de l'Europe, et singulièrement la France.

On vient d'apprendre que la BCE détenait dans le cadre du Securities Market Program près de la moitié de ce programme en dette italienne : 107 milliards d'euros.

La menace italienne est réelle, présente et sous-estimée

L'Italie est le dernier bastion avant une déferlante contre la France. Le président de la Banque centrale européenne, Mario Draghi, est prêt à intervenir « sans limites » avec les deniers européens pour empêcher une hausse des taux italiens et espagnols. On n'est jamais servi si bien que par soi-même. Mario Monti, Mario Draghi et le ministre des Finances, Vittorio Grilli, n'ont rien fait pour restructurer la dette italienne, dont la vie moyenne est descendue d'un an à un peu plus de six ans. En refusant de consolider au bon moment cette dette de 2 000 milliards d'euros, soit 127 % du PIB italien, l'Italie s'est lancée dans une stratégie financière suicidaire : raccourcir les échéances en empruntant à court terme.

Une irresponsabilité à tous les niveaux

C'est tant au niveau de la Banque centrale européenne que de la Commission européenne, du gouvernement de Mario Monti et de la Banca d'Italia que l'inadmissible léthargie a servi de réponse complaisante à une situation qui aurait pu être atténuée. Le déni régnait partout.

Mais l'électorat italien, en donnant plus de 50 % des sièges sénatoriaux à deux bouffons (« *send in the clowns* », comme le dit la première page de *The Economist*), dont l'un est un artiste et l'autre un dépravé sexuel malhonnête, a envoyé un message dangereux. Nous sommes arrivés au stade où les politiciens italiens ont tellement perdu leur crédibilité que la *commedia dell'arte* est préférée à la gestion de l'État.

Devrons-nous rappeler à nos amis transalpins la fable de *La Cigale et la Fourmi*, chère à Jean de La Fontaine ? Comment un peuple qui a eu le destin de l'Europe entre ses mains dans l'Antiquité, et donne des artistes, des écrivains et des penseurs parmi les plus exceptionnels de l'Europe, a-t-il pu exprimer un tel vote de dégoût ? Ce n'est même plus du populisme, c'est un rejet qui contient les ferments d'une évolution qui n'exclut pas l'insurrection.

La crise souveraine européenne est devant nous, pas derrière

Dans ce contexte, il ne nous reste plus qu'à attacher nos ceintures. Wall Street a perdu deux cents points sur les nouvelles des élections italiennes : c'est l'ensemble des économies mondiales qui est concerné. Personne n'a les moyens d'enrayer une vente massive de dette italienne. Elle entraînerait avec elle l'entièreté de l'Europe, et plus encore. Les calamars grecs n'étaient qu'un hors-d'œuvre. Maintenant arrive le plat de résistance : les pâtes italiennes. Elles sont six fois plus lourdes à digérer.

Comme la Grèce, l'Italie a trafiqué les comptes de sa dette. On y retrouve Goldman Sachs et son président international Mario Draghi. Il refusera d'assumer toute responsabilité dans cette crise italienne alors qu'il a été le gouverneur de la Banca d'Italia au moment où les finances publiques ont dévissé.

L'Italie a triché et perd des milliards d'euros : Mario tu dors, ton moulin va trop vite

Publié le 26 juin 2013

Les nuages s'amoncellent. Un rapport officiel du Trésor italien vient d'être adressé à la Corte dei conti (la Cour des comptes italienne). L'Italie a effectivement utilisé des produits dérivés pour étaler sa dette de manière à obtenir son entrée dans l'euro. Cela rappelle-t-il quelque chose ?
Récemment, le président de la BCE avait pris l'avion pour rencontrer en urgence son successeur, Vittorio Grilli. Était-ce pour s'assurer qu'il ne serait pas inquiété dans la déconfiture de la troisième banque italienne, Monte dei Paschi, de Sienne, que le Tesoro avait dû renflouer ? MPS avait acquis une banque italienne, Antonveneta, à un prix exorbitant, et l'ex-gouverneur de la Banca d'Italia avait précisé qu'il n'avait pas l'autorité de s'y opposer ou de mettre en question le prix d'acquisition. Le fait que MPS avait payé 2 milliards d'euros de plus que Santander qui l'avait acquise un an plus tôt, en pleine crise financière, ne semble pas l'avoir inquiété.

Des milliards de pertes ?

Selon l'information obtenue par le *Financial Times*, ce sont des milliards d'euros de pertes qui auraient justifié l'envoi du rapport à la Corte dei conti. Le montant nominal des produits dérivés atteindrait la somme de 31,7 milliards d'euros. C'était aussi par l'utilisation de produits dérivés que MPS avait réussi à camoufler 800 millions d'euros de pertes. En 1995, l'Italie avait un déficit budgétaire de 7,7 % qui fut réduit comme par enchantement à 2,7 % en 1998. Outre la manipulation effectuée par le Tesoro italien, cela confirme les conditions suspectes qui ont présidé à l'entrée de certains pays dans la zone euro. C'est de cette *culpa in eligendo* que viennent les difficultés de la zone euro. Politiquement, il était impossible de ne pas inclure l'Italie. La Guardia di Finanza a « visité » les bureaux de la responsable de la dette italienne, Maria Cannata, avant de produire ce rapport de vingt-neuf pages qui manque de détails, et notamment les noms des banques et des produits utilisés. Seuls quelques responsables italiens, dont Mario Draghi, étaient au courant de ces manipulations. Mario Monti serait-il de la partie ? On comprend de mieux en mieux pourquoi l'Italie s'est battue pour s'approprier plusieurs postes clés au sein des organes financiers européens. Le Conseil européen qui se penche sur l'Union bancaire européenne devrait être attentif à la séparation entre la fonction de banque centrale et celle d'autorité de contrôle, même si les deux s'effectuent sous la responsabilité de la BCE. Il faut à tout prix éviter l'apparence même de conflits d'intérêts.

C'est Silvio Berlusconi qui a mis l'Italie au bord du précipice. Ses magouilles privées, son rejet des *mani pulite* des juges italiens, ses pratiques personnelles, son absence de sens des responsabilités ont fait de lui le prédécesseur de Donald Trump. Ce sont ses alliés qui vont creuser sa tombe si l'Europe ne s'y oppose pas.

L'Italie s'effondre pendant que les politiciens s'empoignent sur Brexit

Publié le 7 juillet 2016

Sous une page de couverture de *The Economist* de ce vendredi la légende est sans ambiguïté : la crise des banques italiennes sera la prochaine crise européenne. Pas le Brexit. Les lecteurs de ce blog ne seront pas surpris du nombre d'interventions sur le thème de l'effondrement économique et financier de l'Italie. Cette inquiétude récurrente vise à la fois la santé des banques et l'endettement souverain du pays. Ni Berlusconi, ni Lette, ni Monti, ni Renzi n'ont réussi à juguler la gangrène.

Depuis mars 2011, j'ai eu l'occasion de préciser ces inquiétudes à de nombreux dirigeants européens et lors d'interventions publiques. Elles reviennent au-devant de la scène à travers une crise qui a forcé le gouvernement italien à intervenir en infraction de la loi européenne pour sauver des institutions financières au bord de la faillite. En urgence, une autorisation de financement de six mois a été décidée, alors que la Commission mettait l'Espagne et le Portugal à l'amende.

La Banque centrale européenne regorge de titres italiens

Si la situation ne s'est pas détériorée aussi vite que prévu, c'est grâce, ou à cause des interventions de la Banque centrale européenne. Nul ne sera surpris que la BCE ait déployé des moyens extraordinaires pour soutenir l'Italie. C'est d'autant plus dramatique que la dette de la péninsule est à plus de 132 % du PIB pour un montant de 2 300 milliards d'euros. Pour information, la dette grecque est un problème de 170 % et de 300 milliards.

On ne pouvait ignorer la gravité de la situation. Or les banques italiennes ont un pourcentage de dette souveraine qui atteint de telles proportions que la demande de la Commission de limiter l'encours de dette souveraine propre des banques a été rejetée par le veto du Premier ministre italien, Matteo Renzi.

Quelle est la proportion des actifs de la BCE qui sont soit dans la dette souveraine, soit dans la dette bancaire du pays ? Même cette information essentielle au contrôle de ses activités n'est pas disponible dans le fouillis de ses statistiques. Ce manque de transparence ouvre la porte à toutes les suspicions. Pour ma part, j'estime le risque italien à 25 % des 3 000 milliards du bilan de la BCE, soit près de 750 milliards d'euros. Cela limite les possibilités futures d'intervention.

La protection suspecte des risques italiens

Comment les banques italiennes ont-elles pu passer à travers les tests de l'Autorité bancaire européenne ou de la BCE ? En s'assurant que la sensibilité au risque souverain ne soit pas prise en compte. C'est de la manipulation, et je puis assurer que cela s'est fait consciemment. Les banques italiennes n'ont pas amorti les mauvais crédits qui représentent 17 % de leurs crédits : qui a couvert ce manque élémentaire de discipline ?

Lorenzo Bini Smaghi, président du Conseil de la Société générale et ancien représentant italien à la BCE, a donné l'alarme en disant que les banques italiennes *pourraient engendrer une crise bancaire paneuropéenne*[1].

Cette évolution amène les taux d'intérêt italiens à s'envoler. Le Tesoro tente de financer le tiers de sa dette à court terme, mais sera rattrapé inéluctablement, malgré le *quantitative easing* de Mario Draghi. Depuis 2016, l'Italie creuse inexorablement la tombe de son endettement.

La détérioration soudaine du risque italien menace la zone euro

Publié le 16 novembre 2016

Les taux d'intérêt des obligations d'État ont doublé en quatre mois

À cette menace s'ajoute la détérioration de la valeur des emprunts d'État italiens (12 % des actifs). N'oublions pas que l'Italie a une notation de BBB - la plus basse avant de devenir *junk*.

La remontée soudaine des taux italiens n'a pas de quoi surprendre. Avec 132,7 % du PIB, l'Italie se rapproche de la Grèce (175 %) et est talonnée par la France (93,5 %). Le montant de la dette atteint 2 300 milliards d'euros qui lui coûtent près de 90 milliards d'euros par an en intérêts.

Mais le vrai danger est la hausse des taux d'intérêt. Depuis juillet, le taux italien pour les obligations à dix ans est passé de 1,05 à 2,2 % aujourd'hui. Comme l'Italie a une dette à court terme de 600 milliards, le déficit budgétaire va s'accroître immédiatement.

Mais surtout les pertes des banques italiennes sur ces obligations vont affecter leur crédibilité. Par la grâce de Bâle III et de la réglementation bancaire, cela n'apparaîtra pas dans les comptes, et les fonds propres ne seront pas réduits. Mais les investisseurs savent calculer et ils savent que les régulateurs sont là pour défendre les gouvernements et les banques, pas pour défendre la stabilité financière. Ils ajusteront leurs estimations.

---

1. Ross Larsen, Guy Johnson et Caroline Hyde, « Italy may spur Pan-Europe bank crisis, SocGen chairman says », Bloomberg, juillet 2016, www.bloomberg.com/news/articles/2016-07-06/italy-could-spark-systemic-banking-crisis-socgen-chairman-says.

La situation a pris en 2018 une tournure dramatique. L'arrivée au pouvoir d'une coalition qui refuse en bloc la discipline budgétaire européenne pour poursuivre un agenda populiste a amené une vente massive d'obligations italiennes et a forcé le gouvernement à intervenir. La marge entre les rendements allemands et italiens a doublé. Est-ce le début de la fin ? Faudra-t-il restructurer de manière coercitive la dette italienne ? Quel est le montant de cette dette qui est détenue par la BCE ? Autant de questions qui nous rapprochent de l'inévitable, sans visibilité.

L'écart entre le taux allemand et le taux italien vient de se creuser à une rapidité inhabituelle. Alors qu'il était de 100 points de base en mai 2018, six mois plus tard, il dépasse 250 points de base. Il n'est pas trop tard, mais il est temps d'agir.

Quelques mois après cet avertissement, les investisseurs étrangers ont commencé à vendre massivement la dette italienne, pour environ 40 milliards d'euros par mois. Parmi les acheteurs, environ 6 milliards viendront de la BCE, le solde étant réparti en partie au sein des banques italiennes qui s'enfoncent dans le risque d'une crise souveraine de leur pays. Le nouveau « gouvernement » italien crie au chantage et au massacre. Son élection plombe encore plus

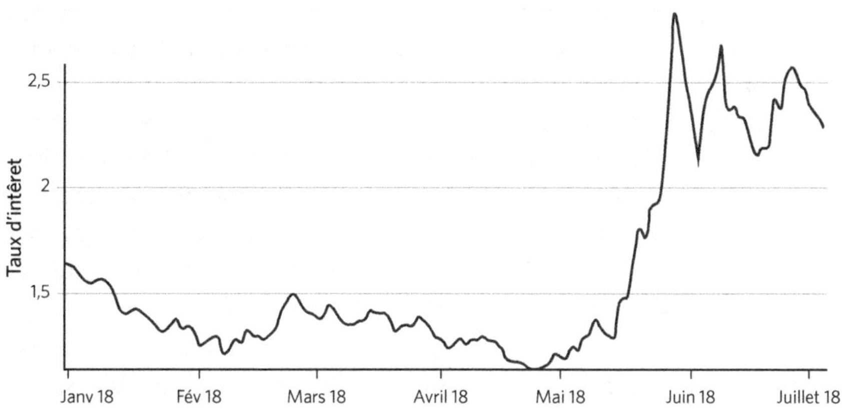

Figure 10[2]**.** Italie, rendement des obligations d'État à dix ans.

2. Source : Thomson Reuters.

le marché de la dette italienne. La crise italienne pourrait commencer en 2019.

Chronique d'une crise annoncée : l'Italie s'enfonce

Publié le 22 août 2018

Les détenteurs étrangers de dette italienne accélèrent leurs ventes
Comme présenté précédemment, l'Italie est le pays dont l'endettement est le plus fragile. Le rendement des obligations à dix ans a oscillé entre 3,01 et 1,17 dans les dernières deux semaines. Ce mouvement de vente coïncide avec la nomination du nouveau gouvernement. Depuis juin 2018, les ventes mensuelles avoisinent les 40 milliards d'euros par mois. En face de ces vendeurs, on trouve notamment les banques italiennes et le Trésor. Selon le *Financial Times* de ce jour, le mouvement s'accélère, malgré une liquidité de plus en plus limitée à cause de la BCE.
Ce n'est pas une bonne nouvelle. Cela signifie que les banques italiennes augmentent leur risque souverain : ces opérations sont lucratives à court terme puisqu'elles empruntent aux alentours de 1 % et investissent à 3 % sans qu'il y ait une pondération en fonds propres.

Un budget à haut risque
Qui plus est, le prochain budget italien s'annonce comme révolutionnaire et va peser incessamment sur la dette italienne. Les échos ne sont pas rassurants. La réponse des agences de notation pourrait être déterminante.
Évidemment le gouvernement italien voudrait ralentir le programme de diminution de la politique monétaire de la BCE. C'est aussi absurde qu'inapproprié. Il est tellement évident que l'avenir de cette coalition est suspendu à l'évolution des marchés italiens, que ces propos sont simplement basés non sur la politique monétaire, mais sur le refus de voir la réalité en face, qui devient de plus en plus évident.

Lors d'une visite à la Maison Blanche du nouveau Mussolini italien, le vice-Premier ministre Salvini, l'impécunieux Donald Trump, dans son nirvana suprématiste, a proposé en août 2018 de racheter la dette italienne.

La Commission européenne n'approuvera pas ce budget. Au moment de la mise sous presse, l'écart avec les taux allemands dépasse 3 % et le taux à dix ans atteint 3,55 %. Une solution sera trouvée pour résoudre cette crise budgétaire. N'oublions pas que si elle résout la confrontation politique, elle n'améliore pas les risques financiers.

L'annonce récente de la probabilité d'une récession en Italie en 2019 donne au problème italien une dimension économique et sociale croissante.

CHAPITRE 5

Les États-Unis ou l'absence de discipline budgétaire qui menace le monde

L'explosion de la dette publique de 8 à 21 billions de dollars (ce blog commence à 12 billions en 2010), atteignant maintenant 100 % du PIB, est due autant à George W. Bush qu'à Barack Obama. Mais c'est l'absence de politique budgétaire de l'administration de Donald Trump qui a provoqué une hausse des taux d'intérêt et des ventes massives par les investisseurs étrangers.

Le double déficit de la balance commerciale et du budget a alimenté cette explosion qui menace maintenant l'équilibre mondial. Qui plus est, environ 6 billions sont détenus en dehors des frontières des États-Unis, créant une dépendance que les Américains ont fortement tendance à sous-estimer.

Il y a plusieurs nuages au firmament du trumphalisme.

- Le coût du nouveau régime fiscal n'est pas pris en compte dans un déficit budgétaire qui se montera vraisemblablement à 800 milliards pour atteindre 1 billion en 2019. La hausse déjà acquise des taux d'intérêt depuis l'arrivée de Donald Trump devrait accroître la charge d'intérêts du budget de plus de 200 milliards.
- Il n'y a plus de ministère des Finances aux États-Unis et seule la politique monétaire de la Federal Reserve sert de substitut à

cette défaillance institutionnelle. Le Trésor américain s'est mué en une institution de poursuites et de sanctions tous azimuts selon les humeurs de la Maison Blanche. Il est vrai que le secrétaire au Trésor, Steven Mnuchin, est un ancien gestionnaire de *hedge fund*… de Goldman Sachs sans expérience macroéconomique ou internationale. Le départ de son ancien patron, Gary Cohn, laisse l'administration Trump sans compétence.

- Dans ce contexte le démantèlement des garde-fous de la réglementation financière américaine constitue un risque additionnel.
- On voit mal comment les États-Unis pourraient éviter une hausse supplémentaire des taux à long terme. Tout cela créera un phénomène de boule de neige qui devrait entraîner une cassure brutale aux environs de 2020.

C'est cette irresponsabilité fiscale qui, combinée avec les politiques de la Federal Reserve ayant engrangé 2,1 billions de dollars d'emprunts publics, menace la stabilité financière du monde d'un tsunami dont on ne peut qu'imaginer les conséquences mondiales.

Le nouveau président de la Federal Reserve, Jay Powell, semble déterminé à continuer de hausser les taux à court terme quatre fois dans les prochains deux ans. Il est constamment critiqué par Donald Trump qui ne paraît pas capable de mesurer la différence entre la responsabilité de la banque centrale sur les taux à court terme et celle de marchés obligataires des actions.

Les États-Unis pris à la gorge par la dette publique ?

PUBLIÉ LE 8 JUILLET 2010

Depuis que la dette publique des États-Unis a atteint 12 000 milliards de dollars, nous savons que l'Europe n'est pas la seule à être menacée de surendettement. Le Japon ne se porte pas mieux. Et pourtant, ce n'est pas la dette fédérale qui est la plus inquiétante. Depuis au moins un an, la Californie est en difficulté et son dernier budget a été approuvé à l'arraché. Le problème est cependant beaucoup plus vaste : Robert Parker, de Crédit Suisse Securities, prédit que l'attention des investisseurs va passer au second semestre de l'Europe aux États-Unis.

La raison pour laquelle nous n'avons pas encore vu d'explosion n'est autre que le niveau exceptionnellement bas du taux de référence des obligations de l'État fédéral. Le fait que la marge ait augmenté n'empêche que le coût combiné reste à des niveaux historiquement bas. Personne cependant ne s'avance à prédire que la chose va continuer au second semestre.

Si les gouvernements locaux et les États devaient voir leurs coûts de financement augmenter dans les prochains mois, des questions sérieuses se poseraient. Les États se financent en général à travers des obligations d'infrastructure, les *industrial revenue bonds*, qui sont exemptes d'impôts. Cela leur permet de bénéficier de conditions très avantageuses. Les choses changent et l'inquiétude est d'autant plus grande que de nombreuses obligations de ce type sont dans les mains de particuliers.

Le problème de base est que l'ensemble des déficits budgétaires, de 2008 à 2011, a crû de 400 milliards de dollars. Ils doivent être financés d'une manière ou d'une autre. Comme les recettes fiscales ne sont probablement pas à la hausse, l'endettement sera essentiel. Ce ne serait pas alarmant si l'on estimait le déficit des pensions entre 1 000 et 3 000 milliards de dollars pour les employés locaux. Si les marchés boursiers s'améliorent, ce déficit devrait s'atténuer. Mais ce sont des montants pharamineux.

À la base de cette situation figurent deux phénomènes : tout d'abord, une traditionnelle négligence des États, dont les programmes sociaux, médicaux et éducatifs ont explosé. Le second est un changement de législation qui a mis à la charge des États des dépenses qui revenaient à l'État fédéral.

C'est une course contre la montre pour éviter une gigantesque déconfiture des finances publiques à travers le monde. Plus que jamais, l'alternative entre la rigueur et la croissance semble être un choix impossible. Nous devons faire les deux, en évitant que les coupes sombres des budgets ne mettent le consommateur en difficulté accrue : c'est un art difficile qui devra clairement dépasser nos clivages politiques.

Au moment où Barack Obama prend le pouvoir, la dette publique américaine atteint 15 milliards de dollars. George W. Bush l'aura augmentée de 5 milliards, principalement à cause des guerres qu'il

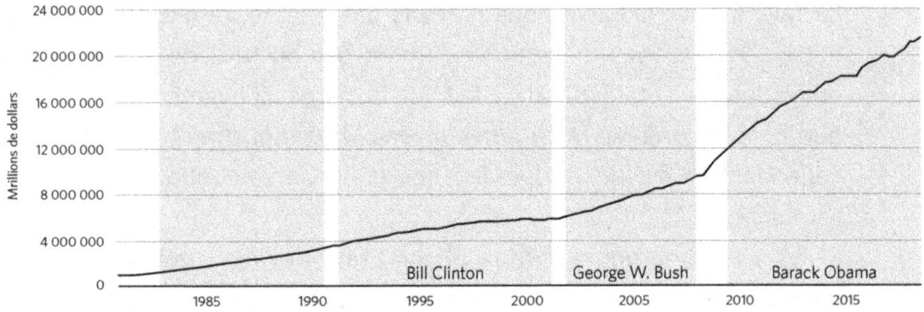

Figure 11[1]. Évolution de la dette publique américaine par président.

a menées en Irak et en Afghanistan. Depuis Ronald Reagan, la dette publique a été multipliée par vingt. Le tableau ci-dessus couvre la période entre 1980 et 2015. Les États-Unis ont perdu pour une période de plusieurs années leur notation AAA. C'est ce même risque qui menace à tout moment le pays le plus riche du monde.

La notation des États-Unis réduite de AAA à AA+ par Standard & Poor's

Publié le 6 août 2011

C'est à la surprise générale que Standard & Poor's vient d'annoncer une baisse de la notation des États-Unis de AAA à AA+, perdant ainsi la notation la plus favorable dans le monde. On croyait, à juste titre, que le programme de réduction des dépenses publiques aurait eu raison de ce risque.

La justification de l'agence de notation est que le programme voté est « insuffisant pour stabiliser la dette des États-Unis à moyen terme ». Mais dans son commentaire, qui dénonce « le fossé entre les partis politiques » ou la « prévisibilité des décisions de la politique américaine », Standard & Poor's tombe de nouveau dans le piège des jugements politiques, ce qui décrédibilise son jugement.

L'indignation de la Maison Blanche est compréhensible : le président venait de rassurer ses concitoyens sur le fait que les États-Unis étaient en mesure de faire face à ce risque. D'autant plus que l'agence de notation

1. US Department of the Treasury, Fiscal Service, Federal Debt, *Total Public Debt [GFDEBTN], retrieved from FRED*, Federal Reserve Bank of St. Louis, décembre 2018, https://fred.stlouisfed.org/series/GFDEBTN.

avait transmis un document à la Maison Blanche avec une erreur de 2 000 milliards de dollars.

Les *conséquences immédiates* se développeront à plusieurs niveaux

- Les taux d'intérêt sur la dette américaine vont augmenter. En effet, les investisseurs demandent des rendements supérieurs en fonction du risque, dont la notation est un indicateur important, même si ce n'est pas le seul.
- L'effet budgétaire sera important, au pire moment : une hausse de 1 % des taux d'intérêt représenterait un coût de 140 milliards de dollars.
- La confiance des créanciers internationaux, et singulièrement des banques centrales, est ébranlée par une évolution de ce type, et rendra le financement de la dette américaine plus difficile.
- La faiblesse du dollar devrait s'accentuer, quoique dans une moindre mesure.
- L'impact sur le traitement des bons du Trésor par les banques américaines pourrait également détériorer la situation.

À cela s'ajoutent les *répercussions internationales* : cela intervient au pire moment pour l'Europe. Depuis aujourd'hui, la prime de risque sur la dette italienne est supérieure à celle de l'Espagne. Or l'Italie représente six fois le montant de la Grèce, proche de 2 000 milliards d'euros. À ces niveaux-là, l'Europe n'a pas la capacité d'organiser un plan de sauvetage. Dans le climat de faiblesse significative des Bourses européennes et américaines, cette semaine-ci, nous pourrions assister à un mouvement de panique. Il faudra attendre l'ouverture de marchés asiatiques ce dimanche pour mesurer l'impact de cette décision.

J'ai entamé une chronique à l'intérieur du blog : celle d'une crise financière annoncée que je suivrai pas à pas maintenant que nous entendons les premiers craquements de la confiance dans les États-Unis.

Chronique d'une crise financière annoncée (8) Alerte 1 : Le déficit budgétaire américain explose

PUBLIÉ LE 17 DÉCEMBRE 2018

Pour comprendre la situation, il n'est peut-être pas inutile de savoir que l'année fiscale aux États-Unis commence le 1er octobre. L'année 2018 se solde avec un déficit de 779 milliards de dollars. Le mois d'août avait déjà été un signe avant-coureur : un déficit record de 214 milliards.

La débâcle des finances publiques des États-Unis vient de recevoir une confirmation qui, faisant suite aux derniers mois de 2018, confirme l'impact destructeur du budget et de la réforme fiscale de Donald Trump réduisant les impôts payés par les entreprises et les individus. Couplés avec l'augmentation du budget de la défense et des dépenses de sécurité sociale, les deux premiers mois de l'année fiscale se soldent par un déficit de 305 milliards, contre 201 milliards pour la même période en 2017, soit une hausse de 50 %. Annualisé, cela pourrait représenter un doublement du déficit budgétaire et dépasser les 1 800 milliards de dollars !

C'est la Maison Blanche, et personne d'autre, qui est responsable de cette situation, avec la complicité du Parti républicain. C'est d'autant plus sidérant que ce parti politique se considère comme *fiscal conservative*, c'est-à-dire opposé à toute croissance des dépenses gouvernementales. En novembre seul, ces dépenses se sont élevées à 411 milliards. Un record depuis la guerre en Irak.

Dès le premier jour de l'élection de Donald Trump, les taux d'intérêt sont passés de 1,77 à 2,21 %. Les causes sont multiples : la diminution de la détention d'obligations d'État par les investisseurs étrangers, relayée par les agences gouvernementales. À cela s'ajoute une croissance qui stimule les emprunts par le secteur privé et les ménages. Ce qui frappe le plus, c'est la différence infime entre les taux à deux et dix ans. Cette différence est réduite à une peau de chagrin : 0,16 %. C'est un signe avant-coureur de la récession mais surtout cela rendra les emprunts à long terme difficiles à placer. C'est aussi un message : le problème est dans les deux ans. Le risque est à nos portes.

La hausse des taux d'intérêt a pour effet de rendre les emprunts par le Trésor américain de plus en plus coûteux. À cela s'ajoute un programme de stimulation économique à un moment où l'économie américaine bat son plein. Cependant, la chasse aux avantages sociaux est ouverte sans que personne puisse s'y opposer, tandis que le budget de la défense explose (681 milliards de dollars).

QUATRIÈME PARTIE

La crise mondiale peut-elle encore être évitée ?

Une étape importante a été franchie lors des assemblées générales du Fonds monétaire international et de la Banque mondiale à Bali en octobre 2018. Devant l'évidence de la gravité de la situation, sans toutefois mentionner les pays industrialisés, ces autorités financières (gouverneurs de banque centrale et ministres des Finances en tête) ont admis que le surendettement était un problème sérieux et qu'il y avait lieu de gérer ce risque.

Dans cet effort de sincérité collective, ces dirigeants ont cependant soigneusement évité de battre leur coulpe. Ils ont préféré poser le problème des pays en développement et, plus particulièrement, ceux qu'ils appellent maintenant les « pays à bas revenus[1] ».

L'Institute of International Finance a mis en chantier un effort d'une rare complexité : obtenir que ces États publient l'encours de leur dette. Il a soigneusement omis les pays industrialisés, or il est certain que les données dont disposent les autorités internationales comme le FMI sont partielles. Le nom de l'Italie n'a pas été prononcé, alors que c'était le principal sujet dans les couloirs.

Depuis la crise de Lehman Brothers, la dette publique mondiale a doublé de valeur. Cette croissance a représenté le double de la croissance économique du monde. Cette épée de Damoclès a été renforcée par des taux d'intérêt manipulés pour des raisons de politique monétaire par les banques centrales. Ce diagnostic est sans appel. La hausse des taux d'intérêt étant inéluctable, les déficits

1. FMI, « Joint World Bank-IMF debt sustainability framework for low-income countries », août 2018, www.imf.org/en/About/Factsheets/Sheets/2016/08/01/16/39/Debt-Sustainability-Framework-for-Low-Income-Countries.

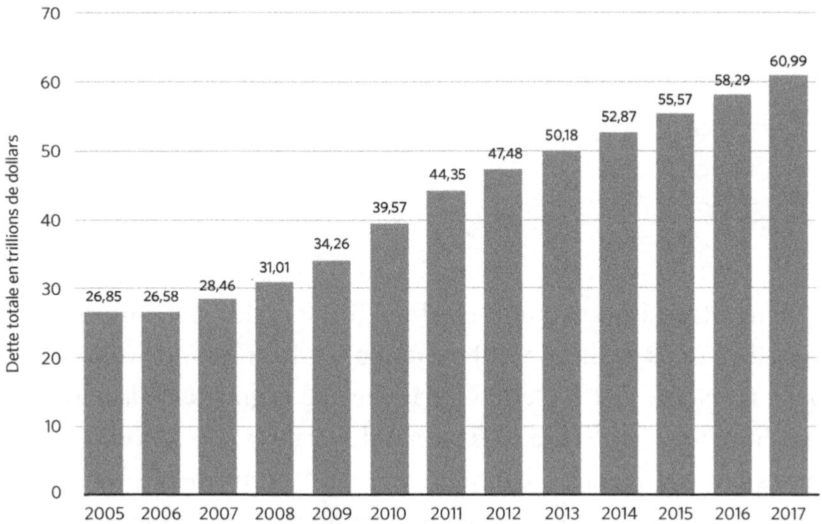

Figure 12[2]**.** Niveau de dette publique mondiale.

budgétaires vont exploser. Est-il trop tard pour agir ? Il faudrait inverser la tendance tant au niveau des États que des banques centrales et des institutions financières.

Le tsunami de la dette souveraine s'annonce pour 2020... au plus tard ?

Publié le 8 mai 2018

Nous ne connaissons ni le jour ni l'heure. Mais nous ne pouvons plus ignorer le risque d'un tsunami qui va déferler sur nos économies au plus tard à la fin de 2020 sous le coup de l'indiscipline des États-Unis et de la hausse des taux. L'enjeu est redoutable : 63 billions de dollars de dette souveraine sont en circulation. Une crise de la dette souveraine serait donc un vrai tsunami dont nous commençons à ressentir les premiers soubresauts. Le Fonds monétaire international vient de pousser un cri d'alarme accusant les pays de ne pas avoir mis d'ordre dans leurs finances.

2. www.statista.com/statistics/686067/global-public-debt/.

Les États-Unis

Les États-Unis sont un danger du fait de la taille de la dette existante (21 000 milliards de dollars, soit un tiers de la dette mondiale), de la réforme fiscale qui favorise les hauts revenus et augmentera la dette de 1 000 milliards, et du déficit budgétaire croissant.

Mais si la taille de l'endettement augmente, ce sont les taux d'intérêt qui menacent le plus. Frôlant 3 % pour des emprunts à dix ans, ils sont en hausse de 1,20 % depuis l'arrivée de Donald Trump. À terme, c'est un accroissement de la charge d'intérêt de près de 300 milliards, soit un doublement en trois ans.

Un effet positif provient cependant de la hausse des taux : la Federal Reserve est à nouveau capable de baisser le taux en cas de crise économique et a mis fin en 2017 à sa troisième (et inutile) politique de *quantitative easing*.

L'Union européenne

Contrairement aux États-Unis, l'Europe a mis en place des mesures d'encadrement des déficits budgétaires. En 2012, le pacte budgétaire européen de la zone euro a initié un processus de contrôle budgétaire au niveau européen dont les effets commencent à se faire sentir.

Mais c'est du côté de la politique monétaire que le bât blesse. La politique de *quantitative easing* a fait exploser le bilan de la BCE qui devient de moins en moins capable de faire face à une crise qui pourrait provenir d'Italie dont la dette atteint 131 % du PIB et 2 300 milliards d'euros.

Cette politique a résulté en une expropriation des investisseurs et des compagnies d'assurances et fonds de pension de la zone euro. Les taux d'intérêt à dix ans sont à 0,5 % en Allemagne. Cette politique dont l'utilité n'a jamais été démontrée va progressivement se ralentir et amener les taux à augmenter. Ce sera un bain de sang pour les pays très endettés de la zone euro.

Le Japon

Malgré 10 450 milliards de dollars représentant un taux d'endettement de 253 % du PIB, les taux d'intérêt des Japanese Government Bonds stagnent à 0 % pour dix ans. Il faut dire que la moitié environ de ces obligations est logée à la Banque du Japon, et représente 80 % de son bilan.

Nous sommes donc dans un système qui s'autofinance à travers deux grandes institutions contrôlées par le gouvernement et par la fidélité à toute épreuve des Japonais qui détiennent une bonne partie de leur épargne en emprunts d'État.

Comment se défendre ?

Une des caractéristiques de la situation du moment est le déni. Certes, dans les conversations privées, la conscience d'un risque d'ouragan est présente, mais il s'agit d'un phénomène de schizophrénie qui feint d'ignorer que les premiers soubresauts se font déjà sentir. Il va falloir choisir entre la diminution des dépenses, l'augmentation des recettes, mais surtout, de manière plus immédiate, la vente d'actifs sur une grande échelle. Il est urgent d'infléchir la politique de la Banque centrale européenne. Les 2 000 milliards d'excédents de la BCE doivent cesser de s'accroître à un niveau de 60 milliards d'euros par mois. L'Europe est vacillante à cause de la politique de sa banque centrale.

La crise pourrait cependant venir des États-Unis où un tiers de la dette est détenu par des organismes étrangers, principalement des banques centrales.

Comme individus, assurons-nous que nous sommes en mesure de faire face à une baisse importante de nos actifs et que notre endettement est à taux fixe et sur longue durée. Nous ne pouvons pas compter sur le déni des autorités politiques et monétaires, ni sur les banques, gorgées de bons d'État pour des montants supérieurs à leurs fonds propres.

Le moment est venu de prendre des mesures courageuses et immédiates. 2020 est proche.

Oui, la crise de l'endettement public mondial peut encore être évitée. Non, je ne crois pas que les gouvernements, les banques centrales et les banques auront le courage de faire ce qui est nécessaire pour éviter le tourbillon du triangle des Bermudes qu'ils ont collectivement construit à travers leurs errances des dix dernières années. Ils ont choisi le déni de la vérité qui s'étale devant eux.

Ce blog de mai 2018 a été le point de départ d'une série d'initiatives de communication privées et publiques constituant un avertissement, voire un cri d'alarme, face à une situation qui m'apparaît comme inéluctable. Au début, elles rencontraient un écho controversé. Mais cette prise de conscience augmente à vue d'œil, et des soubresauts boursiers importants sont là pour le confirmer.

La descente aux enfers de la finance soulèvera la question de fond que posent toutes les crises de société : comment sommes-nous arrivés à un point où il semble qu'un tsunami des dettes publiques nous menace alors que les marchés boursiers caracolent en tête et que les gouvernements, premiers responsables de la prochaine crise, nient jusqu'à l'existence même d'une accumulation de risques systémiques à travers le monde ?

Au fil des trois premières parties de cet ouvrage, nous avons vu se combiner une série de facteurs qui nous ont amenés à la situation périlleuse à laquelle nous sommes confrontés. À partir d'une gestion irresponsable des risques par les banquiers, couplée à une série de scandales, nous ne voyons pas à l'horizon une évolution de leurs comportements et de leurs cultures.

Les banques centrales, confrontées à une démission du pouvoir exécutif, ont pris la balle que leur lançaient les banques et ont remarquablement géré la crise. Depuis 2010, cependant, elles ont entrepris des politiques monétaires qui ont transformé leur rôle d'organisme central de la politique monétaire en un fonds d'investissement en emprunts d'État qui ont permis aux taux à long terme de rester à des niveaux qui ne couvrent pas les risques des épargnants et des investisseurs. Elles ne savent que faire des 15 billions de dollars d'actifs excédentaires dont elles devraient se débarrasser. La vente de ces actifs créerait à elle seule une crise systémique.

Les gouvernements ont profité de l'aubaine pour multiplier leur dette publique à des taux de faveur qui diminuent l'impact de cet endettement sur leurs budgets. Ce carrousel est maintenant terminé. Déjà aux États-Unis, la charge d'intérêt de la dette augmente à vue d'œil. En Europe, la fin du *quantitative easing* en décembre 2019 l'annonce. Au Japon, l'angoisse face aux risques associés au surendettement de l'État et à l'inévitable hausse des taux d'intérêt augmente.

Si ce n'est pas une conspiration, cela y ressemble furieusement

Je ne souhaite pas tomber dans la théorie de la conspiration. Cette évolution n'est pas, pour autant que je puisse en juger, intentionnelle, ni le fruit d'un grand complot des gouvernements et du monde politique. Ce n'est pas non plus un plan des médias qui, dans la plupart des cas, n'avaient ni les talents ni la volonté d'aller au-delà du discours manipulateur des ministres, gouverneurs de banque centrale et présidents de banque.

C'est plus le résultat de la fragmentation du monde global qui permet à ces dirigeants de prendre des décisions en fonction de leur intérêt personnel, partisan ou national, et en choisissant ou en étant incapables de prendre en considération les interconnexions et les impacts prévisibles de ces décisions.

Il n'y avait rien d'inéluctable dans l'évolution de ces dix dernières années. Mais la complaisance et l'ignorance ne sont pas des excuses. La prochaine crise verra le chœur habituel des responsables tentant de se dédouaner de leur responsabilité. Il ne fait cependant aucun doute que nous avons vu la finance glisser vers un tsunami en raison d'un manque de courage.

Le risque le plus important est politique : une des caractéristiques du populisme est le refus de considérer que l'endettement est autre chose que la création artificielle d'esprits capitalistes primaires. Il est facile de saper la confiance dans les institutions si elles sont maltraitées par ceux et celles qui les dirigent. Il est crucial d'avoir des dirigeants politiques qui ont une colonne vertébrale morale et du courage. L'attitude des nouveaux dirigeants italiens démontre à quel point il est facile de se faire élire lorsque les pouvoirs en place apparaissent comme fondamentalement corrompus ou incompétents.

La dette en soi n'est pas le défi majeur même si son refinancement au jour le jour constitue un risque constant. C'est la combinaison de la hausse des taux d'intérêt et de l'indiscipline budgétaire qui déséquilibre les finances publiques.

Mais, par-dessus tout, il faut avoir le courage de dire la vérité. C'est la seule manière d'ouvrir un dialogue qui permette la recherche conjointe de solutions.

L'évolution économique

La croissance anémique des dix dernières années contraste avec la croissance plus rapide du déficit budgétaire. L'analyse posera la question des perspectives de croissance à un moment où les rumeurs d'une récession économique aux États-Unis se font de plus en plus pressantes.

La question de la croissance a fait l'objet de nombreuses considérations sociopolitiques. Au-delà de ces débats, elle est un élément essentiel au soutien de la situation financière d'un pays. La théorie voudrait que les emprunts servent à financer la croissance. Qu'en est-il lorsque celle-ci n'est pas au rendez-vous ?

Économiquement, les pays industrialisés, confrontés à une baisse démographique, n'ont pas besoin de croissance réelle. La croissance nominale suffit. Elle ne suffit cependant pas pour couvrir le risque de l'endettement glouton des générations précédentes.

D'ores et déjà, le spectre d'une récession réapparaît. La une de *The Economist* de mi-octobre posait la question en ces termes : « Quelle gravité de récession pouvons-nous attendre ? » Ce type de question suppose que l'hypothèse de la récession est devenue une certitude, et que la question de son ampleur est à l'ordre du jour.

La dérive des déséquilibres budgétaires

L'ensemble des pays occidentaux a connu d'une manière ou d'une autre une absence de discipline budgétaire qui a conduit à une accumulation de déficits publics dans les principaux pays industrialisés qui se sont accélérés. À titre d'exemple, il est apparu que le déficit de 1 billion de dollars aux États-Unis apparaîtra en 2019. Au mois d'août 2018, le déficit budgétaire américain a atteint 214 milliards de dollars, soit plus du quart du budget annuel et le double de celui du mois d'août 2017[3]. Le budget italien de septembre 2018 est marqué au sceau du populisme. Après d'âpres négociations, la coalition gouvernementale a fini par faire admettre au Premier ministre un déficit budgétaire de 2,4 % pour l'an prochain, une victoire pour Luigi Di Maio et Matteo Salvini[4].

3. Reuters, « U.S. government posts $214 billion deficit in August », septembre 2018, www.reuters.com/article/us-usa-economy-budget/u-s-government-posts-214-billion-deficit-in-august-idUSKCN1LT2XL.
4. *Les Échos*, « Un projet de budget italien 2019 qui coince », septembre 2018, https://investir.lesechos.fr/marches/actualites/un-projet-de-budget-italien-2019-qui-coince-1794946.php.

CHAPITRE 1

À quoi devons-nous nous attendre ?

La hausse inexorable des taux d'intérêt

Outre la hausse persistante du montant de la dette, nous assistons en ce moment à une tendance à la hausse des taux d'intérêt. Les États-Unis furent les premiers touchés par une hausse des taux provoquée par l'élection de Donald Trump. Depuis, les taux ont monté pour atteindre plus de 3 % à dix ans.

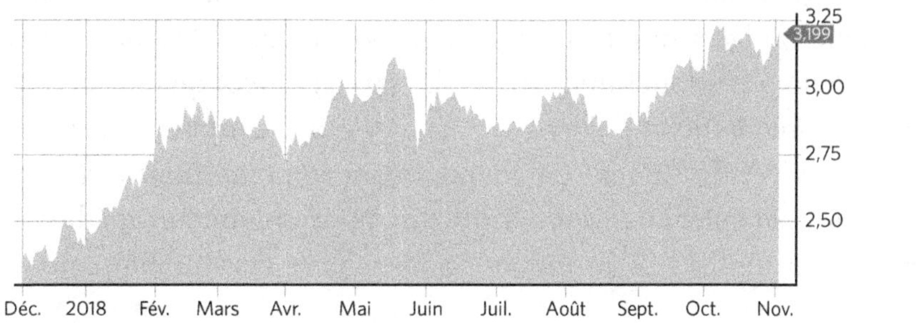

Figure 13[1]. États-Unis, rendement des obligations d'État à dix ans.

1. Source : département du Trésor américain, www.treasury.gov/resource-center/data-chart-center/interest-rates/Pages/TextView.aspx?data=yieldYear&year=2018.

La situation du Japon et de l'Europe est encore plus précaire au niveau des taux dans la mesure où le *quantitative easing* devra prendre fin dans les deux pays, ce qui aura un impact sur les taux. Or leurs taux à court terme sont négatifs. Les amener au niveau américain présenterait un risque de baisse de valeur des obligations existantes de plus de 1 billion d'euros. Cette hausse inexorable, qui affectera à la fois la dette existante et les refinancements et nouveaux emprunts dans un délai de trois ans, provoquera elle-même un triple effet sur le loyer de l'argent.

L'impact budgétaire de la hausse des taux

La hausse des taux d'intérêt et de la dette va se conjuguer pour impacter à la hausse le coût de la dette dans le budget des États.

Les États-Unis à travers la baisse des impôts et la hausse des dépenses préparent, à un moment où l'économie américaine n'en a aucun besoin, une hausse spectaculaire des charges de la dette. Un tableau présente les prévisions d'un quadruplement de ces charges entre 2017 et 2027 aux États-Unis[2].

L'Europe a mis en place un processus de certification des perspectives budgétaires des pays membres à la suite de la crise grecque. Ce pacte budgétaire est une initiative essentielle[3]. Mais elle devra prendre de plein fouet une hausse des taux d'intérêt qu'elle a retardée de manière incompréhensible. En 2019, elle commencera à renchérir le loyer de l'argent en abandonnant son *quantitative easing*.

Il faut accepter un risque à dix ans pour obtenir un médiocre rendement de 0,12 % au Japon. Sans en faire état publiquement,

2. Nelson D. Schwartz, « As debt rises, the government will soon spend more on interest than on the military », *New York Times*, septembre 2018, www.nytimes.com/2018/09/25/business/economy/us-government-debt-interest.html.

3. Fondation Robert Schuman, www.robert-schuman.eu/fr/comprendre-le-pacte-budgetaire.

la Banque du Japon a, depuis 2016, commencé à inverser la tendance. Sa situation est devenue excessivement précaire.

La baisse de la valeur des actifs

Le premier impact d'une hausse des taux d'intérêt est une baisse de la valeur des actifs existants. Il ne s'agit pas seulement des actifs financiers, mais aussi, par exemple, de la valeur de l'immobilier résidentiel et commercial. Nous retrouvons l'évolution funeste que nous avons connue lors de la crise des *subprimes* aux États-Unis en 2007. L'Italie a vu son taux à dix ans passer de 2,9 à 3,8 %, avant de redescendre à 2,7 %, aggravant la perte de valeur des obligations du Tesoro.

Tout cela est parfaitement prévisible, mais l'impact social et économique de ce type de situation est une récession du type de celle qui a suivi immédiatement la crise financière américaine. On pense notamment à la réaction des banques face à la chute des actifs immobiliers résidentiels qui seraient inévitablement un drame pour les familles surendettées, ou en situation précaire[4].

La baisse de la notation des États

Face à la détérioration du coût de la dette publique, les agences de notation vont se trouver devant des décisions difficiles. Comme nous l'avons vu précédemment, dans le cas de la France et des États-Unis, une baisse de cette note a eu des effets

4. Les prévisions de récession économique aux États-Unis deviennent de plus en plus répandues. Même les services de recherche des grandes banques commencent à publier des prévisions alarmantes qui n'empêchent pas l'administration Trump de présider à une gabegie des dépenses publiques qui va accélérer cette dépression.

immédiats. Dans le cas dramatique de l'Italie (BBB), il ne reste plus beaucoup de marge de manœuvre avant d'atteindre le statut de *junk bond*.

Le refus de la réglementation bancaire de considérer les différences de notation entre les pays crée un biais en faveur des obligations d'État des pays les moins solides. Seule la prise en considération de ce différentiel par la gestion prudente des risques des banques peut atténuer la distorsion de ceux-ci.

Mais l'impact est aussi indirect. Lorsque la note baisse, ce sont tous les actifs financiers et les taux d'intérêt qui traduisent cette détérioration de l'économie. Récemment, le FMI a publié un rapport sur les pays à bas revenu dont la situation de la dette était tellement inquiétante, qu'il suggérait aux prêteurs de s'abstenir.

Le renchérissement du crédit

La hausse des taux d'intérêt n'impacte pas seulement les États. Ce sont les entreprises et les ménages qui risquent de la subir. Un accroissement du loyer de l'argent a des effets dépressifs sur l'économie et les décisions d'investir.

L'exemple le plus frappant est le taux des crédits hypothécaires à trente ans aux États-Unis. En un an les taux ont augmenté de 3,9 à plus de 5 %. D'ores et déjà, le marché de l'immobilier résidentiel a plongé de près de 20 % à New York, un des marchés les plus solides du pays[5].

Les renouvellements de taux et nouveaux crédits ont un impact direct sur cet actif, le plus important du pays pour les ménages. Cela ressemblerait-il à ce qui s'est passé lors de la crise des *subprimes* ? Il semblerait que les crédits couvrent une proportion moins élevée de la valeur des biens immobiliers.

5. *L'Écho*, « Qui veut encore d'un appartement à Manhattan ? », avril 2018, www.lecho.be/entreprises/immobilier/qui-veut-encore-d-un-appartement-a-manhattan/9998679.html.

Cela s'appliquera aux autres achats des biens d'investissement, et bien évidemment aux emprunts par les entreprises. Ce scénario est connu : le déni est-il la seule explication de l'euphorie qui continue à régner sur les marchés des actions ? Ne retrouvons-nous pas exactement les mêmes ingrédients que lors de la crise financière de 2008[6] ?

La perte de pouvoir d'achat

Une hausse des taux d'intérêt affecte le coût du financement immobilier et la dette des ménages, si l'endettement n'est pas à long terme et à taux fixe. Son impact est une baisse du pouvoir d'achat des ménages. Qui plus est, le sentiment d'incertitude ne peut qu'avoir un impact sur les investissements des particuliers.

Cette perte de pouvoir d'achat aura un impact immédiat sur la croissance économique. La seule crainte de cette perte a toujours été traduite par une entrée progressive en récession.

La récession économique

Une hausse des charges financières sur l'économie est létale. Que ce soient les investissements ou la consommation (particulièrement de biens durables), elle a un impact direct sur l'économie.

Les premières rumeurs de récession apparaissent aux États-Unis où les taux d'intérêt sont les plus élevés. La raison pour laquelle la Banque du Japon et la Banque centrale européenne hésitent à mettre fin, même progressivement, à l'utilisation de la planche à billets peut s'expliquer principalement par la crainte de provoquer cette récession.

6. https://fred.stlouisfed.org/series/MORTGAGE30US.

Les États-Unis vont-ils basculer en récession à moyen terme ? Ce scénario aurait une probabilité de 31 % de se concrétiser sur les deux prochaines années, selon une enquête Reuters auprès d'économistes, qui voient dans la longévité du cycle économique actuel la hausse des taux d'intérêt et le protectionnisme des facteurs d'inquiétude[7].

7. *Capital*, « L'économie américaine a presque une chance sur trois de tomber en récession sur les deux prochaines années, d'autant que le stimulus budgétaire est amené à se dissiper », mai 2018, www.capital.fr/entreprises-marches/une-chance-sur-trois-dune-recession-aux-usa-dans-les-deux-ans-1289743.

CHAPITRE 2

Que peuvent faire les banques ?

Réduire la détention d'emprunts d'État

Les banques sont traditionnellement de gros investisseurs en emprunts d'État[1]. Mesurée par rapport à ses fonds propres, il n'est pas rare de voir une banque détenir des crédits ou des obligations sur secteur public qui les égalent ou les excèdent. Il semblerait que ce mouvement commence discrètement avec une baisse de 5 % de la détention d'emprunts d'État par le secteur bancaire en 2018.

Cette pratique reste fondamentalement malsaine, même si c'est une solution de facilité pour les banques. C'est ce que l'on appelle le *carry trade* où les banques financent à quasi-zéro des obligations qui rapportent un intérêt. L'absence de pondération des emprunts d'État sur leurs bilans est une sous-estimation du risque qu'elles encourent.

Fin décembre 2017, le comité de Bâle n'a pas voulu, ou pu, prendre la seule décision qui s'imposait. Pondérer en fonds propres les détentions d'emprunts d'État en fonction de la notation du pays constitue une sous-estimation du risque de durée et de crédit associé aux emprunts d'État.

1. Thomas F. Huertas, « Bank holdings of sovereign debt need scrutiny », *Financial Times*, septembre 2018, www.ft.com/content/d7862e30-b102-11e8-99ca-68cf89602132.

Ce traitement de faveur des emprunts d'État, sans considération pour les risques, constitue probablement le danger systémique et bilantaire le plus important du secteur bancaire. Les banques sont *de facto* obligées de se surcharger d'emprunts d'État en raison de leurs rations de liquidité.

En novembre 2018, Jamie Dimon a, dans une interview avec le journal allemand *Handelsblatt*[2], averti d'une crise souveraine en Europe.

L'impact comptable des baisses de valeur dans les bilans des banques

À ce régime de faveur s'en ajoute un autre : la permission octroyée aux banques de ne pas évaluer leurs obligations du secteur public en fonction des fluctuations de marché (*marking to market*) permettra aux banques de ne pas acter comptablement leurs pertes sur leurs emprunts d'État, particulièrement en cas de hausse d'intérêt ou de baisse de notation.

Cela veut dire concrètement que les banques ne souffriront pas comptablement des baisses de valeur qui accompagneront ces changements. Cela s'applique sur les obligations détenues jusqu'à leurs échéances.

On notera que « Solvency II », la réglementation des compagnies d'assurances de l'Union européenne, est plus stricte pour les assureurs que les banquiers : le *marking to market* est en effet généralisé[3].

2. Anneken Tappe, « Dimon warns of sovereign debt crisis risk in Europe : *Handelsblatt* », *MarketWatch*, novembre 2018, www.marketwatch.com/story/dimon-warns-of-sovereign-debt-crisis-risk-in-europe-handelsblatt-2018-11-01.

3. Georges Ugeux, « Could Solvency II threaten the financial stability of European Insurance », Blue Sky Blog, novembre 2015, http://clsbluesky.law.columbia.edu/2015/09/25/could-solvency-ii-threaten-the-financial-stability-of-european-insurance/.

L'impact réel des baisses de valeur

C'est une question de transparence : les banques devraient publier régulièrement la valeur de marché de leur portefeuille, même si elles ne le font pas comptablement.

L'exemple de la crise bancaire italienne et des résistances du Premier ministre italien de limiter les détentions d'emprunts d'État à 10 % du bilan des banques en dit long sur la manière systématique dont les autorités sacrifient la stabilité financière à leurs besoins propres de financement. Lors de la crise italienne, les ratios de Bâle III s'amélioraient alors que les investisseurs, qui connaissent et étudient ces risques, donnaient des consignes de vente d'actions de banques italiennes[4].

Pouvons-nous continuer à vivre dans cette absence de transparence des risques qui plombent la sphère financière ? C'est tout le travail de l'effort entrepris par l'Institute of International Finance avec le Club de Paris : « Dans ce contexte, la coopération, la transparence et un juste partage du fardeau entre toutes les parties prenantes restent la pierre angulaire des accords de traitement de dette les plus réussis[5]. »

Le défi c'est que, comme nous l'avons vu dans le cas de la Grèce et de la banque Monte dei Paschi di Siena, il existe des instruments financiers qui financent sans que cela apparaisse dans les statistiques d'endettement. Sans oublier, pour certains pays, des financements basés sur des accords avec des traders en matières premières qui obèrent les revenus des États.

---

4. Georges Ugeux, « What does the Italian banking crisis teach us on Basel III and the European Banking Union », *JIBLR*, 2017, www.academia.edu/34646809/What_Does_the_Italian_Banking_Crisis_Teach_Us_on_Basel_III_and_the_European_Banking_Union 2017.
5. Club de Paris, « Réunion annuelle du Club de Paris avec les créanciers du secteur privé », juin 2017, www.clubdeparis.org/fr/communications/communique-presse/reunion-annuelle-du-club-paris-creanciers-du-secteur-prive-21-06.

Réduire la taille des bilans

Il n'y a pas que les emprunts d'État qui gorgent les bilans des banques.

Depuis la crise financière, la taille des bilans des banques n'a ni diminué ni fondamentalement changé de nature. En Europe, elle continue à naviguer autour de 31 billions d'euros, soit trois fois le PIB européen, ce qui est monstrueux. Les banques américaines détiennent 75 % du PIB et les banques japonaises 125 %.

En 2018, c'est vers un changement de la réglementation financière et des mesures prises par l'administration Obama que les États-Unis se dirigent. Si elles ne corrigent pas elles-mêmes le tir en continuant à gérer avec prudence leurs bilans, les banques américaines vont redevenir vulnérables.

Les dirigeants auront-ils la lucidité, la vision et le courage de ne pas retomber dans des pièges qui ont failli leur coûter la vie ou chercheront-ils à appliquer mécaniquement les nouvelles règles ? La réponse à cette question risque de n'apparaître qu'après la crise de la dette souveraine. Les bénéfices des banques ont retrouvé les niveaux d'avant la crise. Elles ont heureusement renforcé leurs bilans, et leurs ratios de fonds propres sont à peu près le double d'avant la crise. C'est ce qui nourrit les financements parallèles appelés *shadow banking* qui ne sont pas régulés et menacent plusieurs pays, et particulièrement la Chine[6].

Les banques américaines ont fait le ménage. Espérons que les méfaits de l'administration Trump ne les amèneront pas à s'affaiblir comme cela avait été le cas dans les années 1990. La taille des bilans a augmenté de 14 à 16 billions de dollars en dix ans, contre 31 pour l'Europe.

Dès le début de la crise financière, la question du *too big to fail* et de l'éclatement possible des grandes banques a fait l'objet

6. Bloomberg, « A guide to China's $10 trillion shadow-banking maze », juin 2018, www.bloomberg.com/news/articles/2018-06-07/a-guide-to-china-s-10-trillion-shadow-banking-maze-quicktake.

d'âpres discussions. Il paraît cependant peu probable de trouver une majorité politique prête à forcer cet éclatement. La croissance continuera de plus belle, sans pour autant que la moindre décision soit prise, tant il est vrai que la concurrence dans la mondialisation impose la taille. Une des conséquences est un excès d'influence des financiers sur les politiques. Récemment, ce sont les banques européennes qui ont fait entendre leur voix face aux restrictions de la BCE en matière de fusions de banques[7].

La gestion du risque : l'encadrement des ratios bancaires

Sous la pression des accords de Bâle III qui ont mis sous tutelle la capitalisation, la liquidité et le *leverage* des institutions bancaires, les banques ont modifié leur approche du risque. Le type de comportement qui a provoqué la crise des *subprimes* n'est plus à l'ordre du jour.

Mais ce sont ces mêmes ratios qui ont permis aux emprunteurs souverains d'échapper à toute forme de pondération dans les bilans des banques. C'est une décision irresponsable qui reflète le conflit d'intérêts structurel des grands argentiers et qui confirme que les banques centrales assises autour de la table de la Banque des règlements internationaux n'ont rien à refuser aux gouvernements dans leur gabegie d'endettement.

On y ajoutera le risque de *mismatching* entre des dépôts à court terme et des obligations d'État à long terme. La finance est par nature une gestionnaire du risque d'intermédiation pour compte de tiers. Les nouvelles réglementations tentent d'améliorer cette gestion : les ratios de Bâle III permettent d'espérer plus de rigueur

7. L'ancien président de la Deutsche Bank, Josef Ackermann, a directement pris la BCE à partie sur ce sujet. Il est vrai que la Deutsche Bank cherche à fusionner avec la Commerzbank.

dans la gestion des bilans. Les ratios de liquidité y pourvoiront-ils ou favoriseront-ils les détentions d'emprunts d'État ?

Les changements prévisibles de la réglementation financière ne vont pas amener les dirigeants des institutions financières à se poser la question des risques qu'ils font prendre à leur entreprise. Ils se contenteront de suivre mécaniquement les ratios qu'ils ont largement contribué à diluer avec la complicité des banques centrales et des gouvernements.

Les rémunérations continuent à atteindre des sommets obscènes

Il n'y a aucune raison que les rémunérations des financiers représentent un multiple de celles des autres secteurs de l'économie. À moins bien sûr que les bénéfices engrangés soient un multiple des autres secteurs. Ce privilège n'est pas près de s'éteindre malgré les critiques qui fusent de partout.

Alors que les gouvernements ont dû soutenir le secteur financier pendant de nombreuses années, le niveau des bonus a mis trois ans à retrouver celui de l'avant-crise. Si une certaine modération s'est fait jour dans les grandes banques commerciales, ce n'est ni le fait des banques d'investissement ni celui des gestionnaires de *hedge funds* et d'actifs.

Nous avons affaire à un problème qui dépasse le seul monde de la finance : à la suite de l'internationalisation du système de rémunération des États-Unis, le monde fonctionne au rythme des bonus justifiés par des principes qui ne sont pas respectés. C'est une organisation très efficace qui inclut le soutien des politiciens.

C'est aussi une volonté des dirigeants, assistés de consultants en rémunération qui sont payés pour les soutenir, d'organiser une enchère au mieux payé qui ressemble à une obscène concurrence qui se développe au détriment des plus jeunes et des moins talentueux. Cet écart de rémunération est de trois cents fois aux États-Unis. L'Europe est un peu plus raisonnable et l'Asie reste plus égalitaire. Mais c'est aussi un moyen de donner aux populistes des arguments en béton sur ce qui est une forme de prédation.

Ce système a pour conséquence de priver le reste de l'économie des talents d'ingénierie ou de finance dont elle a besoin dans la mesure où les marges n'atteignent pas celles du secteur des services financiers.

C'est pourtant la condition *sine qua non* d'un renouvellement de la culture incestueuse de la finance.

CHAPITRE 3

Que peuvent faire les banques centrales ?

Les assemblées de Bali ont mis en évidence le besoin de « normalisation » de la politique des banques centrales. Cette expression cache une réalité plus fondamentale. Outre que ce terme permet *a contrario* de définir les politiques précédentes comme anormales, il s'agit d'arrêter les opérations de *quantitative easing* et de retrouver des politiques monétaires « normales ». Ce sont des balbutiements qui risquent de ne pas aboutir à des décisions rapides. Or nous sommes dans l'urgence si nous voulons prévenir plutôt que guérir.

Au cœur de conflits d'intérêts massifs, les banques centrales n'ont pas amélioré leur gouvernance et il est devenu pratiquement impossible de savoir si elles sont encore les gardiens de la stabilité financière ou une source d'instabilité, si elles opèrent une *open market policy* ou sont des fonds d'investissement en dette publique, si elles établissent un équilibre entre les acteurs économiques ou favorisent les emprunteurs au détriment des investisseurs, si elles sont des autorités de contrôle ou des acteurs de la politique budgétaire des États, si elles sont encore indépendantes ou entre les mains du pouvoir exécutif.

Les banques centrales investissent massivement en emprunts d'État

Cet investissement consiste à vendre leur âme au diable. Les banques centrales y ont perdu toute forme d'indépendance, même si, comme me le signalait un gouverneur, on ne parle jamais de considérations de politiques fiscales autour de la table de la BCE : il s'agit uniquement d'une politique monétaire. « Bien sûr, certains membres pourraient avoir des préoccupations budgétaires. »

Et pourtant, cette politique a eu un impact majeur sur le coût de financement des États qui ont pu émettre des obligations à des taux parfois négatifs, souvent proches de zéro.

Les principales banques centrales ont accru leurs actifs de 15 billions de dollars depuis la crise financière, soit un triplement du niveau avant la crise. Cela représente 20 % de cette dette[1]. Si 5 billions sont imputables à leur action dans la crise financière, les autres 10 billions sont le fruit d'une politique de *quantitative easing* dont l'histoire mesurera les dangers et l'inefficacité. Elles ont atteint 40 % du PIB. C'est à partir de cette politique qu'a commencé la lente progression vers la prochaine crise systémique.

Ce qui est plus grave, c'est que 10 de ces 15 milliards ont été investis après la crise financière pour des raisons peu convaincantes. Aujourd'hui encore la Banque du Japon continue d'accumuler des emprunts d'État : son encours a été décuplé en dix ans. La Banque centrale européenne engrange 60 milliards d'euros par mois et a maintenant dépassé la Federal Reserve qui commence à se dégager en douceur.

Je ne parviendrai pas à être convaincu que cette explosion n'affecte pas, comme le prétendent les banquiers centraux,

1. Kate Allen et Keith Fray, « Central banks hold a fifth of their governments' debt », *Financial Times*, août 2017, www.ft.com/content/ae19e60e-81b0-11e7-94e2-c5b903247afd.

leur capacité de jouer leur rôle de prêteur en dernier ressort en cas de crise. Un bilan est un bilan. Les banques centrales n'ont plus d'équilibre bilantaire.

Le bilan combiné des grandes banques centrales (Royaume-Uni, Japon, Chine, BCE et Federal Reserve) est passé de 2 à 8 billions de dollars entre 2000 et 2010 et de 2010 à ce jour de 14 billions[2].

Bien évidemment les emprunts d'État sont considérés comme les actifs les plus liquides. C'est vrai si la banque centrale en détient un faible pourcentage. Mais, aujourd'hui, ce sont 20 billions de dollars d'actifs, en grande partie d'emprunts d'État, qu'elles ont dans leurs coffres. Cela signifie que l'inclusion de ces emprunts comme les actifs représentatifs du ratio de liquidité des banques est peut-être fictive.

Il n'y a pas de sortie facile à ce niveau. Qui plus est, les banquiers centraux se sont engouffrés dans des investissements dont ils savaient parfaitement les difficultés, voir l'impossibilité, de sortir de ce mécanisme infernal.

Si l'on lit attentivement, derrière des affirmations de conséquences non désirées se cache le fait que les banques centrales savaient mieux que quiconque que cette accumulation d'emprunts d'État ne serait pas liquide : c'était en effet parfaitement prévisible, et la Banque du Japon est dans de beaux draps. Elles savaient aussi que leur sortie de ces investissements provoquerait une hausse des taux d'intérêt et un risque systémique pour les banques et compagnies d'assurances, codétentrices de ces emprunts. C'est cette irresponsabilité collective qui menace la stabilité financière.

2. Edward Yardeni, « Global economic briefing : central bank balance sheets », Yardeni Research, décembre 2018, www.yardeni.com/pub/peacockfedecbassets.pdf.

Faut-il éclater les banques centrales ? Une solution peu orthodoxe mais inévitable

Une solution consistant en un éclatement des banques centrales résoudrait le problème, mais personne n'ose se prononcer pour cette hypothèse. Elle consisterait en une forme de défaisance créant un fonds d'investissement détenteur d'emprunts d'État qui gérerait ces actifs de manière apolitique et dans l'intérêt des détenteurs de parts de ces fonds.

Cette approche fera certainement hurler, mais elle me semble infiniment moins dangereuse que la continuation de la détention massive d'emprunts d'État par les banques centrales et les conséquences d'une diminution inévitable de cet encours. Elle correspond à la réalité économique et pourra éviter une impuissance des banques centrales à gérer la prochaine crise.

Les banques financent les banques centrales qui financent les banques

La lecture d'un bilan de banque centrale est toujours édifiante. On trouve au passif et à l'actif le système bancaire. Ce ne sont pas nécessairement les mêmes banques : celles qui sont en difficulté empruntent aux banques centrales. Celles qui ont des excès de liquidité déposent auprès des banques centrales. Cela signifie que c'est la banque centrale qui assume le risque d'intermédiation. Certes, elles reçoivent en gage… des emprunts d'État. Mais cela accroît encore le risque systémique.

Dans un système où la création monétaire est plus le fait des banques et des entreprises, les banques centrales peuvent acheter ces emprunts d'État grâce à des dépôts du secteur bancaire. Ce dernier en effet est trop heureux de pouvoir déposer chaque jour pour des durées courtes son excédent de liquidité.

Si une crise de liquidité devait les affecter, comment les banques centrales se financeront-elles ? À quels taux parviendront-elles à se financer, au pire moment pour l'économie ? L'imposition de coefficients de réserve sera-t-elle supportable ?

Les banques centrales exproprient les investisseurs

Parmi les reproches faits aux banques centrales, celui qui me paraît le plus important sur le plan éthique, c'est l'expropriation des investisseurs par les banques centrales.

Le Cercle/Humeur publie dans *Les Échos* en septembre 2016 qu'« effectivement, une politique de taux d'intérêt négatifs défie non seulement les lois de la gravité économique, mais aussi les lois fondamentales du fonctionnement des sociétés humaines, qui sont plus puissantes encore que les théories économiques. Il faut se souvenir que, tout simplement, le taux d'intérêt mesure la préférence des agents économiques pour le présent plutôt que pour le futur[3] ».

Que ce soient les dépôts en banque, les obligations d'État, les assurances ou les fonds de pension, tous ont été dans des proportions plus ou moins grandes, privés de la rémunération du risque qu'ils prenaient tant sur l'émetteur que sur la devise.

Aujourd'hui les obligations à long terme ne sont plus rémunérées en Europe. Ce sont des centaines de milliards d'intérêts qui ont été extorqués aux épargnants et transférés aux États et aux entreprises. Dans mon langage, c'est une taxation indirecte qui ne s'avoue pas.

Les banques centrales ont sciemment défavorisé les investisseurs pour favoriser les emprunteurs, principalement d'État. C'est à la fois immoral et illégal.

---

3. *Les Échos*. « Épargne et taux d'intérêt négatifs : cela ne fonctionne pas ! », septembre 2016, http://archives.lesechos.fr/archives/cercle/2016/09/08/cercle_160246.htm.

Comme le précisait le Premier ministre britannique Theresa May, cette politique a été favorable aux plus fortunés, ce que Mario Draghi rejette véhémentement[4].

Arrêter toute forme de quantitative easing

La hausse du bilan des banques centrales a atteint des proportions qui font d'elles non plus des opérateurs monétaires, mais des investisseurs à long terme. Cette déviation de leur fonction à travers des politiques peu orthodoxes les livre pieds et poings liés aux mains des autorités et réduit leur indépendance à une peau de chagrin.

Le Japon et l'Europe doivent absolument mettre fin, de manière progressive, à leurs achats continus d'emprunts d'État, non pas en vendant des titres, mais sans renouveler ceux qui viennent à échéance.

Les dettes sont devenues une menace pour la stabilité financière et un risque systémique[5]. Ce sont les fameuses *unintended consequences.* La confirmation par Mario Draghi de la fin du programme européen en 2018 rassure, mais des rumeurs d'autres faillites à moyen terme continuent d'inquiéter.

L'annonce du 13 décembre 2018 par la BCE est à la fois rassurante. Le programme de *quantitative easing* est terminé, et inquiétant : elle remplacera les obligations venant à échéance pour une période indéterminée. Son bilan et les 2,6 billions d'euros accumulés resteront donc inchangés.

---

4. Claire Jones. « Draghi hits back at critics of QE and negative rates », *Financial Times*, octobre 2016, www.ft.com/content/8a3dc8e0-9acf-11e6-b8c6-568a43813464.
5. Jean-Michel Paul. « The unintended consequences of quantitative easing », Bloomberg, août 2017), www.bloomberg.com/view/articles/2017-08-22/the-unintended-consequences-of-quantitative-easing.

Gérer une hausse progressive des taux d'intérêt

Le mouvement haussier des taux d'intérêt s'est amorcé, même s'il reste encore modeste au Japon. La BCE commence à sentir les effets d'anticipation des investisseurs face à la fin de son QE. Aux États-Unis, ce n'est pas la Federal Reserve qui a été à l'origine de la hausse relative des taux, ce sont la perte de confiance dans l'absence de politique budgétaire des États-Unis et les craintes inspirées par les décisions irresponsables de l'administration Trump.

La Federal Reserve n'a eu qu'à s'engouffrer dans l'espace que les obligations à long terme lui ouvraient pour augmenter ses taux sans aucun impact négatif sur les marchés financiers américains ou la croissance économique.

Ce faisant, elle s'est octroyé des marges de manœuvre pour la prochaine crise financière dont ni l'Europe ni le Japon ne disposeront. Les banques centrales de ces pays devront s'inspirer de cette politique qui a permis un rééquilibrage partiel des anomalies de la politique monétaire.

Il est essentiel qu'une croissance progressive des taux des banques centrales soit entamée en Europe et au Japon, non seulement en raison du droit des investisseurs à la rémunération de leur risque, mais surtout pour éviter qu'en cas de crise, les banques centrales soient dans l'impossibilité d'utiliser l'arme des taux d'intérêt pour endiguer la panique et de financer leurs encours d'actifs à moyen et long terme.

En ce qui concerne l'Europe, les risques d'une telle politique affecteraient au premier chef l'Italie dont les taux sont en hausse rapide et importante.

Revoir la pondération des risques liés aux emprunts d'État

« L'accord qui vient d'être conclu pour finaliser Bâle III est le meilleur accord possible pour la France et pour l'Europe. Comme nous en avions clairement marqué l'exigence, cet accord présente trois caractéristiques essentielles : il est équitable, raisonnable et définitif », déclare François Villeroy de Galhau, le gouverneur de la Banque de France, dans un communiqué[6].

L'accord de la fin 2017 n'est malheureusement pas équitable dans la mesure où il favorise une catégorie d'emprunteurs (les souverains) par rapport aux autres (les entreprises et les ménages). Il n'est pas raisonnable face à l'explosion de la dette souveraine dans tous les pays développés au-delà de la croissance économique. Il ne peut en aucun cas être définitif et devra être revu lorsque ces mêmes banques centrales se trouveront confrontées à la crise de l'endettement souverain.

Ce sont les banques centrales qui ont accepté de ne pas pondérer les actifs en emprunts d'État par des fonds propres de banques. Ce faisant, elles ont décidé d'ignorer les risques que cette décision fait courir à la stabilité financière.

6. ACPR, « Communiqué de presse – Finalisation des réformes "Bâle III" », décembre 2017, https://acpr.banque-france.fr/sites/default/files/communique_acpr-banquedefrance_baleiii_7.12.2017.pdf.

CHAPITRE 4

Que peuvent faire les gouvernements ?

Diminuer son endettement et à tout le moins ne pas l'accroître est une opération politiquement périlleuse, socialement difficile, mais néanmoins indispensable pour éviter le pire. Comment en convaincre l'opinion publique, les entreprises ou les syndicats ? Les gouvernements sont au pied du mur. Mais les résistances à toute forme de réduction de la dette seront énormes.

L'austérité doit être équitable

L'austérité, oui, mais pour tou(te)s

Publié le 29 mars 2011

Si nous admettons un instant le diagnostic que je partage, à savoir que nous avons vécu au-dessus de nos moyens, la question de l'austérité se pose. Lorsque nous faisons des excès alimentaires, nous savons qu'il n'y a pas beaucoup de moyens pour nous serrer la ceinture : de l'exercice et une diète suivie d'un régime plus normal. Il n'y a là que du bon sens. C'est un nouvel équilibre à retrouver.

Tous les indicateurs le prouvent, que ce soit au niveau de la croissance réelle des salaires ou de l'endettement de nos pays, nous avons abusé des artifices qui ne pouvaient réussir que si la croissance économique était au rendez-vous. Ce ne fut pas le cas, et cette croissance est maintenant de plus en plus forte dans les pays émergents, qui tentent de rattraper un niveau de vie comparable au nôtre. Il ne s'agit pas d'une politique économique qui vise le déclin des économies occidentales. Nous devons simplement nous habituer au fait que des régions du monde autres que le bassin atlantique auront une croissance supérieure à la nôtre. En d'autres termes, nous allons rééquilibrer pour partie les inégalités mondiales.

Je suis cependant inquiet de la rhétorique de l'austérité. C'est un discours linéaire qui tente de mettre le fardeau sur le particulier et les petites entreprises. Les derniers jours nous ont apporté une démonstration du caractère inadmissible de l'évolution de nos économies.

Aux États-Unis, la découverte que le conglomérat géant General Electric ne paie pas d'impôts fédéraux, révélée par le *New York Times*, alors que son P-DG, Jeff Immelt, est le « champion des entreprises » qui conseille Barack Obama, a fait l'effet d'une bombe. L'idée qu'une des plus grandes entreprises américaines ne contribue en rien aux ressources de l'État fédéral est proprement inacceptable. Quelles que soient les justifications que GE a apportées ces derniers jours, nous ne pouvons pas imaginer qu'un État puisse avoir des finances publiques équilibrées sans contribution substantielle des grandes entreprises au budget de la nation. Je mets au défi les gouvernements de publier la contribution à l'impôt des sociétés des grandes entreprises. Nous découvririons peut-être, mieux que les *stress tests*, qu'il est devenu presque impossible aux États occidentaux de survivre en n'obtenant que de minimes contributions de ces entreprises qui représentent une part importante de notre produit national brut.

[...] Ce que nous avons imposé *via* le FMI au Brésil, à la Russie, au Mexique et à la Corée est un remède qui doit s'appliquer à l'Europe. Se souvient-on encore de la restructuration de la dette britannique par le FMI dans les années 1970 et des emprunts italiens gagés par l'or tant sa dette avait perdu toute valeur ? Quel est cet orgueil qui fait que nous admettons que les créanciers de ces États ne doivent pas partager les programmes d'austérité ? C'est ce qui explique que les rémunérations exorbitantes des dirigeants de Barclays Bank, alors que l'État cherche à faire des coupes sombres de plus de 10 % dans son budget, aient amené dans la rue les Britanniques qui voient l'éducation et les soins de santé littéralement dépecés.

Nous devons explorer ces trois avenues : l'impôt sur les sociétés qui fait contribuer les actionnaires, la cession d'actifs qui ne fait souffrir que la mainmise des États et la restructuration des dettes qui touche les créanciers. À cela s'ajoutent bien évidemment des restructurations douloureuses. Dans cette approche, l'austérité n'est pas le seul fait des consommateurs, des salariés et des petites entreprises. Sans un partage de la charge des programmes d'austérité entre l'État, les actionnaires, les créanciers et les travailleurs, nous risquons de nous retrouver devant un bain de sang social qui... ralentira l'économie encore plus. En effet, le nerf de la croissance, c'est la consommation. Lorsque les consommateurs seront exsangues et paupérisés, la consommation s'effondrera, et nos économies avec elle.

Le FMI lance un signal d'alarme sur la dette souveraine

Depuis une quarantaine d'années, le surendettement souverain a été à l'origine d'une grande partie des crises de balance des paiements survenues dans nos pays membres. Idéalement, un programme soutenu par le FMI cherchera à résoudre ces crises en jouant un rôle « catalyseur » : un programme de fort resserrement des dépenses et de réformes structurelles, mis en œuvre par le gouvernement du pays membre assorti d'un soutien financier du FMI, sera conçu afin que le pays retrouve l'accès au marché du crédit et puisse assurer le service de la dette selon les termes prévus à l'origine[1].

Diminuer les dépenses

Les dernières publications du FMI marquent une inquiétude qui utilise une analogie : réparer le toit tant que le soleil brille. Il est essentiel de diminuer le déficit budgétaire, ce qui va à

1. Sean Hagan, Maurice Obstfeld et Poul M. Thomsen, « Dette souveraine : quelles stratégies – le point de vue du FMI », FMI, février 2017, www.imf.org/external/french/np/blog/2017/022317f.htm.

l'encontre de la politique des États-Unis qui créent un stimulus fiscal en période de surchauffe alors que la récession se dessine à l'horizon.

Nous vivons à crédit et ne pouvons pas continuer alors que le coût de ce crédit va augmenter et réduire les capacités de nos gouvernements à faire face aux besoins de la population. Nous vivons au-delà de nos moyens, mais les budgets des États n'ont pas les flexibilités que l'on croit. Dans la plupart des pays industrialisés, les coûts fixes atteignent entre 50 et 75 % du budget.

- Aux États-Unis, ce sont les billions dépensés pour des guerres que le pays ne pouvait pas gagner en Afghanistan ou en Irak qui ont plus que doublé les dépenses de défense.
- Au Japon, c'est la prise en charge de plus en plus inquiétante d'une population âgée qui a fait exploser les dépenses de retraite.
- En Europe, certains pays dont le déficit budgétaire a explosé ont continué à augmenter les prestations sociales sans avoir le courage d'affronter l'opinion publique et les syndicats.

Sans une révision des dépenses, et je l'espère sans y croire, sans réduction des dépenses militaires à travers le monde, il est peu probable qu'un redressement des finances publiques puisse atteindre des niveaux suffisants pour mettre fin à l'escalade des dépenses. C'est par les dépenses militaires que l'on pourrait commencer.

Augmenter l'impôt sur les sociétés

La tentation qui consiste à résoudre les problèmes économiques et sociaux en octroyant des faveurs fiscales a conduit à une concurrence acharnée entre les pays, les régions et même les États et provinces[2].

Cette surenchère a fait exploser les dépenses publiques. Pour arriver à augmenter les investissements et l'emploi, les pays se sont

2. Robert Reich, « Why we must raise taxes on corporations and the wealthy, not lower them », *Huffington Post*, septembre 2017, www.huffingtonpost.com/entry/why-we-must-raise-taxes-on-corporations-and-the-wealthy_us_59c917e5e4b01cc57ff3f715.

fait concurrence au niveau de l'impôt sur les sociétés. Cette faveur justifiée par la concurrence mondiale mais souvent visant à favoriser les actionnaires a gravement réduit les ressources des États et accru l'endettement.

L'une des conséquences les plus destructrices de la mondialisation est la pression mise par les entreprises sur les États en vue de diminuer leur imposition ou leurs charges sociales. Il faut évidemment trouver un équilibre entre les pays, mais même l'Europe a remis au placard tous les projets d'harmonisation fiscale. La seule chose qui est certaine, c'est que les politiques qui consistent en une concurrence féroce pour que l'attrait économique d'un pays se décline par des réductions d'impôt vont conduire à une forme de suicide collectif.

Céder les actifs non stratégiques

À des degrés divers, les États sont propriétaires d'actifs qui ne sont pas essentiels à leur mission. Céder des participations dans des sociétés engendre une opposition au nom du service public. Il faudra avoir la lucidité d'oser la question de savoir s'il s'agit d'un service rendu au secteur public ou au public. La qualité du service public est-elle à ce point supérieure à celle du secteur privé ?

Le Fonds monétaire international lors de son assemblée générale d'octobre 2018 a rappelé que cette solution mérite toute l'attention des gouvernements qui sont en difficulté de financement de leurs déficits budgétaires. Il ajoute que si les entreprises d'État étaient gérées à moitié aussi bien que les entreprises privées, trente et un États en difficulté augmenteraient leur PIB de 3 %[3].

La difficulté réside évidemment dans la perte de pouvoir qui s'ensuivrait et on voit mal la Chine et l'Inde, grands États

3. Chris Giles, « IMF urges governments to focus on state assets », *Financial Times*, septembre 2018, www.ft.com/content/730df5b4-cbba-11e8-b276-b9069bde0956.

actionnaires, ouvrir le capital de leurs entreprises d'État à des privatisations.

On voit mal la France renoncer au mythe fondateur du service public malgré le fait que, dans la plupart des cas, ces entreprises fournissent un service de médiocre qualité. Être actionnaire de trois sociétés d'énergie n'a rien de rassurant.

Ces cessions sont rejetées tant il est vrai que c'est dans la détention de ces actifs que réside l'un des cœurs du pouvoir. À titre d'exemple, l'État français détient des participations dans toutes les entreprises énergétiques sans qu'il soit prouvé qu'elles soient plus efficaces ou traitent mieux le public.

Il y a aussi des possibilités de créer des partenariats entre le secteur privé et le secteur public pour développer des initiatives importantes : l'État n'a aucune raison de subsidier le développement de la technologie mais peut souhaiter participer à son développement sous forme d'infrastructure plutôt que de subsidier des entreprises. Il y a aussi d'autres actifs qui font la gloire des États mais ne doivent pas nécessairement figurer dans leur patrimoine.

CONCLUSION

Finance, société et responsabilité

> « Nous vivons un paradoxe : l'Européen d'aujourd'hui voyage beaucoup, l'euro est devenu une réalité dont la plupart se félicitent, Internet est entré dans les mœurs et la dimension de la mondialisation domine la pensée contemporaine. Cependant, les citoyens semblent beaucoup plus attachés à leur identité nationale qu'il y a vingt ans, au point que partout se développent des tentations communautaristes. »
>
> Simone VEIL, *Une vie* (2007).

La question de confiance reste posée

Malgré dix années écoulées depuis la crise financière, la confiance dans les banques n'est pas restaurée. Le déficit de confiance semble irrémédiable. C'est que la manière de procéder et de traiter les clients n'a pas fondamentalement changé. L'informatique accroît encore la déshumanisation de cette relation sans laquelle la confiance ne peut pas être rétablie.

Les ingrédients de la situation financière dans laquelle nous nous trouvons et les risques d'un tsunami financier sont multiples et complexes. Ils sont profondément ancrés dans les dérives de notre société occidentale qui se replie sur une forme d'individualisme, pour ne pas dire d'égocentrisme, qui tourne le dos aux responsabilités sociétales dont les forces de la finance bénéficient sans les assumer. Les abus du capitalisme menacent sa survie.

Le parcours de ce livre démontre, à tous les niveaux, une combinaison de complaisance et de déni qui nous amène à ce précipice qui risque de laminer nos économies. Car, en fin de compte, c'est chacun de nous qui paiera le prix de cette crise annoncée et prévisible.

Dans mes deux ouvrages précédents, je terminais en exprimant l'importance de l'éthique dans la finance, en termes généraux. Les banques doivent de se reposer la question de leur valeur ajoutée. Il s'agit d'un devoir moral autant qu'une fonction économique ou une obligation juridique.

Serons-nous capables d'arriver à une stabilité financière alors qu'il y a tant de problèmes non résolus ? Cela requerra une combinaison de courage et de compétence qui n'a jusqu'à présent pas été démontrée par une classe politique obsédée par ses problèmes nationaux.

Ces questions restent ouvertes : elles sont profondément éthiques et culturelles.

Un système refermé sur lui-même

Le triangle des Bermudes

C'est tout un système qui a dérivé et est devenu incestueux. Le triangle des Bermudes n'est pas un mythe : c'est cette interconnexion entre les financiers, les banquiers centraux et les autorités politiques qui, soudée par la mondialisation, a créé un nouveau monde où chaque acteur est dépendant des autres et n'a aucun intérêt à mettre en question le système[1].

Ce qui a soudé définitivement des acteurs qui avaient entre eux une indépendance réelle, quoique relative, c'est l'achat massif d'emprunts d'État par les banques centrales, fruit d'une indiscipline budgétaire des gouvernements. Cette coresponsabilité a transformé la finance en un système clos sans externalité.

Si, aujourd'hui, les autorités parlent de normalisation de la situation et du retour des banques centrales dans leur rôle d'autorité monétaire indépendante, c'est que nous venons de vivre dix années « anormales ». Personne, cependant, ne sait comment il sera possible d'y arriver. Faudra-t-il éclater la structure des banques centrales de manière à organiser une défaisance de ces billions d'emprunts d'État qu'elles ont accumulés au cours des dix dernières années ?

Une chose est certaine, cela ne sera pas possible avant que la crise prochaine se développe. Le besoin d'éthique financière est difficile à sous-estimer. Sans sauvetage public, la crise bancaire aurait coulé l'économie de marché en 2008. Le coût de l'irresponsabilité financière (l'aléa moral) est transféré aux États et aux citoyens.

---

1. Georges Ugeux. « Finance et politique : le couple infernal », *Le Monde* blog, 27 septembre 2012, http://finance.blog.lemonde.fr/2012/09/27/finance-et-politique-le-couple-infernal/.

Les prêts subventionnés aux banques pénalisent l'épargne et les pensions. La croissance, l'emploi, les recettes fiscales, les services publics et la protection sociale sont dégradés.

La mondialisation peut être une force de destruction

La mondialisation n'est pas la cause, mais elle a été un amplificateur de la sphère financière qui opère sur tous les continents avec une cohérence qui rassure, mais aussi menace la stabilité financière.

« La mondialisation financière est au banc des accusés, mais doit sortir de la défensive et développer une forme de "sécurité routière". Nous avons solidifié les voitures, mais les routes sont encore dangereusement inadéquates pour la vitesse de ces nouveaux bolides. » Cette image du gouverneur Jakob Frankel décrit bien l'esprit des réunions au niveau mondial. Arrêter le trafic est tentant, mais impossible : nous nous effondrerions collectivement. Encore faut-il ne pas boire abusivement les liquidités avant de conduire[2].

Dans une certaine mesure, la décision du Brexit et la guerre des tarifs douaniers de Donald Trump devraient nous ouvrir les yeux. Les États-Unis ont construit un système qui les favorisait à outrance. Il leur donne les moyens (le dollar) et l'accès (le libéralisme) au monde entier. La mondialité de la chaîne d'approvisionnement donne le droit à chaque entreprise multinationale de déployer ses activités à travers le monde en éliminant les obstacles nationaux. La définition de la mondialisation est pour elles un accès illimité aux territoires étrangers, aux termes et selon les règles américaines.

On ne compte plus les violations de la souveraineté des États par les États-Unis et les entreprises américaines. Cet abus de droit

2. BIS Papers, « The future of financial globalisation », n° 69, 11th BIS Annual Conference, 2012, www.bis.org/publ/bppdf/bispap69.pdf.

obtenu par la force ou la conviction a fait de la mondialisation une arme de guerre pour l'Occident. C'est une forme intolérable de cynisme et de chantage.

La finance mondialisée va devoir revoir son modèle pour s'adapter à un monde qu'elle ne pourra plus dominer aussi aisément. Elle ne peut plus se permettre d'imposer ses principes et ses capitaux en ignorant les réalités locales ou régionales. C'est un modèle international et non plus mondial. C'est une révolution qui commence à se mettre en place. Les accès mutuels entre ces grandes régions se feront par voie de traité, et ne pourront plus être unilatéraux. Les négociations du Brexit nous en donnent l'exemple.

Philosophie sociale : l'absence d'équité

> « Selon que vous serez puissant ou misérable,
> Les jugements de cour vous rendront blanc ou noir. »
>
> Jean DE LA FONTAINE,
> Les Animaux malades de la peste (1678).

Il n'y a rien de nouveau dans l'iniquité de nos sociétés. Ces dix dernières années ont cependant connu des développements qui ont accru ces inégalités dans des proportions de plus en plus insupportables.

Ce sont les banques centrales qui ont tenté de justifier leurs divers *quantitative easings* par des motivations économiques alors qu'elles ne pouvaient ignorer les conséquences que ces politiques auraient sur l'épargne et l'investissement. Elles ont enfreint sciemment (même si elles prétendent que ce n'était pas intentionnel) le principe d'équité qui aurait dû être le compas moral de leurs décisions.

« La justice est la première vertu des institutions sociales comme la vérité est celle des systèmes de pensée. Si élégante et économique que soit une théorie, elle doit être rejetée ou révisée si elle n'est pas vraie, de même, si efficaces et bien organisées que soient des institutions et des lois, elles doivent être réformées ou abolies si elles sont injustes[3] », écrit John Rawls.

L'État favorise les riches

Lorsque le dur réveil de la prochaine crise fera apparaître, malgré leurs tentatives de blâmer autrui, que ce sont les gouvernements qui ont mis en faillite des pays entiers, pourrons-nous éviter que la révolte qui s'ensuivra devienne violente ? Partout, la clameur des citoyens se fait entendre face à cette perception que les États ont cessé de s'intéresser aux problèmes des pensionnés, des chômeurs, des malades, des personnes handicapées et d'autres défavorisés. Mais ce cri s'étend à d'autres couches de la population. Les Gilets jaunes en France sont une des expressions de ce refus d'un pays où les dix plus grandes fortunes du pays ont augmenté de 60 à 250 milliards depuis la crise financière[4].

La paupérisation de la population, l'enrichissement des plus riches et l'écrasement des classes moyennes sont des phénomènes connus, documentés et calculés. Nous les connaissons tous.

3. John Rawls, *Théorie de la justice*, Belknap, 1971.
4. Jean-Louis Dell'Oro, « Le patrimoine des dix plus grandes fortunes françaises a explosé en vingt ans », *Challenges*, juin 2017, www.challenges.fr/classement/le-patrimoine-des-10-plus-grandes-fortunes-francaises-a-explose-en-20-ans_483310.

Le conflit entre l'intérêt financier et l'intérêt sociétal

> « Dans un contexte de crise financière, notamment causée par une obsession de la rentabilité à court terme et une prise de risques excessive, l'objectif est aussi de convaincre les sociétés anonymes qu'elles ont intérêt à tenir compte, de manière équilibrée, des préoccupations des détenteurs d'enjeux, et à assumer ainsi une part importante de leur responsabilité sociétale, qui apparaît alors comme un remède à la crise actuelle et un moyen de prévenir les crises futures. »
>
> Yves De Cordt.
> « Le conflit entre l'intérêt financier et sociétal[5] » (2009).

L'impact de la finance lui donne un pouvoir extraordinaire sur la société et entraîne des responsabilités vis-à-vis de cette société. Pour éviter de devoir répondre de celles-ci, les institutions financières ont recouru à une forme de mécénat culturel et d'initiatives charitables.

Loin de moi de ne pas reconnaître cette contribution sociale, mais la vraie question est ailleurs. Lorsqu'une banque centrale accepte de subsidier indirectement les emprunts souverains, elle crée une distorsion sociale qui a affecté, outre les particuliers, les compagnies d'assurances et autres fonds de pension. Peut-être fallait-il écorner l'intérêt de ces institutions et ménages, mais de là à nier toute responsabilité et à refuser qu'il s'agisse d'une forme d'expropriation ou de taxation, il y a une distance. C'est ce refus d'accepter la responsabilité sociétale qui dérange et met à mal tous les principes d'équité.

5. Yves De Cordt, « La responsabilité sociétale des entreprises. Les enjeux et les outils du droit des sociétés », 2009, www.cairn.info/revue-reflets-et-perspectives-de-la-vie-economique-2009-4-page-11.htm?contenu=resume./

Lorsqu'un gouvernement continue à profiter de taux favorables pour ne pas adopter une politique budgétaire prudente, il met en péril l'avenir des générations suivantes. Lorsqu'il n'a pas le courage d'imposer des mesures d'austérité pour éviter le pire, il assume une responsabilité majeure dans le tsunami financier qu'il prépare.

Lorsque, avec le soutien des banques centrales et des banques, ce gouvernement s'assure que cette *Bonanza* va pouvoir continuer en refusant que les ratios bancaires tiennent compte des risques inhérents aux emprunts souverains, il menace dangereusement la stabilité financière, et ce sciemment.

« Cela signifie que, dans un monde où l'immédiateté a augmenté, les pouvoirs publics, au lieu de compenser cette immédiateté instinctive des citoyens et de prendre du recul avec une vision dans le temps, long, se sont allègrement engouffrés en elle », explique Bruno Colmant dans un ouvrage qu'il publie avec Eric de Beukelaer[6].

---

6. Bruno Colmant et Eric de Beukelaer, *Le Prêtre et l'Économiste – regards croisés sur l'avenir de la société*, La Renaissance du livre, présentation au micro de Renaud Larsen, octobre 2018.

Tous responsables

> « L'équité est aussi importante parce que, du fait de la persistance de la crise, nous observons des signes de lassitude face à l'ajustement et une montée des tensions sociales. Cette impatience n'est pas motivée principalement par l'ajustement : tout le monde sait que nul ne peut vivre au-delà de ses moyens éternellement. Elle est motivée par la perception d'une certaine injustice dans la répartition du fardeau de cet ajustement. »
>
> Christine LAGARDE,
> directrice générale, Fonds monétaire international,
> New York, 10 avril 2013.

La responsabilité du système financier est collective. Malgré tous les procès d'intention déclarés contre l'une ou l'autre des composantes de la planète financière, ce sont les processus d'un système qui doivent être remis en question en même temps qu'une culture collective qui conduit à des résultats qui peuvent être remarquables, mais aussi injustes.

Et la responsabilité fiduciaire personnelle ?

C'est pour cette raison que, dans de nombreux pays, ce sont des sanctions au niveau de l'entreprise qui ont été appliquées, et non au niveau des dirigeants responsables de ces comportements collectifs. 150 milliards de dollars sur dix ans ne représentent même pas une diminution de 10 % des bénéfices des banques.

Les sanctions collectives ne sont cependant pas toujours les plus efficaces. Dans le cas de Tesla en septembre 2018, la SEC a démis Elon Musk de son titre de président du conseil tout en le maintenant dans ses responsabilités de directeur général[7]. Une sanction de ce type est suffisamment rare pour qu'elle ouvre peut-être une porte à la responsabilité fiduciaire personnelle. La veille, les dirigeants du Lending Club, y compris son fondateur, venaient d'être sanctionnés par la même SEC[8].

Une des leçons de ces dix dernières années est l'absence de sanctions personnelles contre les responsables des déviations de la finance. Seuls les lampistes ont été sanctionnés et virés. Au sommet des institutions financières, il ne s'est trouvé personne pour admettre une forme ou une autre de responsabilité personnelle. Ce sujet mérite d'être sérieusement analysé afin d'établir des règles et un cadre de référence qui assurent que ceux ou celles qui ont la responsabilité de ces dérives soient sanctionnés. Alors qu'il existe une abondante législation pour traquer la fraude fiscale, rien n'existe pour la fraude financière.

Il est intéressant de voir que l'Italie, l'Islande et la Grande-Bretagne ont incarcéré des dirigeants au plus haut niveau alors que ce n'est qu'en cas de fraude que les États-Unis ont pris de telles mesures, préférant amputer la finance de 150 milliards de dollars d'amendes qui se sont retrouvés dans les méandres des finances publiques (et rarement pour compenser les victimes). La raison est claire : malgré tous les efforts des autorités, la législation américaine ne permet pas de mettre quiconque en prison pour de tels « crimes ».

---

7. JD Alois, « SEC Chair Jay Clayton comments on Elon Musk & Tesla Enforcement action and settlement », septembre 2018, www.crowdfundinsider.com/2018/09/139604-sec-chair-jay-clayton-comments-on-elon-musk-tesla-enforcement-action-and-settlement/.
8. JD Alois, « SEC charges former LendingClub execs, including Founder Renaud Laplanche, with Misleading Investors, Breach of Fiduciary Responsibilities », septembre 2018, www.crowdfundinsider.com/2018/09/139570-sec-charges-former-lendingclub-execs-including-founder-renaud-laplanche-with-misleading-investors-breach-of-fiduciary-responsibilities/.

La responsabilité des problèmes à long terme : les retraites

Le plus grand défi de notre société est celui du financement des retraites. Aujourd'hui, tant bien que mal, le « manque » provient des finances publiques. Mais, avec l'allongement de la vie des retraités, ce système ne pourra pas continuer. Les inquiétudes des salariés sur la pérennité du système de retraite sont réelles. Les salariés en fin de carrière ont peur d'être surpris par une réforme et cherchent à partir en retraite dès que possible. « À l'inverse, les jeunes salariés sont de plus en plus nombreux à imaginer qu'ils ne toucheront aucune retraite ou qu'ils seront les grands perdants du système[9]. »

À quelques exceptions près (Canada et Pays-Bas), les pays ont dépensé en indemnités de retraite plus que les contributions des salariés. Le puits n'a pas de fond. Lorsqu'il a été question d'étendre les années de travail, des lycéens étaient dans la rue. Comprenaient-ils que cette extension était la seule manière d'atténuer le gouffre qui se creuse et qui fait que le risque qu'il n'y ait plus d'argent dans la caisse lorsque leur tour viendra de toucher une retraite augmente ?

C'est le plus grand risque financier et social de nos économies. Son horizon est tellement éloigné que le monde des entreprises et le monde politique ont préféré ignorer cette équation et, de plus en plus, ce sont les privilégiés qui travaillent dans le secteur privé qui toucheront une retraite alors que l'argent manquera pour les autres. Les départs massifs à la retraite des générations du baby-boom et l'allongement de l'espérance de vie constituent deux défis démographiques pour le système de retraite. Si le

9. Antoine Bozio, « Réformes des retraites : confusion ou conflit de génération ? », 2010, www.cairn.info/revue-regards-croises-sur-l-economie-2010-1-page-114.html.

premier de ces défis implique des décisions à court et moyen termes, le second relève, quant à lui, d'une tendance longue et appelle une prise de conscience profonde et une action durable d'ajustement des régimes (rapport de la commission Moreau au Premier ministre[10]).

L'ignorance n'est pas une excuse

Lorsque des institutions prétendent « ne pas savoir », elles croient s'exonérer de leurs responsabilités. C'est ignorer que les dirigeants sont payés généreusement pour être précisément au courant de ce qui se passe dans l'entreprise. Personne ne me fera croire que les déviations de la finance dans les dix dernières années sont le fait d'exécutants. Les montants et les constructions qui ont été développés ne peuvent être ignorés au sommet. Une des grandes caractéristiques de la finance est de ne pas poser trop de questions. C'est vrai face à des managers qui sont souvent oppressants ou dans les conseils d'administration. J'ai quitté des conseils qui ne remplissaient pas les conditions minimales d'intégrité. C'est rare.

Au niveau politique, les excuses sont faites pour s'en servir. Il faudrait en effet éduquer les ministres et les parlementaires afin qu'ils comprennent les risques associés à leurs opérations financières. Il faudrait éduquer les membres des conseils d'administration afin qu'ils puissent remplir leur responsabilité fiduciaire.

10. La Commission pour l'avenir des retraites, présidée par Yannick Moreau. Rapport Moreau sur l'avenir des retraites : des pistes de réforme controversées, 2013, www.vie-publique.fr/actualite/dossier/retraites-2013-debat/rapport-moreau-avenir-retraites-pistes-reforme-controversees.html.

La conformité réglementaire n'est pas suffisante

La grande transformation de la finance vient de l'abondance de nouvelles réglementations. Cette évolution a créé un besoin de conformité aux règles qui est devenu la nouvelle culture des institutions financières. Il va falloir repenser un système dont l'abondance nuit à l'efficacité. Cette activité occupe des dizaines de milliers de personnes dans les grandes institutions. Elles sont devenues incontournables, mais elles constituent un risque majeur : celui de se contenter de cette conformité. La culture d'une institution ne peut se satisfaire d'être conforme : elle doit intégrer la conformité dans une approche du risque qui tienne compte aussi des aspects sociétaux, des impacts sur les clients et de la valeur ajoutée de l'institution. C'est cette dernière qui constitue la raison d'être des institutions financières[11]. Contrairement à ce que l'on peut lire, c'est précisément cette demande de sens qu'exprime la génération du millénaire. Ils veulent travailler à une construction qui les convainc de son utilité. Comme l'écrit un des contributeurs du *New York Times*, on a ruiné la mayonnaise : les « milléniaux » vont-ils sauver l'Amérique[12] ?

---

11. Linklaters (cabinet d'avocats), « Governance, compliance and remuneration in the post-Lehman era », septembre 2018, www.ft.com/paidpost/linklaters/4_lehman_brothers_10_years_on/index.html.
12. Timothy Egan, « OpEd : after ruining mayonnaise, can Millennials save America », *New York Times*, octobre 2018, www.nytimes.com/2018/10/12/opinion/egan-millennials-boomers-trump.html.

L'être humain écrasé par la finance

> « Aucun des êtres humains ne peut être absolutisé et aucun d'eux ne peut être exclu d'une conception du développement humain intégral, qui tient compte du fait que la vie humaine est comme un orchestre qui ne joue bien que si les différents instruments s'accordent et suivent une partition commune à tous. »
>
> Pape François,
> Rome, avril 2017[13].

Quel projet avons-nous à leur offrir ? Il est absurde de critiquer une génération qui découvre notre monde avec des yeux neufs et des *a priori* souvent mal informés. La crise financière des *subprimes* s'est traduite par une véritable persécution de ceux et celles qui avaient été pris au piège d'un marketing financier aussi massif qu'outrageux. Face aux centaines de milliards dépensés par les États pour venir en aide à leurs banques, un sentiment d'injustice insupportable s'est répandu. Même Barack Obama a préféré aider les banques plutôt qu'intervenir directement pour aider leurs victimes.

Le comportement des financiers lors de la crise grecque a littéralement jeté des pans entiers de la population à la rue. Le budget de Donald Trump favorise de manière outrageuse les riches. Les pensionnés n'ont pas compris pourquoi les politiques des banques centrales ont diminué la rémunération de leur épargne chèrement acquise. Trump vient de diminuer le pouvoir du bureau qui permettait aux particuliers de dénoncer les pratiques anormales des financiers.

13. Discours du pape François. Aux participants au congrès organisé par le Dicastère pour le service du développement humain intégral, À l'occasion du 50e anniversaire de l'encyclique *Populorum progressio* (avril 2017), http://w2.vatican.va/content/francesco/fr/speeches/2017/april/documents/papa-francesco_20170404_convegno-populorum-progressio.html.

Face à ces inégalités, certains se sont exprimés. Le milliardaire Warren Buffet a dit tout haut qu'un système où le taux de taxation de sa secrétaire était supérieur au sien était un indicateur que, même dans les couches les plus aisées, certain(e)s commençaient à exprimer des considérations morales face à la fiscalité[14].

Mais surtout, l'être humain, ce client individuel qui nourrit les banques de ses dépôts et de ses emprunts, n'a plus d'interlocuteur. On annonce que l'intelligence artificielle et la robotique remplaceront les conseillers financiers. Les succursales de banques sont devenues des halls fantomatiques où l'un ou l'autre employé se cache derrière des vitres pare-balles.

Qu'avons-nous fait de ce besoin de l'être humain, pas nécessairement un expert financier, de rencontrer un conseiller qui lui expliquera comment faire face aux soins de santé, aux études des enfants ou le conseillera sur ses placements. Sommes-nous devenus à ce point désincarnés que toute la stratégie des banques vise à éviter le contact avec cet être monstrueux : le client ?

Les victimes des *subprimes* ont déjà été confrontées aux robots des institutions chargées de gérer leur crédit hypothécaire. La banque était aux abonnés absents. Leurs maisons leur étaient retirées par des décideurs qui ne lisaient même pas les dossiers.

La crise financière et celle qui s'annonce continueront à appauvrir et décourager les hommes et les femmes qui ont besoin d'une institution financière. Des amendes ont été payées. Les drames humains n'ont jamais été réparés. Le populisme est une mauvaise réponse, mais il est souvent la seule : nous l'avons semé par nos injustices.

14. *Le Parisien*, « Le milliardaire Warren Buffet révèle le montant de ses impôts », octobre 2011, www.leparisien.fr/international/le-milliardaire-warren-buffett-revele-le-montant-de-ses-impots-13-10-2011-1651410.php.

L'éducation financière

Il est essentiel que les études secondaires assurent une formation de base aux risques financiers. C'est plus important que les évolutions du Sénat romain sous l'Empire. Lancé il y a près d'un an au Québec, un programme offre gratuitement aux élèves de quatrième et cinquième du secondaire des ateliers sur différents sujets tels que le crédit, le budget, les impôts et les assurances afin qu'ils aient en main les outils pour bien gérer leurs finances personnelles[15].

Les institutions financières se sont engouffrées dans l'océan de l'ignorance financière pour tromper leurs clients et leur vendre des produits en utilisant des arguments fallacieux. Elles ont payé des dizaines de milliards d'amendes sanctionnant cet abus et un bureau a été créé pour défendre les consommateurs financiers aux États-Unis.

Ce qu'il faut, c'est une vraie formation qui évite que les clients des institutions financières retombent dans le piège de la manipulation. Il se trouvera toujours des intermédiaires indélicats : seul le savoir permettra de résister à leurs avances « trop belles pour être vraies ». Il est temps que l'Europe limite la vente de produits sophistiqués aux investisseurs qualifiés, comme aux États-Unis.

15. Louis Gagne, « Un cours d'éducation financière pour préparer les jeunes à la "vraie vie" », Radio Canada, février 2017, https://ici.radio-canada.ca/nouvelle/1019372/cours-education-financiere-eleves-secondaires-mes-finances-mes-choix.

À quoi servent les médias ? À camoufler, éduquer ou révéler ?

L'opinion publique est devenue extraordinairement dépendante des informations financières diffusées par les médias. Où est leur responsabilité dans la couverture des actes des gouvernements, des banques centrales et des institutions financières ?

La complaisance et l'ignorance se côtoient, ce qui explique que, bien souvent, j'aie été amené à contredire les informations ainsi diffusées et à apprécier les médias qui se sont informés face à des questions complexes ou des informations peu crédibles. Le journalisme d'investigation est devenu presque impossible en France où les médias sont détenus par des milliardaires.

Ce devoir de s'éduquer et de s'informer semble avoir été négligé. Il y a des risques dans la diffusion d'informations qui contredisent les messages des gouvernants ou des dirigeants d'institutions financières. Comment se fait-il que les journalistes qui suivent la BCE n'aient pas exigé de Mario Draghi une répartition géographique des actifs de la banque centrale ? Que ferons-nous face à la crise italienne si, comme je le subodore, la dette détenue par la BCE approche les 500 milliards d'euros ?

L'heure de la vérité et du courage

« Le déclin du courage est peut-être le trait le plus saillant de l'Occident aujourd'hui pour un observateur extérieur. Le monde occidental a perdu son courage civique, à la fois dans son ensemble et singulièrement, dans chaque pays, dans chaque gouvernement, dans chaque pays, et bien sûr, aux Nations unies. Ce déclin du courage est particulièrement sensible dans la couche dirigeante et dans la couche intellectuelle dominante, d'où l'impression que le courage a déserté la société tout entière. Bien sûr, il y a encore beaucoup de courage individuel mais ce ne sont pas ces gens-là qui donnent sa direction à la vie de la société[16]. »

Alexandre SOLJENITSYNE,
discours prononcé à l'Université Harvard
(8 juin 1978).

Derrière les chiffres, ce sont des comportements, des dénis et des mensonges qui ont tenté d'éviter la vérité. Le moment est venu de dire la vérité et de préparer les mesures qui empêcheront ou diminueront l'impact de la prochaine crise financière.

L'heure de la vérité d'abord. Nous n'avons pas le droit de laisser nos concitoyens dans l'ignorance de la situation : il ne s'agit bien évidemment pas de déclarations qui pourraient provoquer une panique. Mais il est temps de faire savoir que nous n'avons plus les moyens de continuer à financer les coûts extravagants de nos dépenses publiques et que les budgets suivants s'en ressentiront. Le risque de cette honnêteté est à la fois personnel et politique : risque

16. Alexandre Soljenitsyne, Discours prononcé à l'Université Harvard, 8 juin 1978, http://perspective.usherbrooke.ca/bilan/servlet/BMDictionnaire?iddictionnaire=1680.

de ne pas se faire réélire, risque de perdre une fonction, risque pour sa réputation.

C'est là qu'intervient le courage. Y a-t-il au sein de nos diverses configurations politiques assez d'hommes et de femmes qui ont le sens de l'État ? Sont-ils prêts à assumer la responsabilité de la vérité dans une société qui tourne le dos aux faits et préfère les *fake news* ? Le vrai populisme est celui qui dit la vérité au peuple, pas celui qui l'embarque dans des aventures basées sur des slogans.

Il est aussi important de se mettre au travail. Je pense que seul le FMI a la capacité de rassembler toutes les parties concernées, non pas dans une grand-messe comme il en a l'habitude, mais dans un processus qui permette d'établir un consensus sur les mesures essentielles qu'il y a lieu de prendre.

Au-delà de cette responsabilité institutionnelle, ce sont des hommes et des femmes qui exercent le pouvoir financier. Ils vont devoir assurer une adéquation entre leurs paroles et leurs actes. Le populisme se nourrit des mensonges, des opacités ou des subterfuges employés par les dirigeants, qu'ils soient publics ou privés, financiers ou industriels.

Aux membres des conseils d'administration des institutions financières je pose cette simple question : vous souvenez-vous d'une situation où vous avez émis des objections à des propositions de la direction qui, quoique légales et conformes, ne vous paraissaient ni équitables ni socialement acceptables ?

Je ne perds pas l'espoir d'un sursaut. Si les dirigeants font peu de cas des individus, qu'ils soient leurs clients, leurs employés ou leurs populations, ce sont des myriades d'initiatives individuelles qui leur font échec. Peut-être leur intérêt amènera-t-il les responsables de la finance à prendre des mesures drastiques quand il est encore temps ? L'alternative sera une révolte. C'est une affaire d'honnêteté et de courage.

> « Point n'est besoin d'espérer pour entreprendre
> Ni de réussir pour persévérer. »
>
> Guillaume Ier d'Orange-Nassau,
> dit le Taciturne (1533-1584).

Table

PREMIÈRE PARTIE

Les institutions financières

DEUXIÈME PARTIE

Les banques centrales en perdition ?

TROISIÈME PARTIE

Le surendettement des États

QUATRIÈME PARTIE

La crise mondiale peut-elle encore être évitée ?

DU MÊME AUTEUR
CHEZ ODILE JACOB

La Trahison de la finance. Douze réformes pour rétablir la confiance, 2010.

Cet ouvrage a été composé
en Electra et en Whitney
par Nord Compo
à Villeneuve-d'Ascq (Nord).

N° d'édition : 7381-4767-X – N° d'impression : 2019021370
Dépôt légal : mars 2019

Imprimé en France